MEDIATION & MODERATION EFFECT

매개효과와 조절효과

MEDIATION & MODERATION EFFECT

매개효과와 조절효과

고길곤

문우사
MoonWoo

머리말

이 책은 사회과학 전공자들이 인과관계를 연구할 때 가장 널리 사용하는 매개효과와 조절효과 모형을 다루고 있다. 매개효과와 조절효과에 대한 연구는 심리학 분야에서 널리 활용되어 왔고 Baron & Kenny(1986)의 논문이 이론적 기초를 체계화하면서 사회과학 전 분야에서 활용되기 시작했다. 매개효과와 조절효과 방법들은 경로분석(path analysis), 구조방정식(structural equation model) 분야와 밀접하게 연결되어 있기 때문에 간단한 형태의 매개효과나 조절효과 분석을 넘어서 다양한 모형을 분석할 수 있는 방법론으로 발전해왔다. 특히 MacKinnon(2008), Hayes(2018), VanderWeele(2015) 등은 매개효과와 조절효과 분석의 이론과 활용에 대한 체계적인 논의를 제공하면서 이 분야의 발전에 큰 기여를 해왔다.

매개효과와 조절효과의 책을 쓰게 된 직접적인 동기는 저자가 진행하고 있는 인과이론 책 프로젝트의 일부로 인과 메커니즘을 분석하는 기본 방법론을 소개하는 데 있었다. 인과분석을 수행하다 보면 매개효과 모형과 같이 변수 간의 관계를 분석하는 기초적인 방법론에 대한 이해가 필요하기 때문이다. 그러나 책을 저술해 나가면서 많은 연구자들이 매개효과나 조절효과 모형을 연구에 사용하고 있음에도 불구하고 이를 충분히 설명하는 책이 없어 정확한 방법론 활용이 제대로 이루어지지 못하고 있다는 것을 발견하였다. 따라서 인과이론을 이해하고 실제 활용이 용이할 수 있도록 원고를 작성하였다.

처음 매개효과와 조절효과에 대한 책을 기획했을 때 저자는 구조방정식을 기본으로 한 매개효과와 조절효과 모형을 소개하는 데 초점을 맞추었다. 하지만 인과이론에 관심을 기울여 온 저자는 자연스럽게 반사실(counterfactual)에 기반한 매개효과 모형에 흥미를 갖게 되었다. 그 결과 간단할 것으로 생각되었던 저술 작업은 더디게만 진행되었다. 더욱 어려움이 있었던 것은 반사실에 기반한 매개효과 이론을 발전시킨 Pearl(2012)이나 VanderWeele(2015)의 저술은 서로 사용하는 기호체계가 달랐고, 구조방정식의 관점에서 접근할 수 있는 MacKinnon(2008)이나 Hayes(2018)의 접근 방식 역시 차이가 있어서 이를 통합적으로 기술하는 것이 쉽지 않았다. 또한 직접효과 및 간접효과와 관련된 다양한 추정량의 분포를 구하는 것은 쉽지 않아 이를 수학적으로 제시하는 데는 한계가 있었다. 그러나 많은 연구들이 지속적으로 출간되고 부트스트랩핑 방법을 활용한 추정량 분포가 용이해지면서 기술적인 문제들이 해결되고 있다.

이런 발전에도 불구하고 저자의 전공분야인 행정학이나 정책학 영역에서 매개효과와 조절효과 분석은 매우 기초적인 수준에 머무르고 있는 상황이다. 특히 변수 간에 상관관계가 있다는 것 혹은 독립변수가 종속변수를 설명한다는 것이 인과관계를 의미하지 않는다는 사실을 알면서도 독립변수와 종속변수가 어떤 인과 메커니즘을 가지고 연결되었는지를 계량모형을 통해 밝히려는 노력은 상대적으로 소홀하였다. 특히 횡단면 분석이 갖는 한계나 혼란변수가 초래하는 편의 부분에 대한 고민이 부족하다는 점은 큰 문제라고 할 수 있다.

이 책의 첫 번째 목적은 최근 매개효과나 조절효과 분석에 관심이 있는 연구자가 늘어나고 있는 상황을 고려하여 이 방법론을 체계적으로 소개하는 데 있다. 매개효과나 조절효과는 그 개념은 간단하지만 다양한 형태의 변형이 존재하고 연구 목적에 맞게 자료를 수집하고 분석을 수행해야 함에도 불구하고 지나치게 단순하게 활용된다는 문제가 있다. 이것은 매개효과나 조절효과와 관련된 이론들이 제대로 소개되지 못한 측면이 있기 때문이다.

이 책의 두 번째 목적은 매개효과와 조절효과 방법론을 통해 인과이론에 대한 이해를 높이는 것이다. 저자는 오랫동안 인과이론에 대한 다양한 방법론과 철학적 기초에 대한 고민을 해왔다. 이 책은 그러한 과정의 일부로 이해할 수 있을 것이다. 반사실에 기반한 매개효과 모형은 인과효과 이론을 매개효과 분석에 적용한 것으로 변수 간의 관계를 인과이론의 관점에서 분석할 수 있다는 점에서 큰 의의가 있다.

언제나 그렇듯이 이 책이 나오는 데는 오랜 시간이 걸렸다. 서울대학교 행정대학원 박사과정 김재윤 군은 원고를 꼼꼼히 살펴봐 주면서 오탈자 교정부터 많은 부분에서 큰 도움을 주었다. 특히 주피터 노트북에 SAS 코드의 설명을 꼼꼼히 달아주어 독자들에게 큰 도움이 될 것으로 판단된다. 한편 박사과정의 김경동 학생과 신현재 학생 역시 원고를 꼼꼼히 읽어주고 많은 도움을 주었다. 학문에 대한 진지한 태도와 열정을 갖고 있는 이런 학생들이 없었다면 책을 쓰는 보람은 반감했을지도 모른다. 이 책에 사용한 자료와 코드는 저자(kilkon@gmail.com)에게 연락하면 바로 제공할 예정이다.

문우사 김영훈 사장님과 김병성 차장님을 비롯하여 편집부 직원들에게는 항상 감사한 마음을 가지고 있다. 다시 한번 좋은 책을 만들어주신 점에 대해 깊이 감사를 드린다.

서울대학교 관악 연구실에서

고 길 곤

차례

차례

제1장

서 론

1. 사회과학 연구에서의 관계

사회과학 연구의 목적이 무엇이냐고 학생이나 연구자에게 물어보면 다양한 대답을 듣곤 한다. 일부 학생은 사회현상을 이해하는 것이 목적이라고 이야기하기도 하고, 어떤 학생은 사실을 발견하는 것이라고 이야기하기도 한다. 하지만 연구자들에게 가장 많이 듣는 대답 중의 하나는 인과관계 발견이다. 복잡한 사회현상에 규칙성(regularity)이 존재하며 이 규칙성을 이해하게 된다면 사회현상을 설명하고 예측하는 강력한 논리적 도구를 갖게 된다고 믿고 있기 때문이다.

운동과 질병 간의 관계를 살펴보자. 운동하면 질병이 줄어들 것이라는 것이 상식적인 설명이다. 따라서 연구자는 운동을 열심히 하면 질병이 줄어들지에 대한 회귀분석을 수행할 수 있다. 즉 성별, 나이, 직업 등 여러 변수를 통제한 후 운동시간을 독립변수로 질병 횟수를 종속변수로 하는 간단한 회귀분석 모형을 통해 운동과 질병 간의 관계를 살펴볼 수 있다.

[그림 1-1] 운동과 질병 간의 단순한 관계

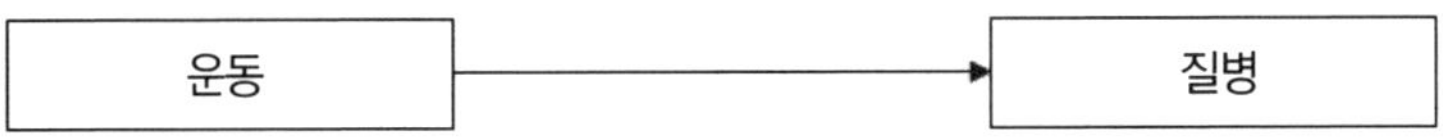

만일 하루 운동시간이 1시간 증가하면 1년 동안 질병에 걸리는 횟수가 0.5회 정도 줄어들고 이 관계가 통계적으로 유의미하다는 결과를 얻었다고 가정해보자. 그 결과는 자연스럽게 왜 운동을 하면 질병이 감소하는지에 대한 질문을 유도하게 된다. 즉 운동과 질병

간의 상관관계는 앞의 회귀모형에서 규명하였지만 어떤 인과경로를 통해 운동이 질병을 줄이는지는 추가적인 분석이 필요한 것이다. 운동이 스트레스를 낮추어 질병을 줄일 수도 있고, 면역력을 높여 질병을 줄일 수도 있으며, 스트레스 감소는 다시 면역력을 높여 질병을 줄일 수도 있다. 이러한 관계를 [그림 1-2]와 같은 경로모형을 이용해서 나타낼 수 있다. 연구자의 입장에서는 이러한 경로모형이 통계적으로 유의미한지, 어느 경로가 상대적으로 더 중요한지 등에 관심을 기울이게 된다. 특히 운동이 질병을 줄이는 데 직접적인 영향을 미치지 않고 스트레스 감소를 통해 질병에 미치는 영향이 더 크다면 운동 못지않게 스트레스를 줄이는 정책을 함께 하는 것이 중요할 수 있기 때문에 새로운 정책을 개발하는 데도 도움이 될 수 있다.

[그림 1-2] 운동이 질병에 미치는 영향의 다양한 경로

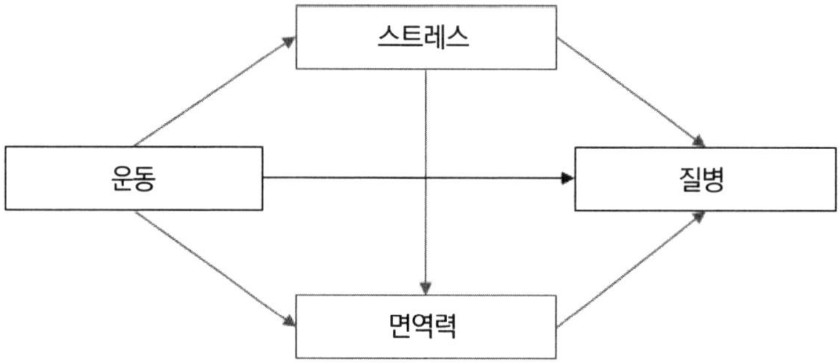

이처럼 운동은 다양한 경로를 통해 질병 유무에 영향을 줄 수 있으며, 이러한 다양한 경로가 운동이 직접 질병을 줄이는 효과보다 더 중요할 수도 있다. 따라서 두 변수 간의 관계에 대한 일차 분석이 끝나고 나면 두 변수 간의 관계를 설명하는 다양한 인과경로의 가설이 제기될 수 있고 이 가설을 검증하려는 연구는 매우 자연스러운 일이다.

인과경로는 정책수립에서도 매우 중요하다. 성별 → 구직의 관계가 있다는 사실이 밝혀져 여성이 구직에 불이익을 받는다는 것이 알려져 있다고 해보자. 그렇다면 의무적으로 여성 고용을 할당하는 정책을 고려해 볼 수 있을 것이다. 하지만 성별이 왜 구직 여부에 영향을 미치는지를 살펴보다가 자격조건(qualification)[1]이 성별과 관계가 있다고 가정해 보자. 그렇다면 성별 → 자격조건 → 구직의 관계를 갖게 된다. 만일 이러한 경로가 성별이 직접 구직에 미치는 영향보다 더 중요하다면 정책 방향은 여성과 남성의 자격조건을 동일

1 자격조건이라는 것은 다양할 수 있지만 고객 불만 처리, 영업, 출장, 체력 등의 것들도 포함할 수 있다.

하게 할 수 있는 교육이나 훈련 제도를 확충하는 것이 될 것이다. 이러한 문제를 다루는 것이 매개효과 모형이다.

변수 간의 관계를 분석할 때 등장하는 또 다른 문제는 두 변수 간 관계의 강도나 방향이 다른 변수에 영향을 받을 가능성이 크다는 것이다. 부동산 과열을 막기 위해 정부가 주택 과잉 공급 조절 정책을 추진하여 부동산 가격을 안정시키려고 한다고 가정을 해보자. 일반적으로 공급을 줄이면 부동산 가격이 상승하게 된다. 하지만 시장에서 이 정책을 정부가 부동산 과열을 막기 위한 적극적 개입 의지로 해석하게 된다면 오히려 부동산 가격이 내려갈 수도 있다. 반대로 정부의 개입이 결국 실패할 것이라는 기대심리가 존재하면 오히려 부동산 가격이 올라갈 것이다. 따라서 [그림 1-3]처럼 공급조절 정책이 부동산 가격에 미치는 영향은 시장의 심리상태에 따라 그 크기나 방향이 달라진다는 점을 고려한 분석이 필요하다. 이러한 문제를 다루는 것이 조절효과 모형이다.

[그림 1-3] **공급조절 정책과 부동산 가격의 관계에 시장의 심리상태가 미치는 효과**

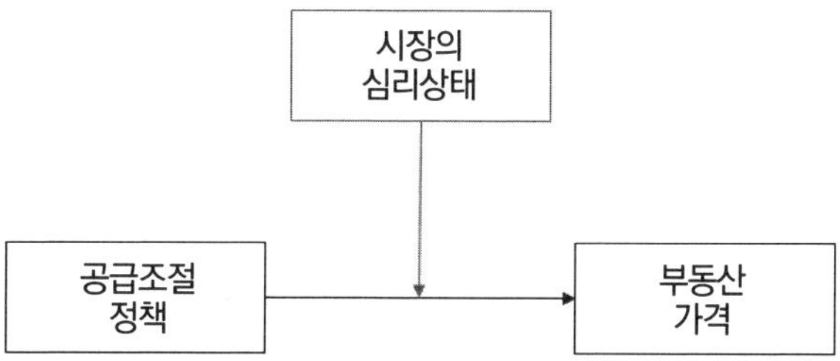

이러한 현상은 국가 간 비교 연구에서도 나타난다. 일반적으로 선진국에서는 부패가 경제나 정치에 부정적인 영향을 끼친다는 주장에는 별다른 반론이 없다. 하지만 개발도상국에서는 부패가 긍정적인 기능을 한다는 주장도 제기된다. 즉 부패가 경제발전이나 정치에 미치는 영향은 국가의 현재 발전단계에 영향을 받게 되기 때문에 양자 간의 관계를 연구할 때는 이 점을 고려해야 한다.

이러한 이유로 사회과학에서 관계를 연구할 때는 어떤 경로를 통해서, 어떤 맥락에서 우리가 관심을 두는 핵심 독립변수가 종속변수에 영향을 주는지를 주로 살펴본다. 매개효과(mediation effect) 모형과 조절효과(moderation effect) 모형은 이러한 관계를 다루기 위해 널리 사용되어왔다.[2] 최근에는 매개효과와 조절효과가 동시에 존재하는 경우를 다룬

2 Baron, R. M. & Kenny, D. A. (1986). "The Moderator-Mediator Variable Distinction in Social Psychological Research: Conceptual, Strategic, and Statistical Considerations." *Journal of Personality and Social Psychology* 51: 1173–1182.

조건부 과정 모형(conditional process model)을 비롯하여, 반사실(counterfactual) 상황에서의 매개효과가 존재하는 경우의 인과효과를 측정하는 모형에 대한 이론들도 빠르게 발전하고 있다.[3]

특히 매개효과 이론의 발전과정을 보면 매우 인상적이다. Baron & Kenny(1986)의 논문을 매개효과 이론의 중요한 출발점이라고 할 수 있는데, 그 이유는 매개효과와 관련된 논의가 산발적으로 진행되어 오다가 이 논문을 기점으로 체계화되었기 때문이다.[4] 이후 Hayes(2018)는 매개효과 모형과 조절효과 모형을 통합한 조건부 과정 모형(conditional process model)을 제시하여 매개효과 이론 발전에 크게 기여하였다. 조건부 과정 모형은 공변량(covariate)을 반영한 후 매개효과 측정의 정확성을 높이려는 노력의 일환이라고 할 수 있다. 또한 MacKinnon(2008)은 종단면 자료, 범주형 종속변수 자료, 다수준(multilevel) 자료 등 다양한 자료구조를 갖는 매개효과 모형에 대한 논의를 제시해 주었다. Hayes(2018)와 MacKinnon(2008)이 주로 회귀분석과 구조방정식의 관점에서 매개효과를 다루어왔다면 VanderWeele(2015)은 반사실에 기반한 인과효과 측정 관점에서 매개효과 모형에 접근하였다. 사실 매개효과 이론 자체가 변수 간의 인과관계를 규명하고 그 효과를 측정하는 데 있기 때문에 VanderWeele(2015)의 접근은 매우 적절하다고 할 수 있다.

매개효과에 대한 관심에 비해 조절효과에 대한 관심은 상대적으로 작은 것이 사실이다. 통계학에서는 조절효과가 상호작용(interaction) 혹은 교호작용이라는 이름으로 다루어져 왔다. 모형 설정의 관점에서는 상호작용항은 변수 간의 곱으로 간단히 나타낼 수 있기 때문에 별다른 쟁점이 없지만, 상호작용 결과를 해석하는 데 있어서는 상당한 주의를 요구한다. 이것은 회귀분석의 회귀계수가 '다른 변수가 일정하면'이라는 가정에 바탕을 두는 경우가 일반적이지만, 조절효과 모형에서는 이 가정을 사용할 수 없기 때문이다. 즉 다른 변수가 어느 값으로 고정되었는지에 따라 관심 있는 변수가 종속변수에 미치는 영향이 달라질 수 있기 때문이다. 조절효과를 제대로 해석하기 위해서는 한계효과 그림(marginal effect plot)과 같은 시각화 접근이 필수적이다. Aiken & West(1991)의 책이 출판된 이후 상호작용 효과에 대한 해석에 주의가 필요하다는 사실이 지속적으로 제기되었음에도 불구하고 여전히 부주의한 해석을 흔히 발견할 수 있기 때문에, 이 책에서도 이를 중요하게

---

3 VanderWeele, T. J. (2014). "A Unification of Mediation and Interaction: A 4-Way Decomposition." *Epidemiology* 25: 749-761.
VanderWeele, T. J. (2015). *Explanation in Causal Inference: Methods for Mediation and Interaction*, Oxford University Press.

4 이 논문은 Google Scholar에서 2019년 현재 85,000번 이상 이용이 될 정도로 중요한 위치를 차지하고 있다.

다루고자 한다.[5]

매개효과와 조절효과에 대한 이론 발전에도 불구하고 실제 학술지에 실리는 논문들 중 상당수는 이러한 이론의 발전을 제대로 반영하지 못하고 있는 경우들이 많다. 왜 매개효과나 조절효과 모형을 설정했는지에 대한 충분한 설명도 제시하지 않은 채 모형 추정값을 제시하는 데 초점을 맞추는 경우가 적지 않았기 때문이다. 또한 매개효과나 조절효과를 공부하고자 해도 적절한 방법론 책이 없어서 대부분은 기초적인 수준의 이해를 가지고 통계 프로그램을 응용하는 경우가 많아 이론적 발전을 제대로 연구에 반영하지 못했던 것이다.

한편 매개효과와 조절효과 모형은 방법론 문제일 뿐 아니라 인과관계를 연구자가 어떻게 바라보는지에 대한 문제이기도 한다. 매개효과 모형은 관심 있는 독립변수가 어떠한 경로를 통해 종속변수에 영향을 주는지에 대한 인과 메커니즘을 실증 자료를 이용하여 검정하는 데 사용하는 경우가 많다. 매개효과 모형을 사용하면서도 제시된 변수가 왜 매개변수인지를 제대로 설명하지 못한다면 바람직한 연구라고 보기 어렵다. 특히 논리적으로 독립변수가 먼저 발생하고 매개변수가 이후에 발생하는 시간적 선후 관계도 제대로 검토하지 않은 채 매개효과 모형을 사용하는 경우도 적지 않은데 이것은 바람직하지 않다고 할 수 있다. 따라서 매개효과나 조절효과 모형을 사용하기 전에 독립변수, 매개변수, 조절변수, 종속변수 간의 논리적 관계를 충분히 제시한 후에 자료 분석을 시도해야 할 것이다.

2. 관계의 존재에서 인과 메커니즘으로

초기의 사회과학 연구는 자연현상을 다루는 자연과학처럼 자연 세계에서 존재하는 규칙성(regularity) 혹은 법칙을 찾는 데 관심을 기울여 왔다. 이는 물체에 일정한 힘을 주면 이 물체가 일정한 시간 후에 어느 정도 움직이는지, 화학 물질들을 결합하게 되면 어떤 물질이 형성되는지와 같은 질문에 답하기 위해 반복적 관찰과 실험을 통해 규칙성을 발견하는 과정이다. 이 규칙성은 방정식 혹은 모형의 형태로 일반화되고 이를 이론 혹은 법칙으로 제시하는 것이다. 이러한 이론과 법칙은 또 다른 이론과 법칙을 발견하는 토대가 된다. 따라서 규칙성이 존재한다는 전제하에서 이를 어떻게 찾을 것인가가 자연과학에서는 중요한 연구문제가 되었다.

---

5 Aiken, L. S. & West, S. G. (1991). *Multiple Regression: Testing and Interpreting Interactions*. SAGE Publications.

이와 유사하게 사회과학 연구도 연구자가 관심을 두는 변수 간의 관계에 대한 규칙성에 많은 관심을 기울여 왔다. 업무동기(job motivation)가 성과에 영향을 주는지, 정부의 개입이 경제발전에 영향을 주는지, 리더십이 조직발전에 영향을 주는지, 부모의 사회경제적 요인이 학생들의 학업성취에 영향을 주는지 등과 같은 연구문제들은 변수 간 관계의 규칙성을 발견하고자 하는 노력의 일종이다.

규칙성에 대한 사회과학의 관심은 회귀분석 방법론이 보편화됨에 따라 더욱 커지기 시작하였다. 변수 간의 관계가 방정식 형태로 표현되는 회귀분석은 독립변수 혹은 설명변수가 종속변수에 영향을 미치는지 아닌지를 매우 간결하게 나타내줌으로써 연구자들이 변수 간의 관계에 일정한 법칙이 존재한다는 생각을 하도록 해왔다.

하지만 원인과 결과 간의 관계가 존재한다는 것과 규칙성을 갖는다는 것은 다른 차원의 세계관이다. 불교에서 제시하는 인과응보(因果應報)나 연기(緣起)에 대한 관점을 살펴보자. 인과응보는 과거의 선악의 인연에 따라서 현재 혹은 미래의 길흉화복이 결정된다는 개념이다. 연기론은 모든 것들은 서로 연결되어 있으며 원인이 없으면 결과가 없다는 것이다. 하지만 인과가 존재한다는 것과 원인과 결과 간의 관계가 규칙적이라는 것은 같다고 보기 어렵다. 2011년 도호쿠 대지진에 따른 후쿠시마 원전 사태는 지진에 따른 쓰나미가 원인이지만, 이 원인과 결과가 규칙적으로 일어난다는 보장은 없다. 또한, 원인과 결과의 관계가 존재하더라도 동일한 원인이 같은 결과를 초래한다는 보장 역시 없다. 원인과 결과 관계 사이에는 무수히 많은 인과경로와 변수들이 존재하기 때문이다. 규칙성을 인과관계로 해석하는 문제는 미래의 불확실성과 연결되면 더욱 한계가 드러나게 된다. 규칙성은 과거 자료를 바탕으로 관찰되는 것인데 미래도 동일한 환경에서 규칙성이 발현될 것이라는 가정을 하는 것은 지나치게 강한 가정이다. 과거 상황이 미래에도 계속 반복된다는 것은 경험적으로 입증하기 어렵고, 선험적으로도 받아들이기 어려운 가정이다. 결국 규칙성이 존재한다고 해서 인과관계가 존재한다고 해석하는 것은 상당한 한계가 있다고 할 수 있다.

근본적으로는 데이비드 흄(David Hume)이 지적한 것처럼 우리가 감각기관을 통해 직접 경험한 것이 강렬한 형태로 우리 마음속에 지각되는 '인상'(impression)과, 이러한 인상이 약화된 채 희미한 이미지 형태로 우리 마음속에서 복제되고 또는 즉자적으로 재생되는 실체, 즉 '관념'(idea)의 차이를 구분할 필요가 있다. 경험주의자 관점에서는 이 관념은 인상을 통해 형성이 되는데[6] 경험과 독립적인 혹은 우리의 심리(mind)와 독립적인 원인과

6 이 주장은 "All constituents of our thoughts come from experiences."라는 흄의 경험주의 기본 명제에서 도출될 수 있다.

결과의 필연적 연결(necessary connection)은 불가능하다(unconceivable)고 주장하고 있다. 그 결과 선험적인 인과관계의 존재 가능성은 부정될 수밖에 없다. 지속적인 규칙성도 실제 사회현상에서는 존재하기 쉽지 않기 때문에 규칙성을 필수요소로 하는 인과관계 자체가 성립하기 쉽지 않게 된다.

규칙성의 발견이 인과관계를 증명하는 데 충분조건이 아니라는 것은 사회과학 이론체계를 발전시키는 데 심대한 문제를 초래한다. 실증주의자들은 반복적으로 경험적 연구를 축적해 나가면 규칙성을 발견할 수 있고 이것을 바탕으로 이론을 형성할 수 있다는 가정을 하고 있다. 하지만 규칙성을 발견할 수 있는지는 차치하더라도 규칙성을 발견하더라도 그것이 인과관계를 의미한다고 할 수 없다. 우리는 인과관계를 발견하고 이론체계를 발전시킬 수 있는 방법론을 제대로 갖지 못하고 있는지도 모른다.

이러한 철학적 논쟁과 관계없이 방법론의 관점에서는 관계의 유무를 통계적으로 검증하고자 하는 많은 노력들이 진행되어 왔다. 통계학에서의 관계 개념은 근본적으로는 통계적 독립(statistical independence)이라는 개념에서 출발한다. 통계적 독립은 조건부 확률을 이용하여 정의되는 것으로 어떤 사건 X가 발생했을 때 사건 Y가 발생할 확률은 사건 X의 발생 여부에 관계없이 사건 Y가 발생할 확률과 동일한 관계를 만족하면 두 확률변수 X, Y는 통계적으로 독립이라고 한다.

$$P(Y|X) = P(Y)$$

통계학에서의 관계는 두 변수가 독립이 아니면 두 변수의 관계가 있다고 판단하는 것이 일반적이다. 또 다른 접근 방법은 독립변수의 변화에 따라 종속변수의 기댓값이 변화하는 경우 관계가 있다고 판단하는 것이다. 이러한 관계의 판단은 주로 평균 차이의 크기를 가지고 이루어진다. 예를 들어 전통적인 회귀분석은 독립변수가 변할 때 평균적으로 종속변수가 얼마가 변하는지를 추정한 후 이 평균 변화의 크기가 통계적으로 큰 경우라면 관계가 있다고 판단하는 것이다. 하지만, 평균적 관계를 살펴본다는 것은 모든 관찰점이 동일한 관계를 갖는다는 것을 의미하는 것이 아니다. 어떤 관찰점은 평균적 관계로 설명이 잘 되지만 어떤 관찰점은 평균적 관계에서 벗어난 경우도 많다. 하지만 통계학에서는 특이한 사례를 가지고 평균적 관계가 잘못되었다고 결론을 내리기보다는 이러한 오차가 크지 않다는 충분한 근거가 있다면 관계가 없다는 주장을 기각하는 입장을 취한다. 따라서 예외적인 사례를 근거로 제시하면서 통계학에서 제시하는 인과관계가 맞지 않는다고 주장하는 것은 상당히 가혹하고 엄격한 주장이다. 더욱이 예외적인 사례를 가지고 이 사례가 보편적인 인과관계일 수도 있는 듯이 주장하는 것은 위험하기까지 하다. 이러한 이유 때문에 통계분석을 통해 얻어진 평균적 관계를 너무 과장해서도 안 되고 너무 폄하해서도 안 되는 것이다.

관계가 존재한다고 하더라도 이것이 바로 인과관계가 될 수 없다. 원인과 결과의 관계라는 것은 원인이 결과에 선행한다는 기본 조건을 충족시켜야 한다. 실험실 상황이라면 원인을 조작하여 결과를 관찰하면 원인의 선행성을 만족시킬 수 있다. 하지만 사회현상을 관찰된 정보를 이용하여 밝히고자 하는 관찰연구(observational study)에서는 원인을 먼저 관찰하고 이후에 결과를 관찰한 자료를 수집하기는 쉽지 않다. 적지 않은 사회과학 연구가 원인과 결과의 시간적 선후 관계를 고려하여 측정한 자료를 이용하기보다는 횡단면적으로 동일 시점에 측정한 자료인 경우가 많기 때문이다. 이러한 관찰자료를 이용한 분석은 변수 간의 관계를 보여줄 수는 있지만 인과관계를 증명하기는 어렵다. 뿐만 아니라 관계가 없는데도 있다는 결론을 내릴 수도 있고, 없는데 있다고 결론을 내릴 수도 있다. 이런 문제는 이미 많은 연구자들이 이해하고 있지만 많은 학술논문은 이를 깊게 고민하지 않거나 회피하는 경우가 많은 실정이다.

원인의 선행성을 만족하더라도 원인과 결과의 관계가 다른 제3의 변수의 영향으로 인해 왜곡되거나, 관찰되지 않거나 혹은 과대 측정되는 경우도 발생한다. 제3의 변수는 흔히 혼란변수(confounder)라고 부르는데 관찰되지 않은 혼란변수는 인과관계 추론을 왜곡하게 된다. 문제는 관찰되지 않은 변수가 관찰된 변수보다 훨씬 많다는 것이다. 이러한 이유로 충분히 많은 변수를 모형에 포함하지 못했기 때문에 회귀분석 같은 방법론은 인과관계를 밝히는 데 부적절하다는 주장이 제기되기도 한다. 이 주장은 타당한 측면도 있지만 한계도 있다. 관찰되지 않은 변수가 원인과 결과의 관계에 미치는 방향이나 크기가 동일하지 않기 때문에 관찰되지 않은 수많은 변수의 영향은 서로 영향이 상쇄되어 무작위 오차로 수렴할 수 있기 때문이다.

이러한 전통적 문제 이외에도 왜 X가 Y에 영향을 주는지 혹은 어떻게 영향을 주는지를 설명하는지에 대해 전통적인 통계분석은 관심을 기울이지 않는 경우가 많다. 회귀분석을 이용하여 $X \rightarrow Y$의 존재 가능성을 확인하더라도 독립변수 X가 종속변수 Y에 여러 경로를 거쳐 영향을 줄 수 있지만 이 경로를 추가적으로 파악하는 분석은 잘 수행하지 않는다. 물론 종속변수를 예측하는 것이 목적이라면 굳이 어떤 인과경로를 통해 독립변수가 종속변수에 영향을 미치는지는 중요한 문제가 아닐 수 있다. 하지만 관계론의 입장에서는 변수 간의 관계는 다른 변수와 끊임없이 영향을 받으면서 변화하기 때문에 관계에 대한 이해가 더 중요한 연구 질문이 될 수 있다.

이러한 배경 때문인지 심리학 분야의 저널에서는 단순히 두 변수 간의 관계의 유무를 설명하는 것은 과학적 논문이 될 수 없다고 주장하면서 독립변수가 어떤 과정을 통해 종속변수에 영향을 미치는지를 설명하지 못하면 제출된 논문이 출판되기 어렵다고 주장하기도 한다.[7] 즉 연구의 목적이 단순히 관계유무를 설명하는 것이 아니라면 독립변수가 어떤 경로를 통해 종속변수에 영향을 주는지에 대한 인과경로 분석이 필요하다는 것이다. 하지만 행정학을 비롯한 사회과학 여러 분야에서 아직도 독립변수와 종속변수의 관계의 유무를 밝히는 데 머무르는 논문들을 어렵지 않게 찾을 수 있다.

인과관계의 존재를 가능하게 하는 철학적 큰 가정은 선험성이다. 즉 인과관계의 존재 여부를 분석할 때는 학자들은 선험적(a priori)으로 인과관계가 존재한다고 가정을 한 후 자료를 이용하여 이 인과관계가 맞는지 여부를 검증한다. 예를 들어 $X \rightarrow Z \rightarrow Y$의 관계를 연구할 때 이 관계가 존재한다고 미리 가정을 하고 자료를 수집한 후에 이 관계가 진짜 존재하는지를 통계모형을 통해 검증하는 것이다. 그러나 왜 $X \rightarrow Z \rightarrow Y$의 관계가 존재하는지를 설명하는 것은 주로 논리적 설명에 의존하게 된다.[8] 이 경우 [그림 1-4]와 같이 세 변수의 관계가 다양하게 존재할 수 있는데 왜 굳이 $X \rightarrow Z \rightarrow Y$이 가장 바람직한 모형이라고 할 수 있는지에 대한 근거를 제시해야 한다. 이 근거의 제시가 없이 $X \rightarrow Z \rightarrow Y$의 관계가 존재한다는 것을 보여주는 것은 이 관계가 인과관계 때문인지 혹은 다른 가능성 때문인지를 구분할 수 없게 된다.

매개효과와 조절효과 모형을 가지고 인과관계를 설명할 수 있다고 주장을 하는 것은 조심스러워야 한다. 인과관계에 대한 철학적 논쟁이 여전히 진행 중이기 때문이다. 사회과학에서는 변수 간의 관계를 조금 더 체계적으로 이해하려는 노력으로 매개효과와 조절효과 모형을 이해하는 것이 오히려 바람직할 수 있다. 이런 점에서 변수 간의 관계에 대한 논리적 설명이 먼저 제시되고 실증 자료를 통해 이 설명이 타당한지 여부를 검증하는 과정으로 매개효과 및 조절효과 모형을 사용하는 것이 바람직할 수 있다.

---

7 이러한 주장을 제시하는 대표적인 저널은 *Journal of Experimental Social Psychology, Society for Personality and Social Psychology, Journal of Personality and Social Psychology* 등이 있다. 매개효과의 중요성을 강조하는 저널 편집진들의 이야기에 대해서는 Pirlott, A. G. & MacKinnon, D. P. (2016). "Design approaches to experimental mediation." *Journal of experimental social psychology* 66: 29-38을 참고하라.

8 최근에는 변수 간의 다양한 관계의 가능성을 전제한 후 각 관계 모형 중 어느 모형이 자료를 가장 잘 설명하는지를 통계적으로 분석한 연구들이 제시되고 있다. Daniel, D., Hagemann, D. & Fiedler, K. (2013). "Mediation analysis with structural equation models: Combining theory, design, and statistics." *European Journal of Social Psychology* 45(4): 460-481을 비롯하여 SAS PROC CALIS 매뉴얼의 Example 29.24 "Testing Competing Path Models for the Career Aspiration Data" 등은 이와 관련된 좋은 예제이므로 참고할 만하다.

[그림 1-4] 원인변수, 매개변수, 결과변수 간의 가능한 관계조합

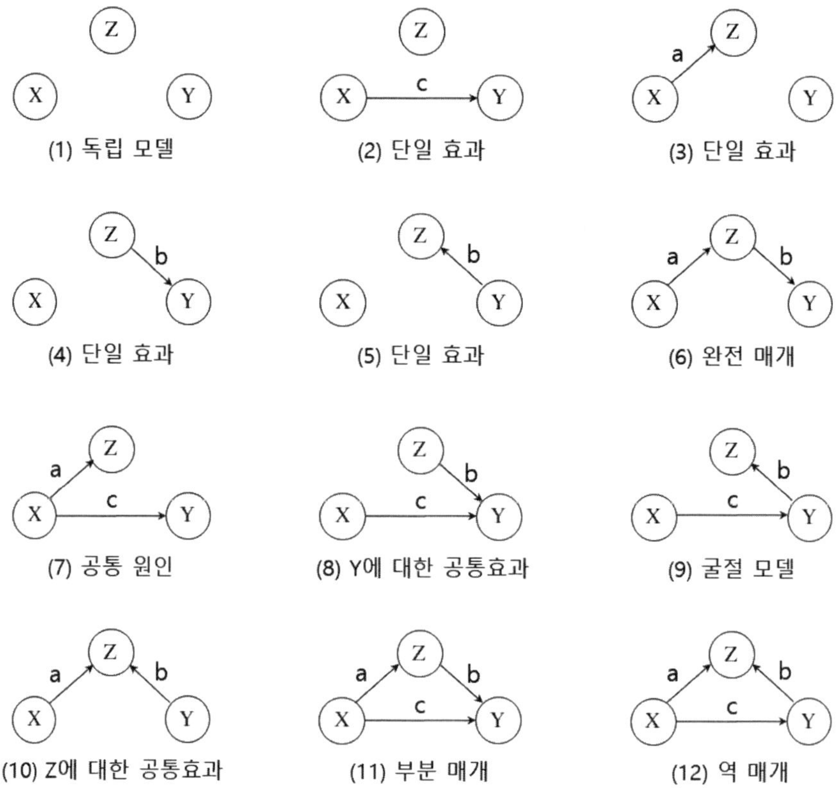

3. 맥락변수와 제3의 변수

현대 사회과학 연구가 보여주는 가장 큰 특징 중의 하나는 두 변수 간의 단선론적 관계를 넘어서 두 변수의 관계에 영향을 주는 여러 맥락(context)이나 제3의 변수(the third variables)의 영향을 종합적으로 고려한 과학적 연구를 지향한다는 점이다. 모든 상황을 설명할 수 있는 이론을 찾기보다는 각 맥락에 맞는 이론을 찾으려는 노력이 그것이다. 예를 들어 미국의 행정학이 한국의 실정에는 잘 맞지 않는다는 주장이나, 경제 정책의 성공 여부는 정책 자체뿐만 아니라 세계 경제환경, 대통령의 리더십 등에 의존한다는 주장은 상황이나 맥락에 따라 변수 간의 관계가 다름을 보여준다. 이처럼 연구자가 관심 있는 두 변수 간의 관계의 크기나 방향 등에 영향을 줄 수 있는 변수들을 맥락변수 혹은 제3의 변수라고 부른다.

맥락효과는 계량모형에서 다양하게 이해되고 있다. 맥락효과는 내포변수(nested variable), 매개변수(mediating variable), 조절변수(moderator), 허위변수(spurious variable), 혼란변수

(confounding variable)라는 용어를 통해 다루어지고 있다(Wang et al., 2013: 720). 내포변수는 관찰점이 계층적 자료 구조의 한 부분임을 나타내기 위해 사용되는 변수이다. 예를 들어 학생이라는 관찰점은 학급, 학교, 시도, 그리고 국가라는 계층적 자료구조의 한 부분이기 때문에 학급 일원으로서의 학생, 학교 일원으로서의 학생의 의미가 달라질 수 있다. 또는 연령에 따라 성별을 구분하게 되면 성별은 연령에 내포된 내포변수가 된다. 내포변수의 문제는 다수준 회귀분석 혹은 계층 회귀모형(hierarchical linear model) 분야에서 주로 다루어져 왔다(Hox, 2010; Leeuw & Meijer, 2007; Singer, 1998; Bryk & Raudenbush, 1992). 일부에서는 맥락효과를 집단 간과 집단 내의 변수 간 관계의 구조적 차이와 관련된 내포변수의 문제로 좁게 이해하기도 한다.[9] 그러나 맥락효과를 궁극적으로는 두 변수 간의 관계에 영향을 줄 가능성이 있는 제3의 변수에 의해 발생하는 문제로 이해해도 큰 무리는 없을 것이다.

매개변수, 조절변수, 허위변수, 혼란변수 역시 사회과학 영역에서는 중요한 맥락변수로 다루어져 왔다(남궁근, 2017; 김병섭, 2010; 노화준, 2015). 특히 Baron & Kenny(1986)가 이러한 변수들을 다루는 통계분석 절차를 소개한 이후로 제3의 변수 통제 문제는 사회과학 연구에서 표준화된 연구절차가 되어 왔다.[10] 매개변수, 조절변수, 그리고 허위변수는 우리가 관심 있는 독립변수(X)와 종속변수(Y)의 관계에 제3의 변수인 Z가 어떤 영향을 주는지에 따라 정의된다. 먼저, 독립변수와 종속변수의 사이에서 그 관계를 매개하는 제3의 변수를 매개변수(mediator)라고 한다. 이와 달리, 독립변수와 종속변수의 관계의 강도나 방향에 영향을 주는 변수를 조절변수(moderator)라고 이야기한다. 반면 독립변수와 종속변수의 상관관계가 실제로는 존재하지 않는데 제3의 변수 때문에 상관관계가 있는 경우처럼 보이는 것으로 관찰될 때 이 제3의 변수는 허위변수(spurious variable)라고 한다. 이러한 제3의 변수의 유형들을 그림으로 나타내면 [그림 1-5]와 같다. [그림 1-5]에서 X는 독립변수, Y는 종속변수, 그리고 Z는 제3의 변수이다.

---

9 이러한 입장은 이희연·노승철(2013: 463)과 같이 다수준 회귀모형의 관점에서 맥락효과를 이해하는 것이다.

10 제3의 변수 문제는 단지 매개효과나 조절효과에 머무르지 않는다. 모형에서 직접 고려하지 않은 변수가 오차항에 포함된 상황에서 발생하는 여러 문제도 제3의 변수 문제의 일종이라고 할 수 있다. 예를 들어 내생성(endogeneity) 문제는 오차항에 포함된 제3의 변수가 독립변수와 상관관계를 갖고 있는 상황에 해당한다. 또한, 다시점에서 반복측정된 패널모형에서 개인 고정효과(fixed effect)는 관찰되지 않은 개인의 시간불변효과를 통제함으로써 추정량의 효율성을 높이거나 내생성을 통제하는 접근방식이다. 이 방법 역시 궁극적으로는 제3의 변수를 통제하고자 하는 노력이다. 다수준 분석(multilevel analysis)도 각 관찰점이 속한 수준의 정보를 제3의 변수로 이해하면서 이를 모형에서 통제하고자 하는 방법의 일종이라고 이해할 수 있다.

[그림 1-5] 제3의 변수의 유형

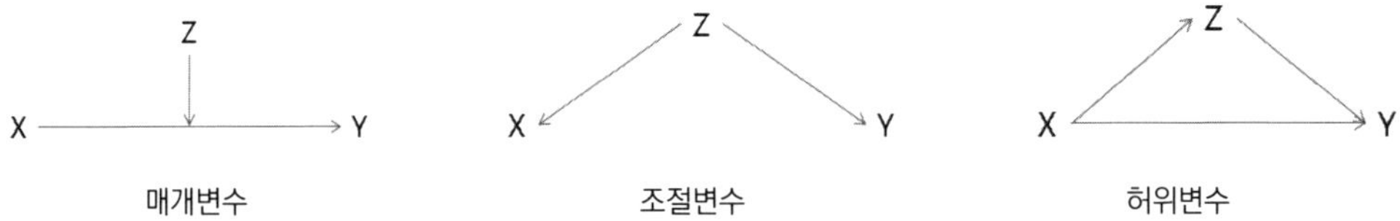

정부의 복지사업이나 사회기반사업의 사례를 생각해보자. 이러한 정부 재정사업의 효과는 해당 정책 자체 때문일 수도 있지만 다른 사회·경제적·정치적 변수 때문일 수도 있다. 예를 들어 복지사업이 저소득층의 소득에 영향을 미치는 것은 복지사업이 직접 소득에 미치는 효과와, 복지사업이 근로의욕에 영향을 미쳐 가구소득에 미치는 간접적인 효과가 혼합되어 효과가 나타날 수 있다. 이 경우, 매개변수 효과를 고려하지 않으면 복지사업과 가구소득 간의 관계를 정확히 이해하기 어렵다.

그렇다면 이러한 제3의 변수를 어떻게 처리할 수 있을까? 제3의 변수를 Z라고 하고 X_1을 정책이라고 한 뒤 Z와 X_1을 독립변수로 한 다중회귀모형을 분석하게 되면 제3의 변수값이 일정하게 주어졌을 때 X_1이 종속변수인 Y에 미치는 효과의 크기가 추정된 회귀계수 $\hat{\beta}_1$이라는 사실을 알 수 있게 된다.

예. 추정회귀선 $\hat{Y} = \hat{\beta}_0 + \hat{\beta}_1 X_1 + \hat{\beta}_2 Z$에서 변수 통제

: 어떤 변수를 통제한다는 의미는 그 통제변수가 특정한 값을 갖는다고 가정(*ceteris paribus*)할 때 관심 있는 변수가 종속변수에 어떤 영향을 미치는지 보는 것이다.

: 예컨대 Z가 주어졌다고 가정하고 X_1의 값을 변화시켰을 때 Y값이 어떻게 변하는지 보는 것이다. 이때 추정회귀선의 기울기는 $\hat{\beta}_1$이며 교호작용이 없다고 가정하면 Z가 어느 값에서 고정되는가와 무관하게 기울기는 변하지 않는다.

: 다중회귀분석에서 $\hat{\beta}_1$의 의미는 Z의 값이 통제되었을 때(주어졌을 때) X_1이 한 단위 변할 때 Y의 변화량을 말한다.

다른 변수(즉 제3의 변수)가 일정하게 주어졌다고 가정을 하고 관심 있는 독립변수가 종속변수에 어떤 영향을 미치는지를 회귀분석을 통해 살펴볼 때 흔히 "제3의 변수를 통제한다"라는 용어를 사용한다. 그렇다면 통제한다는 것은 무엇을 의미하는 것일까? [그림 1-6]은 방문객 수의 입장료와 홍보비에 대한 회귀분석을 위해 사용된 원자료(raw data)의 분포를 나타낸 그림이다. 이 [그림 1-6]만을 가지고는 입장료와 홍보비가 방문객 수에 어떻게 영향을 미치는지를 직관적으로 이해하는 것은 불가능하다.

[그림 1-6] 방문객 수, 입장료, 홍보비의 관계(원자료)

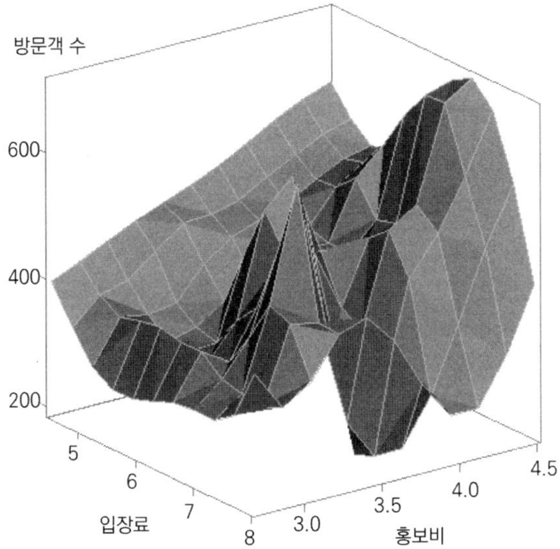

위 자료를 다중회귀분석을 통해 분석한 결과는 [그림 1-7]과 같다. 그림에서 확인할 수 있듯이 독립변수인 입장료가 어떤 값을 갖든지 홍보비가 한 단위 증가할 때 입장료 값이 얼마이든 관계없이 예측된 방문객 수의 변화는 일정한 기울기를 갖는 것을 알 수 있다. 마찬가지로 입장료가 한 단위 증가할 때 홍보비가 얼마든 관계없이 예측된 방문객 수의 변화도 일정함을 알 수 있다. 이처럼 통제한다는 것은 제3의 변수값을 고정하여 순수하게 두 변수 간의 관계를 살펴볼 수 있도록 하는 것이다.

맥락변수 혹은 제3의 변수 중에서 중요하게 논의되는 변수가 혼란변수(confounder)이다.[11] 혼란변수는 다양하게 정의할 수 있지만 일반적으로 혼란변수 Z가 존재할 경우와 존재하지 않을 경우 X와 Y의 관계가 달라진다면 이를 혼란변수라고 정의할 수 있다. 즉 Z를 통제하지 않은 상황에서 X가 주어졌을 때 Y의 기댓값은 Z라는 변수가 통제된 상황에서 X가 주어졌을 때 Y의 기댓값과 다르다면 Z는 X, Y 관계의 혼란변수라고 할 수 있다.

$$E(Y|X, Z) \neq E(Y|X)$$

11 혼란변수는 교란변수라고도 부른다.

[그림 1-7] 회귀분석 결과를 통해 얻은 방문객 예측치, 입장료, 홍보비의 관계

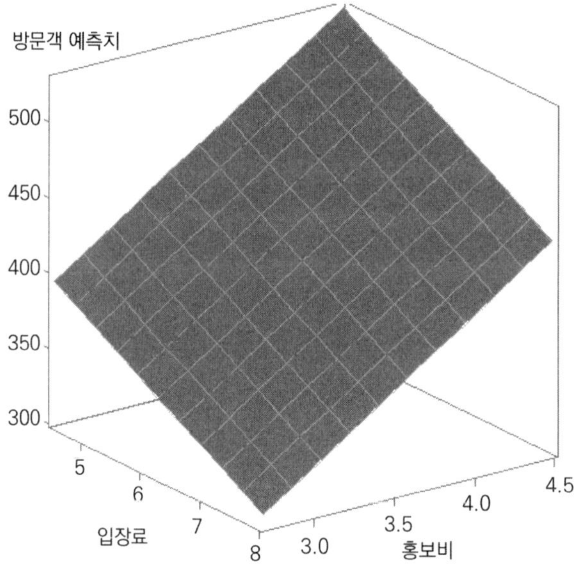

예를 들어 산모의 흡연이 유아의 몸무게를 거쳐 유아 사망에 영향을 준다는 모형이 존재한다고 가정해보자. 이때 경제적으로 부유한 산모와 경제적으로 부유하지 않은 산모의 경우 흡연이나 유아 사망률이 차이가 나게 되면 이 변수를 통제했을 때와 그렇지 않았을 때 결과가 달라진다. 이때 산모의 경제상태는 혼란변수라고 할 수 있다. 또 다른 예는 교회의 숫자와 살인사건 수 간의 상관관계가 높은 것으로 나타난 결과가 있는데 사실은 인구가 많기 때문에 교회도 많고 살인사건 수도 많다. 이 경우 인구는 교회 숫자와 살인사건 수 간의 관계를 설명하는 모형의 혼란변수라고 할 수 있다.

혼란변수는 크게 관찰된 혼란변수(measured confounder)와 관찰되지 않은 혼란변수(unmeasured confounder)로 구분할 수 있다. 관찰되지 않은 혼란변수가 존재한다면 혼란변수가 분석모형에 포함되지 않았을 때 추정량의 편의를 발생시키기 때문에 항상 관찰되지 않은 혼란변수가 존재하는지 여부를 확인해야 된다. 통계학에서는 혼란변수 문제를 해결하기 위해 무작위 실험(random experiment)을 선호하는데 관찰연구(observational study)에서는 무작위 실험이 쉽지 않기 때문에 매칭(matching), 도구변수(instrumental variable), 공변량 통제(covariate control) 등 다양한 방법을 사용한다.[12] 특히 반사실에

12 이에 대해서는 Morgan, S. L. & Winship, C. (2007). *Counterfactuals and Causal Inference: Methods and Principles for Social Research*, Cambridge University Press와 Pearl, J. (2000). *Causality: models, reasoning, and inference,* Cambridge University Press를 참고하라.

기반한 매개효과 분석에서는 관찰된 혼란변수 이외에는 다른 관찰되지 않은 혼란변수가 존재하지 않는다는 것을 모형식별(model identification)의 중요한 가정으로 사용한다. 이 가정이 만족되는지 여부는 완벽하게 증명하기 어렵지만 인과효과를 측정하는 연구에서는 매우 중요한 가정이라고 할 수 있다.

이처럼 매개효과나 조절효과 모형은 궁극적으로는 독립변수와 종속변수 간의 관계에 영향을 주는 제3의 변수를 모형에 반영하고자 하는 노력의 일환으로 이해할 수 있다. 제3의 변수는 매개변수나 조절변수 이외에도 다양하게 존재할 수 있지만 매개효과와 조절효과 등을 모형에 반영함으로써 연구자가 변수 간의 인과관계나 인과효과를 구체적으로 이해하는 데 도움을 줄 수 있다.

제2장

매개효과 기본 모형

매개효과 모형은 두 변수 간의 인과관계가 어떤 경로를 통해 이루어지는지를 살펴보는 데 기초가 되는 모형이다. 예를 들어 실업보험 정책을 실시하면(원인변수, *X*) 경제가 성장한다(결과변수, *Y*)라는 관계를 살펴보자. 이때 실업보험은 실패에 대한 두려움을 낮추어 창업을 활발하게 만들어(매개변수, *M*) 경제가 성장한다는 논리적 설명이 가능하다. 이 경우 창업은 실업보험과 경제성장 간 관계의 중간에 위치하면서 두 변수 관계를 매개하는 역할을 하게 된다.

매개효과 모형은 사회과학 이론 형성의 기초를 제공한다. 예를 들어 사회 심리학(social psychology) 분야의 경우 태도(attitude)가 의향(intention)에 영향을 주고 이 의향이 행동(behavior)에 영향을 준다는 이론(Fishbein & Ajzen, 1975)이나, 인지 심리학(cognitive psychology) 분야에서 정보(information)가 기억과정(memory process)을 통해 반응(response)에 영향을 준다는 이론, 혹은 정책수단이 정책대상의 행태 변화를 통해 정책효과를 초래한다는 주장이 그 예라고 할 수 있다.[1]

매개효과 모형은 기본적으로 회귀모형을 다양하게 응용한 것이라고 할 수 있다. 전통적인 매개효과 모형은 직접적인 관계와 간접적인 관계를 나타내는 회귀식을 이용하여 그 효과를 측정하는 방법이다. 이 경우 독립변수가 매개변수에 미치는 영향, 독립변수를 통제한 상황에서 매개변수가 종속변수에 미치는 영향을 각각 측정한 후 이 두 효과를 종합해서 간접효과를 측정하는 방식이다.

1 MacKinnon, D. P., Fairchild, A. J. & Fritz, M. S. (2007). "Mediation analysis". *Annual review of psychology*, 58: 593-614.

1. 매개효과의 예시

정부가 긍정적인 자아 개념을 증대시키기 위해 설계한 교육 프로그램이 실제 청소년의 문제행동을 줄일 수 있는지에 관심이 있다고 가정해보자. 이때, 부정적인 자아 개념을 가진 청소년은 공격성이 높을 수 있고 높은 공격성은 문제행동을 유발한다는 가설을 제기해 볼 수 있다. 이 가설에 따르면 자아 개념의 긍정성 정도가 직접 문제행동을 유발할 뿐 아니라 공격성에 영향을 주어 문제행동을 유발하는 경로를 통해서도 문제행동을 유발할 수 있다. 이럴 때 공격성은 긍정적인 자아 개념과 문제행동을 매개하는 매개변수라고 할 수 있다.[2]

[그림 2-1] 긍정적 자아 개념, 공격성, 문제행동 간의 관계(매개효과의 예시)

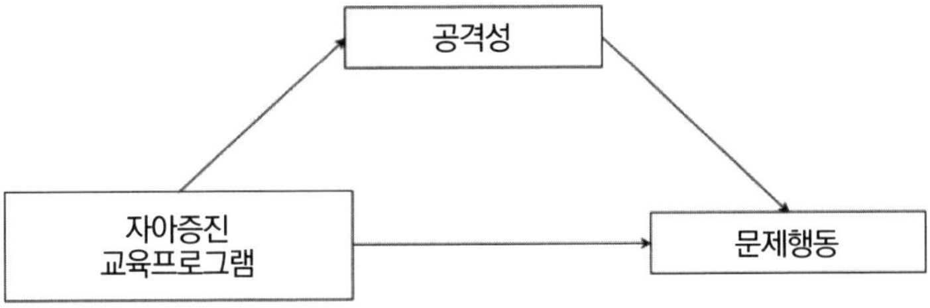

의학 분야에서는 매개변수를 대리결과변수(surrogate endpoint)라는 용어를 사용하기도 한다. 어떤 의학 치료나 새로운 정책이 최종적인 기대효과를 얻기 위해서는 오랜 시간이 걸리기 때문에 최종 효과를 평가하기 위한 자료를 수집하기는 매우 어렵다. 또한 오랜 기간에 걸쳐 효과가 발생하는 경우 결과변수에 무수히 많은 요인이 영향을 줄 수 있어서 표본 크기가 큰 자료를 이용해야 오차를 적절히 통제할 수 있다. 예를 들어 콜레스테롤 치료제는 궁극적으로 심혈관 질환을 줄이기 위한 것이지만 심혈관 질환이 줄었는지를 관찰하기는 쉽지 않고 오랜 시간이 걸린다. 하지만 나쁜 콜레스테롤인 저밀도 지단백(low-density lipoprotein, LDL)이 줄어들면 심혈관 질환이 준다는 것이 알려져 있으므로 치료제가 LDL이라는 대리결과변수에 영향을 주는지를 밝힘으로써 심혈관 질환에 미치는 영향을 간접적으로 밝히는 것이다. 대리결과변수는 "대리결과변수와 원인변수 간의 관계가 없다는 귀무가설의 검정결과나, 원인변수와 진짜 결과변수 간의 관계가 없다는 귀무가설의 검정결과가 같은 관계를 나타내는 변수"라고 정의된다.[3] 즉 원인변수와 결과변수

---

2 이상균. (2007). "사회복지연구에서 매개효과의 검증: 예방 프로그램의 효과성 검증을 중심으로." 사회복지연구, 12: 19-26.

3 Prentice, R. L. (1989). "Surrogate endpoints in clinical trials: Definition and operational criteria." *Statistics in Medicine* 8(4): 432. 대리결과변수에 대한 선행연구 및 기본 개념에 대한 추가적 설명은

간 관계에 대한 가설 검정 결과나 원인변수와 대리결과변수 간 관계를 가설 검정한 결과가 동일하게 나타나는 것이다. 이러한 대리결과변수는 예방연구(prevention research)나 개입연구(intervention research)의 효과측정에서 중요하게 다루어진다.[4]

교육분야의 예도 많다. 선생님의 기대가 학생의 학업성취에 미치는 영향에 관한 연구를 할 때 선생님의 기대는 1) 학생과의 부드러운 사회적 관계의 정도, 2) 학생에 대한 답변 수준, 3) 학습자료 제공의 양과 수준, 4) 질문에 대답할 기회 등에 영향을 미치고 이 요소들이 궁극적으로 학생의 학업성취에 영향을 미친다고 보는 것이다.[5]

2. 매개변수를 설정하는 법

정책평가나 사회과학 연구에서 매개변수는 다양한 방법으로 찾아낸다. MacKinnon(2008: 40-41)은 i) 연구자의 상식이나 직관, ii) 포커스 그룹 인터뷰와 같은 질적 분석, iii) 선행연구에 관한 문헌연구, iv) 이론, v) 상관분석을 통한 잠재적인 매개변수 확인, vi) 선행연구에서 직접 제시된 매개변수 등 여섯 가지 방법을 제시하고 있다. 중요한 것은 충분한 근거를 가지고 원인변수, 매개변수, 그리고 종속변수 간의 관계를 논리적으로 설명한 후에 모형을 구축하고 이를 통계적으로 검증해야 한다는 점이다.

예를 들면 이준호 · 이규만(2013)의 연구는 공정성이 조직시민행동(organizational citizenship behavior, OCB)에 미치는 관계를 분석하면서 성과평가수용성(performance appraisal acceptance)을 매개변수로 가정할 수 있는 논리적 근거를 선행연구에서 다음과 같이 찾고 있다.[6]

"성과평가수용성에 관한 선행연구들은 대부분 성과평가수용성에 영향을 미치는 선행변수로 공정성을 제시하였다(Martin & Barol, 1998; Roberts & Pavlak, 1996; Roberts, 1992). 예를 들면 Keeping & Levy(2000)는 조직구성원의 성과평가수용성에 대한 선행변

MacKinnon(2008: 298-299)을 참고하라.

4 MacKinnon, D. P. & Dwyer, J. H. (1993). "Estimating mediated effects in prevention studies." *Evaluation Review* 17(2): 144-158.

5 이러한 매개변수에 대한 메타분석에 대해서는 Harris, M. J. & Rosenthal, R. (1985). "Mediation of interpersonal expectancy effects: 31 meta-analyses." *Psychological Bulletin* 97(3): 363-386을 참고하라.

6 이준호 · 이규만. (2013). "중국 국유기업의 조직공정성(guanxi practice)과 조직시민행동 간의 관계: 성과평가수용성의 매개효과를 중심으로." 한국행정학보 47(3): 241.

수로서 지각된 정확성, 지각된 공정성, 개선된 동기부여(motivation), 평가만족도, 지각된 유용성, 성과평가의 절차공정성, 분배공정성 등을 제시하면서, 이 중에서 공정성은 성과평가수용성에 대한 단순한 측정요소라기보다는 이론적으로 선행하는 변수로 보아야 한다고 주장하였다."

매개효과 측정을 위해서는 위 예시와 같이 원인변수와 매개변수 및 결과변수의 관계에 대해 이론적인 설명을 통해 모형을 구축해야 한다. 특정 변수가 왜 매개변수인지를 제대로 설명하지 않은 채 매개효과 모형을 구축하게 되면 분석결과의 논리적 타당성을 심각하게 훼손하게 되기 때문이다.

매개변수를 설정할 때 또 하나 주의해야 하는 것은 '시간 간격' 즉 시차이다. 매개효과 모형은 명확히 원인변수와 매개변수 간의 선후관계를 가정하고 있으므로 횡단면 자료를 이용하여 매개효과분석을 수행하는 것은 많은 문제를 초래한다. 횡단면 자료를 이용할 수밖에 없다면 원인변수가 매개변수보다 먼저 발생하였다는 논리적 근거를 연구자가 충분히 제시하여야 한다. 이런 문제를 고려하지 않은 채 횡단면 자료를 이용하여 매개효과를 추정하면 추정치는 심각한 편의를 갖게 된다(Kraemer et al., 2001: 849). 즉 원인변수가 매개변수 및 결과변수에 영향을 주어 효과가 나타나기 위해서는 시간이 걸릴 수밖에 없고 효과 크기는 시간의 크기에 따라 변할 수밖에 없기 때문이다. 더욱 심각한 것은 선후관계가 제대로 설정되지 않으면 매개변수로 간주되는 변수가 독립변수의 대리(proxy)변수이거나, 상호 중첩된 변수일 수도 있기 때문이다. 이러한 이유로 매개효과를 분석할 때 변수 간의 선후 관계에 대한 설명을 제시하지 않으면 매개효과 분석이라고 보기 어렵다.

한편 매개변수를 설정할 때 매개변수와 결과변수 혹은 원인변수와 매개변수에 영향을 주는 혼란변수가 존재하는지 여부를 충분히 검토해야 한다. 내생성(endogeneity)을 발생시키는 혼란변수가 매개효과 모형에 반영되지 않으면 회귀계수 추정에 편의가 발생한다. 연구자가 반사실에 기반한 정책효과를 매개효과 모형을 이용해 측정하려는 경우에도 혼란변수를 반영하는 것이 중요하다. 반사실에 기반한 매개효과 모형에서는 혼란변수가 원인변수와 잠재적 결과 간의 독립성 조건을 만족시키는 역할을 하기 때문에 이 조건을 만족시키는 혼란변수를 모형에 반영하지 않으면 인과효과 크기를 제대로 측정할 수 없는 문제가 발생한다.

결론적으로 엄밀한 실험설계가 뒷받침되지 않거나, 변수 간의 관계에 대한 이론적 근거가 명확하지 않거나, 변수 간의 시간상 선후관계가 모호하거나, 적절한 혼란변수 통제가 이루어지지 않은 경우 매개효과 분석의 타당성은 매우 떨어진다고 할 수 있다.[7]

3. 회귀분석을 이용한 단순 매개효과 크기 측정 방법

매개효과 모형에 대한 접근은 크게 회귀분석 접근 방식과 반사실 기반 접근 방식이 있다. 전통적으로는 회귀분석 접근 방식이 일반적으로 사용되기 때문에 여기서는 이 접근을 먼저 살펴보도록 한다. 이 책에서는 논의의 일관성을 위해 원인변수를 X, 결과변수를 Y, 그리고 매개변수를 M으로 나타내자.

회귀모형의 모회귀계수는 일반적으로 그리스 문자(예: β)를 사용해서 나타낸다. 하지만 이 책에서는 이 전통적 방식을 따르지 않고 알파벳을 사용하고자 한다. 이는 회귀분석에 입각한 전통적 매개효과 분석 책들(Hayes, 2018; MacKinnon, 2008)이 이를 따르지 않는 경우가 많기 때문이다.[8] 한편 매개변수 추정모형의 기호를 주로 a라는 기호를 사용하고 결과변수 추정모형의 회귀계수는 b라는 기호를 사용하고자 한다. 그리고 결과변수 추정모형에서 직접효과의 크기를 나타내는 원인변수의 회귀계수는 특별히 c', 총효과 추정을 위한 회귀모형에서 원인변수의 회귀계수는 c라고 기술을 하고자 한다. 마지막으로 공변량은 W로 나타내고자 한다.[9]

매개효과 모형(mediation effect model)은 원인변수가 결과변수에 영향을 주는 경로를 크게 두 가지로 구분한다. [그림 2-2]에서 살펴볼 수 있듯이 원인변수가 결과변수에 직접 영향을 주는 경로($X \rightarrow Y$)와 원인변수가 매개변수에 영향을 준 후 이 매개변수가 결과변수에 영향을 주는 경로($X \rightarrow M \rightarrow Y$)로 분해해 볼 수 있다. 한편 [그림 2-2]에서 X는 오차 없이 측정된 변수임을 나타내고 있으며, M, Y는 오차항을 내포하고 있음을 알 수 있다.

[그림 2-2] 매개효과 기본모형

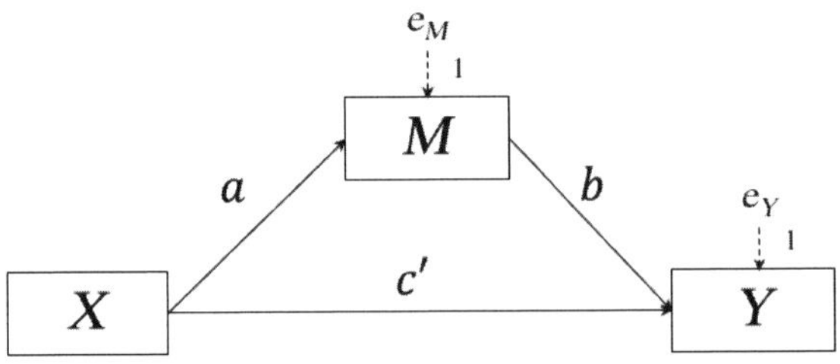

7 이러한 문제점은 많은 연구에서 제시되어 왔으며 특히 Wang(2013)과 Kraemer et al.(2001)를 참고하기 바란다.

8 반면 VanderWeele(2018)은 그리스 문자로 회귀계수를 나타내는 전통을 따르고 있으며 이는 바람직한 접근이라고 할 수 있다.

9 공변량을 C로 나타내는 것이 이해하기 쉬우나 c가 총효과를 나타내는 회귀계수로 사용되고 있어서 여기서는 W로 사용하였다. W는 전통적 회귀분석에 기반한 매개효과 모형에서는 상호작용 변수로도 사용되는 경우도 있다(예: Hayes, 2018).

앞의 매개변수 모형을 원인변수가 결과변수에 미치는 영향 유형별로 구분하면 세 개의 효과를 추정하기 위해 세 개의 회귀모형을 이용할 수 있다.

첫째, 원인변수가 결과변수에 미치는 총효과(total effect)이다.

[그림 2-3] 총효과의 크기

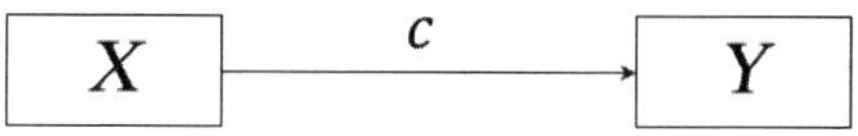

이 총효과는 간단하게 X를 원인변수로 Y를 결과변수로 한 아래와 같은 단순 회귀모형을 통해 얻은 회귀계수 c로 측정할 수 있다.

$$Y = i_0 + cX + \epsilon \tag{1}$$

둘째, 원인변수 X가 매개변수 M에 영향을 미치는 경로이다. 이 경로는 원인변수가 결과변수에 미치는 영향의 크기를 직접 결정하지는 않는다. 하지만 $M \rightarrow Y$의 경로와 결합하여 원인변수가 결과변수에 간접적으로 미치는 영향을 나타낸다.

[그림 2-4] 원인변수와 매개변수와의 관계

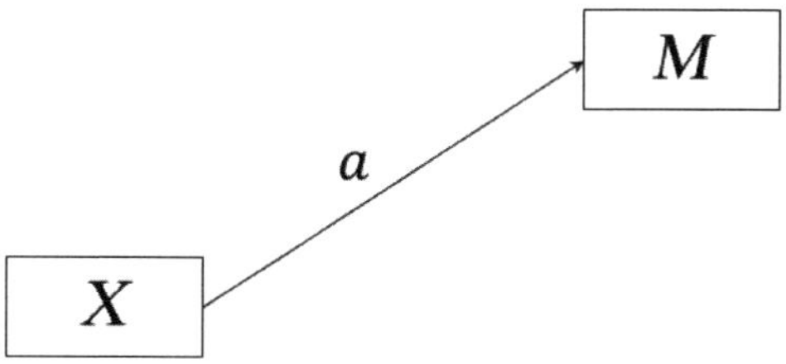

원인변수가 매개변수에 미치는 관계의 크기는 X를 독립변수로, M을 종속변수로 하는 아래 회귀모형을 이용하여 측정할 수 있다. 이 회귀모형의 원인변수 X의 회귀계수 a는 원인변수가 매개변수에 미치는 크기라고 할 수 있다.

$$M = i_1 + aX + \epsilon' \tag{2}$$

셋째, 원인변수와 매개변수가 각각 결과변수에 미치는 영향을 계산한다. [그림 2-5]에서 $X \rightarrow Y$는 매개변수가 결과변수에 미치는 영향을 제거한 후에 원인변수가 매개변수에 미치는 효과를 의미한다. 이것은 직접효과(direct effect)라고 부르기도 한다. 이 효과는 아래 회귀모형식 (3)에서 c'으로 측정이 된다. 한편 $M \rightarrow Y$는 매개변수가 결과변수에 미치는 영향으로 회귀모형식 (3)에서 b로 측정이 된다.

[그림 2-5] 원인변수와 매개변수가 독립적으로 결과변수에 미치는 영향

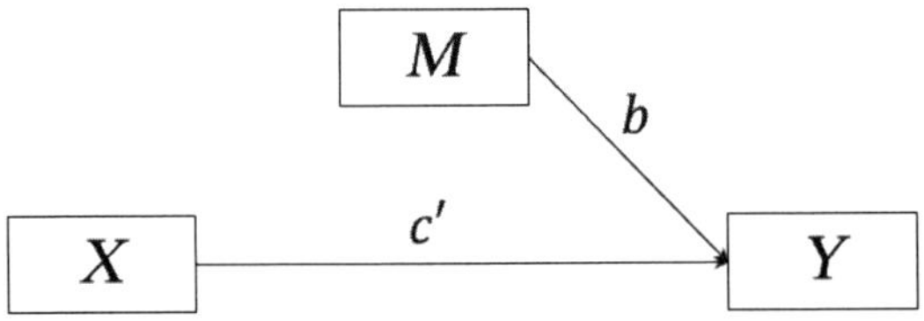

위 그림에서 제시된 변수 간의 관계는 다음과 같은 회귀모형식으로 나타낼 수 있다.

$$Y = i_2 + c'X + bM + \epsilon'' \quad (3)$$

이렇게 원인변수, 매개변수, 그리고 결과변수의 관계를 세 개의 회귀모형을 이용하여 구분해서 살펴보면 매우 흥미로운 관계를 확인할 수 있다. 먼저 직접효과는 매개변수 M을 통제한 후 X가 Y에 미치는 영향을 나타내는 것이므로 c'임을 알 수 있다.

매개효과는 원인변수가 매개변수를 거쳐 결과변수에 영향을 미치는 효과의 크기를 의미한다. 따라서 원인변수가 매개변수에 미치는 효과의 크기는 a이고 매개변수가 결과변수에 영향을 미치는 크기는 b이므로 이 둘 효과의 곱 ab가 매개효과로 측정될 수 있다. 이런 방식으로 간접효과를 측정하는 경우를 곱 방법(product method)이라고 부르기도 한다(VanderWeele, 2015: 30).

간접효과를 측정하는 또 다른 방법에는 차이 방법(difference method)이 있다. 위 식에서 총효과의 크기는 직접효과와 매개효과의 합으로 측정될 수 있다. 즉 식 (2)와 식 (3)으로부터 식 (4)를 얻을 수 있다.

$$\begin{aligned} Y &= i_2 + c'X + b(i_1 + aX + \epsilon') + \epsilon'' \\ &= (i_1 b + i_2) + (c' + ab)X + (\epsilon'' + b\epsilon') \end{aligned} \quad (4)$$

여기서, 식 (1)과 식 (4)로부터 $c = c' + ab$임을 알 수 있다. 즉 총효과는 X가 Y에 직접 미치는 효과(c')와 M을 통해 영향을 주는 매개효과(ab)의 합임을 확인할 수 있다. 이 관계를 이용하면 간접효과는 $c - c'$으로 계산할 수 있는데 이를 차이 방법이라고 한다.

곱 방법과 차이 방법의 구분이 중요한 것은 이 두 방법이 항상 동일한 결과를 내는

것은 아니기 때문이다. 종속변수가 이항변수인 경우 로지스틱 회귀분석에 기반한 매개효과 모형을 구축하면 총효과가 직접효과와 매개효과의 합이 되지 않는다.[10] 이 두 방법의 차이에도 불구하고 일반적으로는 곱 방법이 널리 사용되기 때문에 이하에서 간접효과를 계산할 때는 곱 방법을 이용하여 설명을 한다.

4. 매개효과 크기의 통계적 유의미성 검증 방법

매개효과 크기를 ab로 측정할 수는 있지만, 이것이 통계적으로 유의미한지 아닌지를 단순히 그 크기 값만으로 판단할 수는 없다. 왜냐하면, 표본오차에 따라 추정된 매개효과의 크기가 달라질 수 있기 때문이다. 따라서 ab가 0인지 여부에 대한 통계적 가설 검정 절차는 매개효과 분석에서 필수 절차이다.

고전적인 방법은 Baron & Kenny(1986)의 접근법이다. 직관적으로는 1) 매개변수를 고려하지 않았을 때 원인변수가 종속변수에 영향을 미치고, 즉 총효과 c가 통계적으로 유의미하며, 2) 원인변수가 매개변수에 영향을 미치고, 즉 a가 통계적으로 유의미하며, 3) 매개변수가 결과변수에 영향을 주며, 즉 b가 통계적으로 유의미하면 매개효과가 있는 것으로 판단할 수 있다.[11]

이 단계적 접근에 대해서는 많은 비판이 제기되고 있다. 첫째, 총효과가 0이더라도 매개효과가 존재할 수 있다. 예를 들어 간접효과는 음수이고 직접효과는 양수이면 총효과는 0이 될 수 있는 것이다. 둘째, 개별적인 두 가설 검정의 결과가 기각되지 않더라도 두 가설이 결합된 경우에는 가설검정 결과가 기각될 수 있다. 즉 비록 2), 3)이 성립하지 않더라도 매개효과가 통계적으로 존재한다고 판단할 수 있다. 또한, 2), 3)이 성립하더라도 매개효과가 없을 수도 있다. 이러한 Baron & Kenny(1986)의 절차적 접근법의 한계 때문에 매개효과 유무의 정확한 판단을 위해서는 추정된 매개효과 크기 즉 ab가 통계적으로

---

10 이에 대해서는 MacKinnon, D. P. (2008). *Introduction to statistical mediation analysis.* New York, Lawrence Erlbaum Associates 제11장을 참고하기 바란다. 또한 다수준 분석의 경우에서도 이 관계가 성립하지는 않는다(Krull & MacKinnon, 1999).

11 Baron, R. & Kenny, D. (1986). "The moderator-mediator variable distinction in social psychological research: conceptual, strategic, and statistical considerations." *Journal of Personality and Social Psychology* 51(6): 1173-1182. 이 논문은 2004년 기준 5,400번이나 social sciences citation index 저널에서 인용되었을 정도로 유명한 논문이다. 이에 대해서는 Preacher, K. J. & Hayes, A. F. (2004). "SPSS and SAS procedures for estimating indirect effects in simple mediation models." *Behavior Research Methods, Instruments, & Computers* 36(4): 717-731을 참고하기 바란다.

유의미한지를 검증하는 것을 일반적으로 사용할 수 있다.[12]

매개효과가 통계적으로 유의미한지는 다음과 같은 귀무가설 검정을 통해 판단할 수 있다.

$$H_0 : ab = 0$$

이 귀무가설을 검정하기 위해서 매개효과의 추정량 $\hat{a}\hat{b}$의 표본분포에 대한 정보가 필요하다. Baron & Kenny(1986)를 비롯하여 MacKinnon(2008)에 따르면 표본의 크기가 크면 $\hat{a}\hat{b}$가 정규분포를 따른다.[13] $\hat{a}\hat{b}$가 정규분포를 따르게 되면 귀무가설을 검정하기 위한 검정통계량을 만들기 위해 $\hat{a}\hat{b}$의 표준오차(standard error, SE)를 구할 필요가 있다. 이 표준오차는 Sobel에 의해 제시되었다. 먼저, 실제 계산된 회귀계수와 표준오차가 다음과 같다고 하자.

$\hat{a}$의 표준오차: s_a

$\hat{b}$의 표준오차: s_b

매개효과 $\hat{a}\hat{b}$의 표준오차를 s_{ab}라고 하면 s_{ab}는 다음과 같이 계산된다.[14]

$$s_{ab} = \sqrt{b^2 s_a^2 + a^2 s_b^2 + s_a^2 s_b^2}$$

이 표준오차를 이용하면 매개효과 유무에 대한 검정통계량은 귀무가설이 참이라는 가정하에 다음과 같이 계산된다.

---

12 이러한 견해는 Hayes(2013) 제6장을 참고하기 바란다.

13 Baron & Kenny(1986) 및 MacKinnon(2008)을 참고하기 바란다. 소표본인 경우에는 이 가정을 적용하기 어렵기 때문에 부트스트랩핑과 같은 비모수적 방법을 이용해야 된다. 이에 대해서는 Preacher & Hayes(2004)를 참고하기 바란다.

14 이 식을 Aroian 검정의 표준오차라고 부르기도 한다. s_{ab}식에 대한 다양한 변형이 존재한다(Baron & Kenny, 1986: 1177). 일반적으로 불리는 Sobel 검정은 $s_a^2 s_b^2$을 포함시키지 않는 것을 지칭하며(MacKinnon, 2008: 52), Goodman 검정에서는 $s_a^2 s_b^2$을 더하지 않고 빼기도 한다. 한편 MacKinnon(2008: 52)에서는 $\hat{c}-\hat{c}'$ 즉 총효과-직접효과의 크기에 대한 표준오차를 구하는 공식을 제시하고 있다. 점추정량의 크기를 본다면 $\hat{c}-\hat{c}'$와 $\hat{a}\hat{b}$의 크기는 같지만 이들의 표준오차까지 같다고 가정할 수 없기 때문이다. 일반적으로 두 값은 매우 유사하게 나오고 있기 때문에 Sobel 검정에서 사용되는 표준오차를 사용하는 것을 추천한다. 또한 Preacher & Hayes(2004: 718-719)는 이러한 접근들을 취한 연구들을 소개하고 있으며 이 외에도 다양하게 s_{ab}값을 추정하는 방법이 시도되었으나 Sobel 검정에서 사용되는 표준오차가 검정력 관점에서나 직관적으로 우월하다고 결론을 내리고 있다.

$$z_t = \frac{ab}{s_{ab}}$$

이 검정통계량이 표준정규분포를 따르므로 표준정규분포를 이용하면 검정통계치 값에 해당하는 유의확률을 구할 수 있다. 일반적으로 위 검정통계치가 1.96보다 크거나 혹은 −1.96보다 작으면 유의수준 95%하에서 매개효과가 없다는 귀무가설을 기각할 수 있다고 해석할 수 있다. 즉 매개효과가 존재하는 것이다.

Sobel 검정은 매개효과의 존재 여부를 검정하는 데 가장 널리 사용하는 방법 중의 하나로 1종 오류(type 1 error)가 작은 것으로 알려져 있다. 즉 매개효과가 존재하지 않음에도 불구하고 존재한다고 판단하는 제1종 오류를 최대한 통제를 하려고 한다면(1종 오류에 보수적이라면) Sobel 검정을 사용하는 것을 추천할 수 있다. 그러나 Sobel 검정은 매개효과가 존재함에도 불구하고 존재하지 않는다고 판단하는 오류 즉 2종 오류의 크기가 큰 것으로 알려져 있다. 즉 검정력(power)이 낮은 검정방법이다.[15]

만일 연구자가 2종 오류를 줄이는 것이 중요한 관심사라고 한다면 Sobel 검정 대신 부트스트랩핑(bootstrapping) 방법을 이용한 검정을 사용할 수 있다. 부트스트랩핑 방법은 원래 표본에서 무작위로 표본을 뽑은 후 매개효과의 크기를 계산하는 과정을 반복하여 이 매개효과의 크기의 분포를 비모수적으로 계산을 하는 방법이다.[16] 이때 재표본(resampling) 과정을 통해 얻어진 매개효과의 분포를 이용하여 5퍼센타일부터 95퍼센타일까지를 신뢰구간으로 하는 퍼센타일 접근법, 편의조정을 한 신뢰구간(bias-corrected confidence interval), 부트스트랩핑을 통해 얻어진 추정치가 정규분포를 따른다는 가정을 통해 얻어지는 신뢰구간 등 다양한 방법을 사용할 수 있다. 만일 이 신뢰구간이 0을 포함하게 된다면 매개효과가 존재한다는 귀무가설을 기각할 수 없다. 하나 주의해야 할 것은 총효과가 통계적으로 유의미하지 않다고 해서 매개효과가 없다고 판단해서는 안 된다는 것이다. 직접효과는 양의 방향으로 매개효과는 음의 방향으로 나타나게 되면 그 효과가 중화되어 총효과가 없는 것처럼 나타날 수 있기 때문이다.

한편 매개효과가 존재할 때 완전 매개효과(complete mediation effect)가 존재하는 경우도 있다. 이 경우는 X가 Y에 대한 총효과 c가 직접효과 즉 c'에서는 전혀 설명되지 않고 매개효과에 의해서만 설명되는 경우다. 여기서 주의해야 하는 것은 다중공선성의 문제이다.

---

15 검정력(power)과 관련해서는 고길곤. (2017). “통계학의 이해와 활용”, 제2판, 문우사, 제7장, “통계적 가설검정 I: 단일표본”을 참고하기 바란다.

16 이 방법에 대한 자세한 논의는 Efron, B. & Tibshirani, R. (1993). *An introduction to the bootstrap*. Chapman & Hall을 참고하기 바란다.

만일 간접효과가 존재하여 a가 통계적으로 유의미하다면 X, M은 서로 상관관계가 존재한다는 것을 의미한다. 그렇다면 결과변수를 추정하는 모형 $Y = i_2 + c'X + bM + \epsilon''$은 다중공선성이 존재하게 된다. 이 다중공선성 때문에 c'의 표준오차의 값이 커지게 되는 문제가 발생한다. 그 결과 c'이 통계적으로 유의미함에도 불구하고 유의미하지 않다고 할 오류 즉 검정력이 작아지는 문제가 발생할 수 있다. 따라서 단순히 c'이 통계적으로 유의미하지 않다고 해서 완전 매개효과가 존재한다고 판단하기보다는 c'의 크기를 함께 고려해서 판단하는 것이 바람직하다. 즉 총효과에서 차지하는 c'의 비중이 상당히 작다면 완전 매개효과가 존재한다고 판단할 수 있다.

이상에서 살펴본 것처럼 고전적인 매개효과 모형의 측정과 통계적 검정은 간단하며 실제 인과관계를 탐색하고자 하는 연구에서 널리 활용될 수 있다. 뿐만 아니라 뒤에서 논의하게 될 혼란변수(confounding variable)나 조절변수(moderator)가 포함된 복잡한 모형으로 손쉽게 확장해 나갈 수 있다. 이를 위해서 여러 개의 회귀방정식을 동시에 추정해야 되는데 이 경우에는 구조방정식(structural equation model)에 기반한 경로분석(path analysis)을 활용하면 된다.

마지막으로 매개효과 모형에서는 중요한 두 가지 가정이 부가된다. 매개변수가 원인변수처럼 측정오차가 없는 비확률 변수라는 가정이다. 또 하나의 가정은 결과변수가 매개변수에 영향을 주지 않아야 한다는 가정이다. 후자의 가정은 사소해 보이는 것 같지만 인과분석에서는 변수 간의 방향이 매우 중요하기 때문에 연구자들이 잊지 말고 검토를 할 필요가 있다.

한편, 원인변수, 매개변수, 결과변수만이 포함된 기본모형을 정당화하기 위해서는 몇 가지 질문을 숙고해보아야 한다.

첫째, 독립변수와 매개변수 간의 상호작용 효과가 과연 없는가?
둘째, X를 원인변수로 볼 정당한 근거는 무엇이며 Y를 결과변수로 볼 정당한 근거는 무엇인가?
셋째, 변수 간의 인과순서가 자료에 적절히 반영되어 있는가?

첫 번째 질문에 대해서는 상호작용 항을 포함한 일반화된 매개효과 모형을 이용하여 답을 구할 수 있다. 하지만 두 번째 질문은 통계분석의 문제라기보다는 변수들에 대한 실질적 지식을 바탕으로 해결해야 할 문제이다. 세 번째 질문도 원인변수, 매개변수, 결과변수의 시간적 순서가 수집된 자료에 잘 반영되어 있어야 한다는 것이다. 예를 들어 변수들을 동일한 시점에서 수집하기보다는 원인변수나 공변량을 먼저 수집하고, 일정 시간이

지난 후에 매개변수 자료를 수집한 후, 마지막으로 이후에 결과변수 자료를 수집하는 것이다. 이렇게 자료를 수집하지 않고 동일 시점에 자료를 수집하였다면, 독립변수나 공변량 등이 매개변수에 영향을 주기 이전에 이미 안정적으로 변화의 양상을 보였으며, 매개변수 역시 종속변수를 관찰하기 이전에 이미 안정적인 변화 양상을 보였다는 것을 증명해 주어야 한다. 이러한 가정이 제대로 만족되지 않으면 매개효과 모형을 이용하여 인과효과의 크기를 측정하는 것은 바람직하지 않다. 매개효과의 크기를 인과효과 크기의 관점에서 해석하기 위해서는 인과관계가 존재한다는 것을 충분히 증명을 해야 하고, 두 번째와 세 번째 질문에 연구자가 충분히 답변할 수 있어야 한다.

5. 시뮬레이션과 회귀모형을 이용한 매개효과 분석의 이해

매개효과 모형을 이해하기 위해서는 가상 자료를 만들어 시뮬레이션을 수행해 본 다음 다양한 분석을 수행해 보는 것도 좋은 방법이다. 이를 위해 다음과 같은 가상의 자료를 시뮬레이션을 이용하여 만들어 보았다. 먼저 원인변수 X는 전년도 성과급, 결과변수 Y는 금년도 성과, 매개변수 M은 인정욕구 충족 정도이다. 연구자는 변수 간의 논리적 관계를 다음과 같이 설명하고 있다.

"일반적으로 직원에 대한 성과급이 성과에 영향을 미친다는 것이 알려져 있다. 이에 대해 김경동 박사는 성과급이 성과에 미치는 영향은 직접적인 것도 있지만 직원의 인정욕구를 높이고 이 높아진 인정욕구가 성과를 높이는 관계 때문에 성과가 높아진다고 보았다. 따라서 연구자는 다음과 같은 세 가지 가설을 검정하고자 한다.

첫째, 성과급이 성과에 영향을 미친다.
둘째, 첫째 가설이 타당하다면 성과급이 인정욕구를 높여 성과를 높이는 매개효과가 존재한다.
셋째, 성과급이 성과에 직접 미치는 효과보다는 매개효과의 크기가 더 크다."

가상적인 자료는 위 세 가지 가설이 타당하다는 것을 전제로 다음과 같이 자료 생성절차(data generation process)를 통해 만들어졌다.

$$M = 10 + 0.5 \times X + \epsilon_1 \quad (\text{단, } \epsilon_1 \sim N(20, 10^2))$$

$$Y = 10 + 2X + 3M + \epsilon_2 \ \ (\text{단},\ \epsilon_2 \sim N(20, 10^2))$$

이 식에 따라 가상의 자료를 만들면 이론적으로 X가 Y에 미치는 직접효과는 2, 매개효과는 1.5, 총효과는 3.5가 되어야 함을 알 수 있다.[17] 그렇다면 우리가 앞에서 살펴본 매개효과 모형에서는 이러한 효과들 값을 정확히 측정하는지 살펴보자.

먼저 가상의 자료를 만드는 프로그램은 [표 2-1]에 제시하였다. 프로그램 코드 ①은 프로그램 실행을 할 때마다 오차항의 난수 값이 항상 바뀌지 않도록 난수 생성시 초기값(seed)을 지정한 것이다. 예제에서는 STREAMINIT라는 함수에 초기값을 12345로 지정하였으나 이 숫자는 임의로 바꿀 수 있다.

②는 오차항과, 독립변수, 종속변수, 매개변수의 값을 반복해서 생성하기 위해 반복문(do-loop)을 실행시키기 위한 명령이다. I는 반복문을 실행하는 지시자로 반복문을 100번 반복을 하도록 하였다. 따라서 100개의 관찰짐이 생성된다. 100 대신에 다른 값을 지정하면 표본의 크기를 바꿀 수 있다.

③, ④는 오차항 ϵ_1 및 ϵ_2를 생성하는 것이다. SAS는 RAND 함수를 이용하여 다양한 확률분포를 갖는 확률변수의 값을 만들어 낼 수 있다. RAND 함수는 큰 따옴표 안에 확률분포의 이름을 지정하고, 확률분포의 모수 값을 지정한다. 정규분포의 경우는 평균과 표준편차를 모수로 갖는다. 예를 들면 오차항 ϵ_1은 평균이 20이고 표준편차는 10을 갖는 정규분포를 따르는 확률변수이다. 평균과 표준편차는 연구자가 임의로 지정할 수 있다.

⑤, ⑥, ⑦은 매개변수와 독립변수, 종속변수를 가정한 관계에 따라 생성하도록 하는 것이다.

⑧은 반복문이 실행될 때 만들어진 값들을 저장하도록 한다. 이 OUTPUT 명령문을 사용하지 않으면 반복문은 마지막 결과만을 저장하게 된다.

여기서는 매개효과를 설명하기 위해 가상자료를 만들어 사용했지만, 실제 자료를 이용하여 분석하는 경우에는 그냥 자료를 SAS로 불러 읽기만 하면 된다.

[표 2-1] 매개효과가 있는 가상의 자료 만들기

```
DATA MED;
  CALL STREAMINIT(12345);/*①*/
       DO I=1 TO 100; /*②*/
```

17 매개효과 혹은 간접효과는 $0.5 \times 3 = 1.5$가 된다. 이해가 되지 않는 독자들은 왜 그런지 앞에서 공부한 이론 부분을 다시 한번 살펴보도록 한다.

```
        E1=RAND("NORMAL", 20,10);/*③*/
        E2=RAND("NORMAL", 20,10);/*④*/
        X=RAND("UNIFORM")*100;/*⑤*/
        M=10+0.5*X+E1; /*⑥*/
        Y=10+2*X+3*M+E2;/*⑦*/
    OUTPUT;/*⑧*/
   END;
RUN;
```

이 자료를 이용하여 매개효과 분석을 수행해보도록 하자. 이 분석을 위해서는 앞에서 살펴본 바와 같이 세 번의 회귀분석을 수행해야 한다. 매개효과 분석의 과정을 이해하기 위해 저자가 만든 %MEDMODEL이라는 매크로 함수를 이용해보도록 하자.

먼저 ①은 매개효과 분석을 위해 필요한 세 번의 회귀분석을 수행하도록 하는 것으로 &DV, &IV, &MED는 각각 DV=, IV=, MED=에서 지정된 매크로 변수 이름을 나타낸다. ODS OUTPUT 명령문은 회귀분석 결과 얻어진 회귀계수의 결과를 PARM이라는 데이터셋에 저장하도록 하는 명령문이다.

②는 PARM이라는 데이터셋에 저장되어 있는 회귀계수의 값, 표준오차 등의 여러 정보들을 매크로 변수로 저장하여 Sobel 테스트를 수행할 수 있도록 준비한 것이다.

③은 Sobel 테스트와 직접, 간접, 총효과를 계산하기 위한 단계이다.

④는 ①에서 얻어진 회귀분석 결과를 출력하도록 한다.

⑤는 매개효과를 해석하기 위해 ③에서 얻어진 결과를 출력하도록 한 것이다.

[표 2-2] 매개효과 분석을 위한 SAS 매크로 %MEDMODEL 코드

```
/*Coefficients Estimation and Sobel Test*/
%MACRO MEDMODEL(Data=, DV=, IV=, MED=, alpha=);
/*①*/ PROC REG DATA=&data;
        MODEL &DV=&IV;
        MODEL &MED=&IV;
        MODEL &DV=&IV &MED /VIF;
ODS OUTPUT ParameterEstimates=PARM;
RUN;
PROC PRINT; RUN;
/*②*/ DATA _null_;
        SET PARM;
        IF model="MODEL1" AND variable="&IV" THEN CALL SYMPUT('te', estimate);
```

```
        IF model="MODEL2" AND variable="&IV" THEN CALL SYMPUT('a' , estimate);
        IF model="MODEL2" AND variable="&IV" THEN CALL SYMPUT('sa' , stderr);
        IF model="MODEL3" AND variable="&MED" THEN CALL SYMPUT('b', estimate);
        IF model="MODEL3" AND variable="&MED" THEN CALL SYMPUT('sb', stderr);
RUN;

/*③*/ DATA sobel;
        SET PARM;
        Med_Eff=&a*&b;
        SE_med=sqrt (( (&b**2)*(&sa**2) ) + ( (&a**2)*(&sb**2) ) +(&sa**2)*(&sb**2) ) ;
        Z_sobel=(&a*&b)/SE_med;
        p_value=2*(1-CDF('NORMAL',z_sobel));
        LCL=med_eff+QUANTILE('NORMAL',&alpha)*SE_med;
        UCL=med_eff+QUANTILE('NORMAL',1-&alpha)*SE_med;
        Med_ratio=med_Eff/&te;
        Total_Eff=&te;
        Keep Med_eff SE_Med z_Sobel p_value LCL UCL Total_Eff Med_Ratio;
RUN;
/*④*/ PROC PRINT DATA=parm noobs;
        Title "Reg Coefficients of Models";
        VAR Model Dependent Variable Estimate StdErr tValue Probt ;
RUN;
/*⑤*/ PROC PRINT DATA=sobel(OBS=1) noobs;
        Title "Sobel Test of Mediation Effect(alpha=&alpha)";
        VAR Med_eff SE_Med z_Sobel p_value LCL UCL Total_Eff Med_Ratio;
RUN;
%MEND;
%MEDMODEL (DATA=med,DV=Y,IV=X,MED=M,ALPHA=0.05);
```

이 매크로 함수는 DATA, DV, IV, MED, ALPHA 값을 지정해주면 매개효과 분석을 수행할 수 있도록 해준다. DATA는 자료의 이름, DV는 종속변수의 이름을, IV는 독립변수의 이름을, MED는 매개변수의 이름을, ALPHA는 유의수준의 크기를 지정해주면 된다. 본 예제에서는 자료의 이름이 MED이고, 종속변수는 Y, 독립변수는 X, 매개변수는 Z이므로 유의수준 0.05하에서 매개효과 분석을 수행하고자 하면 %MEDMODEL(DATA=med, DV=Y,IV=X,MED=M,ALPHA=0.05);로 지정을 한 후 이 프로그램을 수행하면 된다. 이를 실행하면 다음과 같은 매개효과 분석 결과를 얻을 수 있다.

첫째, 각종 회귀분석 결과이다. 앞의 매개효과 이론에 대한 검토에서 우리는 다음과 같은 세 개의 회귀분석을 수행해야 한다는 것을 배웠다.

$$Y = i_0 + cX + \epsilon \tag{1}$$

$$M = i_1 + aX + \epsilon' \tag{2}$$

$$Y = i_2 + c'X + bM + \epsilon'' \tag{3}$$

매개효과 모형의 매크로를 실행시키면 각각 회귀분석 결과가 출력된다. 독자들은 분석결과를 주의 깊게 살펴보면서 회귀분석 가정의 위배 여부나 모형의 설명력 등을 해석해 볼 수 있을 것이다. /*①*/에서 결과변수를 추정하는 마지막 회귀모형의 옵션에 VIF 옵션을 사용하였다. 이 옵션은 다중공선성을 확인하기 위한 것이다. 만일 원인변수와 매개변수 간에 상관관계가 존재하는 경우 결과변수를 추정하는 모형에 이 두 변수가 모두 들어가 있게 되면 다중공선성 문제가 발생할 수 있기 때문이다. 독자들이 출력결과를 확인해보면 VIF 값이 3.93이 됨을 알 수 있는데 이것은 다중공선성이 없었을 때보다 표준오차가 3.93배 더 큼을 의미한다. 이 예제에서는 비록 c'값이 통계적으로 유의미한 것으로 나타나지만 표본의 크기가 작은 경우 검정력이 낮아 통계적으로 유의미함에도 불구하고 직접효과가 존재하지 않는다고 판단하는 제2종 오류를 범할 위험이 클 수 있음에 유의할 필요가 있다.

둘째, 우리의 직접적 관심이 독립변수와 종속변수의 관계 크기 추정에 있으므로 앞의 세 회귀모형의 추정결과 값을 함께 해석할 필요가 있다. 위 매크로의 ④ 단계를 통해 우리는 회귀분석 결과를 [표 2-3]과 같이 얻을 수 있다.

[표 2-3] 회귀모형별 계수 추정결과

Model	Dependent	Variable	Estimate	StdErr	tValue	Probt
MODEL1	Y	Intercept	105.62808	5.89743	17.91	<.0001
MODEL1	Y	X	3.73456	0.09924	37.63	<.0001
MODEL2	M	Intercept	25.97392	1.96973	13.19	<.0001
MODEL2	M	X	0.56199	0.03315	16.95	<.0001
MODEL3	Y	Intercept	32.62105	3.40116	9.59	<.0001
MODEL3	Y	X	2.15493	0.06815	31.62	<.0001
MODEL3	Y	M	2.81078	0.10472	26.84	<.0001

식 (1)에서 독립변수 X의 회귀계수에 해당하는 c의 추정량이 [표 2-3]에서와 같이 3.73으로 나타나 있고, 식 (2)의 a에 해당하는 값은 0.56, 식 (3)의 c' 및 b에 해당하는 값은

2.15와 2.81로 나타나고 있다. 또한, 회귀계수의 추정값에 대한 표준오차는 StdErr 값을 살펴보면 얻을 수 있다. 추정된 회귀계수들에 대한 유의확률(p-value) 값을 살펴보면 모두 0.001보다 작은 것으로 나타나 회귀계수들은 통계적으로 유의미한 것으로 나타나고 있다.

이 결과를 바탕으로 매개효과의 크기와 통계적 유의성 검정을 위한 Sobel 검정을 수행한 결과는 [표 2-4]와 같이 제시된다. 먼저 매개효과의 크기(Med_Eff)는 1.58로 측정이 되었으며 이것은 우리가 예상했던 이론적인 값 1.5와 근사하다는 것을 알 수 있다. 이 매개효과 크기의 95% 신뢰구간을 구한 결과는 [1.40, 1.76]으로 나타나고 있어 참값이 1.5를 포함하고 있어서 매개효과가 제대로 추정되었다는 것을 알 수 있다.

한편 측정된 매개효과의 추정값에 대한 표준오차(SE_med) 값은 0.11로 계산되었고 이를 이용하여 매개효과가 0이라는 귀무가설을 검정해보면 유의확률이 아주 작아 0으로 나타나고 있다. 이 유의확률이 유의수준 5%보다 작으므로 매개효과가 통계적으로 유의미하다고 결론을 내릴 수 있다.

한편 총효과의 크기는 Total_Eff 칼럼에 나타나고 있는데 그 크기가 3.73으로 나타나고 있다. 마지막으로, 총효과 대비 매개효과의 크기의 비율은 약 50.13%(Med_Eff/Total_Eff)임을 알 수 있다. 마지막으로, X가 Y에 미치는 직접효과의 크기가 2.15임을 앞의 모형별 회귀계수 추정결과를 통해 알 수 있었다. 이 직접효과의 크기와 매개효과의 크기를 더하면 총효과의 크기 값이 됨을 어렵지 않게 확인할 수 있다.

[표 2-4] Sobel Test of Mediation Effect(alpha=0.05)

Med_Eff	SE_med	Z_sobel	p_value	LCL	UCL	Total_Eff	Med_ratio
1.57963	0.11025	14.3273	0	1.39828	1.76099	3.73456	0.42298

위 결과에서 확인할 수 있듯이 매개효과를 고려하지 않고 단순히 X가 Y에 미치는 영향만을 고려하면 그 총효과의 크기만을 알 수 있을 뿐 매개변수를 통해 간접적으로 X가 Y에 미치는 영향의 크기를 제대로 파악할 수 없다.

독자들이 실제 매개효과 분석을 수행할 때는 위에서 제시한 매크로를 이용할 필요는 거의 없다. SAS에서 매개효과 분석은 Hayes(2018)가 제공하는 PROCESS 매크로를 이용할 수 있다. PROCESS 매크로는 Hayes가 제시하는 매개효과 이론에 따라 작성되었기 때문에 프로그램의 이론적 배경을 명확히 알 수 있는 장점이 있으나 매크로를 다운받아 사용해야 되기 때문에 불편한 경우가 많다. 특히 PROCESS 매크로에서 제시된 결과만을 얻게 되기 때문에 분석결과 생성되는 다양한 표나 추정치들을 이용한 추가 분석을 하기 쉽지 않다는 한계가 있다. 따라서 본인이 원하는 분석을 위해서는 한 번쯤 위에서 제시한 매크로를 이용하여 자료생성방식이나 모형 추정의 절차를 이용해 계산하는 것을 연습해보는 것이 좋다.

한편 구조방정식의 관점에서 경로분석을 이용하여 매개효과를 분석할 수 있는데 이를 위해서는 SAS에서 제공하는 CALIS 프로시저를 사용할 수 있다. 이 프로시저는 직접효과와 간접효과를 간단히 분해해 줄 뿐 아니라 다양한 공변량과 조절변수가 포함된 모형의 분석도 가능하게 해준다. 또한 측정변수가 비확률변수가 아니라 잠재변수(latent variable)인 경우의 매개효과 추정도 가능하다는 점에서 여러 장점이 있다. 따라서 이 책에서는 CALIS 프로시저를 매개효과 분석의 기본 프로시저로 사용하고자 한다.

6. 매개효과 모형의 강건성 검토

매개효과 크기 해석에서 주의해야 할 것은 매개효과의 점 추정치 크기나 p-value를 통한 추정치의 통계적 유의성에 대한 해석에만 집착해서는 안 된다는 점이다.

[표 2-5] 표본의 크기를 100에서 30으로 줄였을 때 신뢰구간 폭의 증가

simtime	Med_Eff	SE_MED	Z_sobel	p_value	LCL	UCL	Total_Eff	Med_ratio
1	1.67141	0.21642	7.72315	1.1324E-14	1.31544	2.02739	3.53302	0.47308
2	1.10447	0.17876	6.17852	6.4704E-10	0.81044	1.39851	3.25061	0.33977
3	1.72883	0.23068	7.49449	6.6613E-14	1.34939	2.10826	3.57248	0.48393
4	1.17747	0.18866	6.24130	4.3396E-10	0.86715	1.48778	3.29514	0.35733
5	1.26081	0.21525	5.85744	4.70066E-9	0.90676	1.61487	3.19102	0.39511

표본의 크기와 매개변수 및 결과변수의 분산 크기에 따라 매개효과가 어떻게 변화하는지 살펴보도록 하자.[18] [표 2-5]에서는 시뮬레이션에 사용된 기본 모수 값은 앞 절 분석과

18 독자들은 Mediator_Sim1.SAS 프로그램을 이용하면 된다. 이 프로그램은 MedSim이라는 매크로 프로그램을 제시하고 있는데 MedSim 매크로는(n, simtime, STD1, STD2, alpha)이라는 인수 값을 지정해주면 된다. 여기서 n=표본의 크기, simtime=시뮬레이션 횟수, STD1=매개변수 오차항의 표준편차의 크기, STD2=결과변수 오차항의 표준편차의 크기, alpha=유의수준이다. 예를 들어 %MedSim(30,1, 10, 10, 0.05);라고 지정해주면 표본크기가 30이고 매개변수 및 결과변수의 오차항의 표준편차가 10인 경우의 자료를 1번 시뮬레이션을 해서 매개효과 크기와 신뢰구간을 구하도록 하는 것이다.

동일하게 하고 관심 있는 모수 값만 변화시켜 비교하였다. 표본의 크기를 100에서 30으로 줄였을 때 매개효과의 표준오차(SE_MED)의 값이 증가하고 있는 것을 확인할 수 있다. 표본의 크기가 줄어들자 매개효과의 참값인 1.5를 포함하지 않는 경우(2번째, 4번째)도 발생하고 있다. 따라서, 표본의 크기가 작은 경우 추정된 매개효과의 크기는 상당한 표본오차를 내포하고 있어 검정력이 떨어질 수 있음을 알 수 있다.

표본의 크기 못지않게 중요한 문제는 변수의 특성이다. 만일 매개변수를 설문조사 등의 방법을 이용하여 측정했을 때 측정도구의 신뢰성이 떨어지게 되면 매개변수의 분산이 커지게 된다. 또는 매개변수 고유의 특성에 따라 분산이 큰 경우도 존재한다. 매개변수의 분산이 커지게 되면 $\hat{a}$의 표준오차 즉 s_a값이 커지게 된다. 매개효과의 신뢰구간의 폭을 결정하는 매개효과 추정치의 표준오차 공식이 아래와 같으므로 결국 신뢰구간의 폭이 커지게 된다.

$$s_{ab} = \sqrt{b^2 s_a^2 + a^2 s_b^2 + s_a^2 s_b^2}$$

매개변수 오차항의 분산을 10에서 30으로 늘리면 매개변수 추정치의 표준오차 역시 크게 증가하는 것을 알 수 있다. 따라서 매개변수 분산이 클 때는 계산된 매개효과 크기 값의 신뢰구간의 폭이 넓은 것에 유의해야 할 것이다. 표본의 크기가 작은 경우에 비해 신뢰구간이 모수를 포함하지 않는 경우는 발생하고 있지 않은 점도 주목할 필요가 있다.

[표 2-6] 매개변수 오차항의 표준편차를 10에서 30으로 늘렸을 경우 신뢰구간 폭의 증가

simtime	Med_Eff	SE_med	Z_sobel	p_value	LCL	UCL	Total_Eff	Med_ratio
1	1.81308	0.28738	6.30908	2.8071E-10	1.34039	2.28577	3.78652	0.47882
2	1.27115	0.30316	4.19296	.000027534	0.77249	1.76981	3.28114	0.38741
3	1.32156	0.28951	4.56482	.000004999	0.84536	1.79776	3.28086	0.40281
4	1.46902	0.32670	4.49653	.000006907	0.93164	2.00639	3.35430	0.43795
5	1.75532	0.35977	4.87902	.000001066	1.16355	2.34709	3.69700	0.47480

결과변수 오차항의 분산이 커져도 유사하게 매개효과 추정량의 신뢰구간 폭이 증가하게 된다. 결과변수 오차항의 분산이 커지게 되면 s_b값이 커지게 된다.

[표 2-7] 결과변수 오차항의 표준편차를 10에서 30으로 늘렸을 경우 신뢰구간 폭의 증가

simtime	Med_Eff	SE_med	Z_sobel	p_value	LCL	UCL	Total_Eff	Med_ratio
1	1.42640	0.16196	8.80710	0	1.16000	1.69280	3.44163	0.41445
2	1.55017	0.21017	7.37564	1.6365E-13	1.20446	1.89587	3.80557	0.40734
3	1.60150	0.19127	8.37290	0	1.28689	1.91611	3.29187	0.48650
4	2.01787	0.22829	8.83887	0	1.64236	2.39338	3.68291	0.54790
5	1.67170	0.20209	8.27218	2.2204E-16	1.33930	2.00410	3.39058	0.49304

매개변수나 결과변수의 분산 증가가 매개효과 크기의 추정치의 표준오차의 크기를 크게 한다는 결과는 위에서 확인할 수 있었다. 그렇다면 이 결과가 매개효과를 잘못 추정하게 한다고 해석할 수 있을까? 분산이 매개효과 크기와 추정치의 표준오차에 미치는 영향을 살펴보기 위해 시뮬레이션을 수행하여 보았다.[19] 모형 1은 앞 절에서 사용된 기본 모수를 그대로 사용하였고, 모형 2는 매개변수(Z) 오차항 표준편차를 30으로 늘렸고, 모형 3은 결과변수(Y)의 오차항 표준편차를 30으로 늘려 200번 시뮬레이션했다. 따라서 표본크기가 100인 200개의 데이터 셋이 모형 1, 모형 2, 모형 3별로 만들어진 것이다. 이 자료를 이용하여 매개효과 크기(Med-Eff)와 표준오차(SE_med)의 평균과 신뢰구간을 분석한 결과를 보면 매개변수나 결과변수의 분산이 변하더라도 매개효과 추정값에는 크게 영향을 주지 않고 불편추정량의 성질을 유지하고 있음을 알 수 있다. 또한, 매개변수의 분산이나 결과변수의 분산을 동일하게 변화시키면 매개효과 추정치의 표준오차(SE_med)의 크기는 후자가 약간 크지만, 통계적으로 유의미한 차이가 나는 것은 아니라고 할 수 있다.

[표 2-8] 분산 변화에 따른 매개효과 크기와 그 표준오차의 변화

GROUP	Variable	Mean	Std Dev	Lower 95% CL for Mean	Upper 95% CL for Mean
모형 1	Med_Eff	1.506678	0.113503	1.490852	1.522505
	SE_med	0.116716	0.008367	0.115549	0.117883
모형 2	Med_Eff	1.503907	0.175745	1.479402	1.528413
	SE_med	0.186343	0.014165	0.184368	0.188319
모형 3	Med_Eff	1.541866	0.355067	1.492356	1.591376
	SE_med	0.317209	0.024766	0.313756	0.320662

19 Mediator_Sim1_1.SAS에 프로그램의 코드가 제공되어 있다.

마지막으로 매개변수에 대한 설명변수가 여러 개 있을 때 매개효과 측정의 문제가 발생할 수 있다. 예를 들어 매개변수를 설명하는 변수가 X뿐만 아니라 C_1, C_2 등이 있다고 가정하면 회귀모형은 아래와 같이 제시될 수 있다.

$$M = i_1 + aX + \gamma'_1 C_1 + \gamma'_2 C_2 + \epsilon'$$

[그림 2-6] 여러 개의 변수가 매개변수에 영향을 미치는 경우

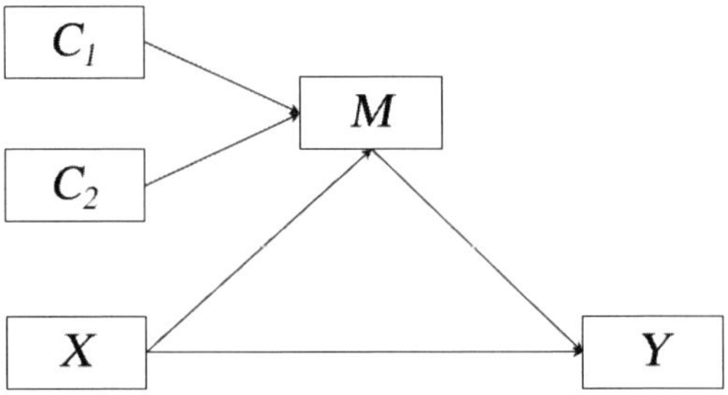

만일 독립변수들이 상호 독립이라는 회귀모형의 가정을 충실히 만족하면 원인변수 X, M, C_1, C_2은 서로 독립이 된다. 우리가 앞 절에서 분석한 단순 모형에서는 C_1, C_2을 모형에 포함시키지 않고 분석한 상황에 해당한다. 이때 $\gamma'_1 C_1 + \gamma'_2 C_2$항은 오차항으로 간주한 것이다. 만일 매개변수를 설명하는 다른 변수들을 고려하지 않는다면 매개변수 오차항이 커지는 효과를 초래한다.

앞에서 살펴보았듯이 매개변수 오차항이 커지면 $\hat{a_1}$의 값은 여전히 불편추정량이지만 $\hat{a_1}$의 표준오차는 커지게 되어 매개효과 크기에 대한 신뢰구간이 커진다. 이 경우 매개효과가 있음에도 불구하고 없다고 잘못된 결정을 내릴 2종 오류(type II error)의 가능성이 커지게 된다. 하지만 표본의 크기가 커질수록 표준오차가 커지는 효과가 줄어들고 검정력(power)이 커지므로, 표본의 크기가 충분히 큰 경우에는 매개효과 크기 추정에 심각한 문제를 초래하지는 않는다.

유사한 논리로 결과변수를 설명하는 여러 변수가 모형에 포함되지 않더라도 매개효과 크기의 불편성은 여전히 유지된다고 할 수 있고 다만 신뢰구간의 폭이 넓어지는 문제가 초래된다.

하지만, 매개변수에 영향을 주는 변수와 독립변수 X 간에 서로 상관관계가 있는 경우에는 이 변수를 모형에 포함시키지 않으면 내생성(endogeneity) 문제가 발생하게 된다. 따라

서 이 변수를 모형에 반드시 포함해야 한다.[20]

마지막으로 매개변수나 종속변수의 오차항이 정규분포를 따른다는 가정이 위배되었을 때 추정에 문제가 생기는지 살펴볼 수 있다. 그러나 기하분포처럼 비대칭 분포인 경우를 가정한 시뮬레이션을 수행한 결과에서는 매개효과의 크기가 모수인 3의 값에 여전히 근접하고 있음을 알 수 있다.[21]

20 내생성을 검증하는 간단한 방법은 X를 독립변수로, Z를 종속변수로 한 회귀식을 추정한 후 잔차값을 계산한 후에 이 잔차변수와 X를 독립변수로 하고 Z를 종속변수로 하여 다시 회귀식을 추정했을 때 잔차변수의 회귀계수가 통계적으로 유의미하면 내생성을 의심할 수 있다.

21 Mediator_Sim1_2.SAS을 참고하기 바란다.

부록 CAUSALMED 프로시저를 이용한 단순 매개효과 모형 추정

뒤에서 논의되는 반사실에 기반한 매개효과 모형 추정방법은 단순한 매개효과 모형 추정에도 사용할 수 있다. CAUSALMED 프로시저는 이 추정을 간단하게 수행할 수 있는 장점이 있으므로 이를 소개하고자 한다. 이 프로시저는 다양한 유형의 효과 크기 분석을 제공할 뿐 아니라 공변량이 존재하는 경우, 원인변수와 매개변수의 상호작용이 존재하는 경우도 모형화할 수 있다. [표 2-9]는 혼란변수나 조절효과가 없는 자료를 시뮬레이션한 후 이를 CAUSALMED 프로시저를 이용하여 분석한 코드이다.

[표 2-9] CAUSALMED 프로시저의 예시

```
DATA med;
  CALL STREAMINIT(12345);/*①*/
       DO i=1 to 100; /*②*/
        e1=RAND("NORMAL", 20,10);/*③*/
        e2=RAND("NORMAL", 20,10);/*④*/
        X=RAND("UNIFORM")*100;/*⑤*/
        Z=10+0.5*X+e1; /*⑥*/
        Y=10+2*X+3*Z+e2;/*⑦*/
   OUTPUT;/*⑧*/
   END;
RUN;

PROC CAUSALMED DATA=MED ALL;
   BOOTSTRAP CI(ALL) SEED=1234;
   MODEL Y=X Z;
   MEDIATOR Z=X;
RUN;
```

위 프로그램 코드에서 MODEL 명령문은 종속변수를 예측하는 모형을 지정하는 명령문이고, MEDIATOR 명령문은 매개변수를 예측하는 모형을 지정한 것이다. PROC CAUSALMED 명령문에 ALL이라는 옵션을 사용하여 모든 결과를 출력하도록 한다면, POUTCOMEMOD와 PMEDMOD 옵션을 사용하면 각각의 모형을 예측한 결과를 [표 2-10], [표 2-11]과 같이 출력해준다. 아래 출력결과에서 확인할 수 있듯이 종속변수를 예측하는 모형의 회귀계수와 매개변수를 예측하는 회귀계수 값은 앞의 시뮬레이션에서

[표 2-10] 종속변수를 예측한 모형

Outcome Model Estimates						
Parameter	Estimate	Standard Error	Wald 95% Confidence Limits		Wald Chi-Square	Pr > ChiSq
Intercept	32.6211	3.3498	26.0557	39.1865	94.8353	<.0001
X	2.1549	0.0671	2.0234	2.2865	1030.8073	<.0001
Z	2.8108	0.1031	2.6086	3.0129	742.7226	<.0001
Scale	9.6856	0.6849	8.4322	11.1254		

회귀분석을 이용한 결과와 동일함을 알 수 있다.[22]

회귀계수 추정 값을 위해 종속변수 추정 회귀식은 다음과 같이 나타낼 수 있다.

$$\hat{y} = 32.6211 + 2.1549 \times x + 2.8108 \times z$$

매개변수를 예측하기 위한 모형의 추정결과는 [표 2-11]과 같으며 추정 회귀식은 다음과 같다.

$$\hat{z} = 25.9739 + 0.5620 \times x$$

[표 2-11] 매개변수를 예측한 모형

Mediator Model Estimates						
Parameter	Estimate	Standard Error	Wald 95% Confidence Limits		Wald Chi-Square	Pr > ChiSq
Intercept	25.9739	1.9499	22.1521	29.7957	177.4335	<.0001
X	0.5620	0.0328	0.4977	0.6263	293.3260	<.0001
Scale	9.3910	0.6640	8.1757	10.7871		

종속변수를 예측한 모형과 매개변수를 예측한 모형을 결합하여 총효과, 간접효과, 직접효과를 분해한 결과는 [표 2-12]와 같이 제시된다. [표 2-12]에서 총효과의 크기는 Total Effect로 나타나고 있으며 독립변수 X가 한 단위 변하면 종속변수 Y는 3.7346만큼 변하는

22 참고로 모형에서 추정된 계수 중에 SCALE값이 있다. 이 값은 회귀모형을 통해 얻어진 잔차(residual)의 표준편차 값인데 이때 자유도를 $n-1$로 사용하지 않고 n의 값을 사용하여 구한 값이다.

것으로 나타나고 있다. 한편 매개효과(간접효과)는 Natural Indirect Effect(NIE)로 나타나고 그 크기는 1.5796이다. 이 값의 크기는 2.8108×0.5620의 값과 같음을 알 수 있다. 또한 직접효과는 Natural Direct Effect(NDE)로 나타나고 그 크기는 2.1549임을 알 수 있다. 한편 CAUSALMED 프로시저는 각 효과별 부트스트랩핑 신뢰구간을 구할 수 있도록 BOOTSTRAP 명령문을 제공해준다. 만일 BOOTSTRAP CI(ALL); 명령문을 사용하면 부트스트랩 추정치가 정규분포를 따른다는 가정하에서 얻은 신뢰구간, 편의조정(bias-corrected) 신뢰구간, 그리고 부트스트랩 추정치의 하위 5%에서 상위 95%까지의 백분위(percentile) 신뢰구간을 구할 수 있게 해준다. [표 2-12]의 출력결과는 백분위 신뢰구간만을 나타내도록 BOOTSTRAP CI(PERC); 명령문을 사용한 결과를 보여주고 있다. 예를 들어 NIE의 경우 Sobel 검정 방법을 이용한 신뢰구간은 Wald 95% Confidence

[표 2-12] 총효과를 분해한 결과[23]

Summary of Effects									
	Estimate	Standard Error	Bootstrap Standard Error	Wald 95% Confidence Limits		Bootstrap Percentile 95% Confidence Limits		Z	Pr > |Z|
Total Effect	3.7346	0.0982	0.0997	3.5420	3.9271	3.5319	3.9290	38.01	<.0001
Controlled Direct Effect (CDE)	2.1549	0.0671	0.0719	2.0234	2.2865	2.0118	2.3020	32.11	<.0001
Natural Direct Effect(NDE)	2.1549	0.0671	0.0719	2.0234	2.2865	2.0118	2.3020	32.11	<.0001
Natural Indirect Effect(NIE)	1.5796	0.1089	0.1003	1.3661	1.7931	1.3824	1.7758	14.50	<.0001
Percentage Mediated	42.2977	2.1416	2.0013	38.1002	46.4952	38.4791	45.8566	19.75	<.0001
Percentage Due to Interaction	0	.	.	.	.	.	.	.	.
Percentage Eliminated	42.2977	2.1416	2.0013	38.1002	46.4952	38.4791	45.8566	19.75	<.0001

23 총효과를 분해한 결과는 제6장에서 자세히 논의하고자 한다.

Limits를 통해 얻을 수 있는데 [1.3661, 1.7931]이며, 부트스트랩핑 백분위의 95% 신뢰구간은 [1.3824, 1.7758]로 나타나고 있다. 이 신뢰구간이 0을 포함하지 않고 있기 때문에 매개효과는 통계적으로 유의미하다고 할 수 있다. 한편 Sobel 검정의 유의확률(p-value)은 Pr>|Z|로 제시되고 있는데 유의수준 5%보다 작기 때문에 매개효과가 존재하지 않는다는 귀무가설을 기각할 수 있다. 한편 독립변수가 종속변수에 미치는 총효과 중에서 매개효과가 미치는 효과의 크기를 계산할 수 있는데 이것은 Percentage Mediated로 [표 2-12]에서 나타나고 있다. 총효과(3.7346) 대비 매개효과(1.5796)의 크기는 약 42.2977%가 됨을 알 수 있다. 즉, 독립변수 X가 종속변수 Y에 미치는 영향은 직접효과에 의해 설명될 수도 있지만, 약 42.3% 정도의 효과는 매개변수를 통해 발생하는 간접효과라고 해석할 수 있다.[24]

24 [표 2-12]에는 CDE, Percentage Due to Interaction 등 여러 효과를 추정한 것이 있는데 이것은 단순매개효과를 확장시켰을 때 사용할 수 있다. 이에 대한 자세한 내용은 이후 설명하도록 한다. 한편 총효과 대비 매개효과의 비율을 구하여 이를 매개효과의 상대적 중요성으로 설명하는 방식은 직관적으로는 타당해 보이지만 여러 문제가 있다. 예를 들어 이 비율의 값이 100%를 넘는 경우가 발생하는데 매개효과가 총효과를 100% 이상 설명한다는 해석이 바람직한지에 대한 의문을 제기하는 연구자도 있다(Hayes, 2018: 137). 특히 매개효과와 직접효과가 서로 반대의 부호를 갖는 경우 총효과의 크기가 상당히 작아 0에 가까울 수 있는데 이 경우 매개효과에 의해 설명되는 비율이 매우 커지는 문제가 발생할 수 있다.

제3장

매개효과의 추정을 위한 다양한 확장 모형

1. 공변량과 혼란변수가 포함된 매개효과 모형

제2장의 단순 매개효과 모형에서 독립변수, 매개변수, 종속변수에 동시에 영향을 주는 제3의 변수가 존재하지 않는다고 가정한다. 하지만 이 가정은 비현실적인 경우가 많다. 매개변수를 추정할 때 독립변수와 매개변수에 모두 영향을 주는 변수가 존재할 수 있고, 매개변수와 종속변수에 모두 영향을 주는 변수가 존재할 수도 있다. 예를 들어 엄마의 흡연→1년 내 유아 사망의 관계를 분석할 때 흡연→태아 저체중→유아사망의 매개효과를 고려한다고 생각해보자. 이때 나이라는 변수가 흡연→저체중 혹은 저체중→유아사망 간의 관계에 영향을 주는 제3의 변수라고 하자. 즉 나이에 따라 흡연 정도가 달라질 수 있고, 나이 많은 산모일수록 저체중 태아를 출생할 가능성이 높을 수 있다. 이때 나이라는 혼란변수(confounding variable)를 통제하지 않으면 흡연→저체중의 관계는 나이의 변화에 따라 달라진다. 이러한 혼란변수가 모형에 포함되지 않으면 오차항에 나이의 효과가 포함되어, 오차항과 독립변수가 상관관계를 갖는 누락변수 편의(omitted variable bias)가 발생하게 된다. 이 누락변수 편의가 발생하면 흡연의 회귀계수는 불편성과 효율성을 만족하지 않게 된다.

이러한 혼란변수의 문제를 해결하기 위해 전통적으로 제시되는 방법이 무작위 할당(random assignment)이다. 예를 들어 독립변수가 정책 시행 여부라고 한다면 정책시행 집단과 미시행 집단에 무작위로 실험 대상을 할당한 후, 매개변수와 종속변수를 측정한다. 이렇게 수집된 자료를 이용해 직접효과와 매개효과를 분석하면 혼란변수 문제를 해결할 수 있을 것 같지만 사실은 그렇지 않다. 독립변수를 무작위 할당을 했다고 해서 매개효과가 종속변수에 미치는 영향에 대한 관계는 허위변수의 영향이 통제되었다고 보기는 어렵다. 즉 $X \rightarrow Z$, $X \rightarrow Y$의 관계는 무작위 할당을 통해 정확히 측정할 수 있겠지만 $Z \rightarrow X$의 관계는 여전히 혼란변수에 의해 영향을 받을 가능성이 있기 때문이다.[1] 이러한 문제를 해결하기 위해서는 이중 무작위화(double randomization)[2] 같이 매개변수를 조작하는 방법을 이용하여 해결할 수 있지만 혼란변수를 모형에 직접 반영하는 기법도 활용할 수 있다.

매개변수에 혼란변수(confounding variable)가 있는 경우는 이 혼란변수가 매개변수에도 영향을 주고 종속변수에도 영향을 주는 경우이다. 이 경우 혼란변수가 통제되지 않으면 매개변수와 종속변수의 관계가 잘못 설명될 수 있다. 이 문제를 살펴보기 위해서 다음과 같은 사례를 생각해보자.[3]

> 예) Pollack et al.(2012)은 기업가의 경제적 스트레스(ESTRESS)가 기업활동을 그만둘 의도(WITHDRAW)에 미치는 영향을 연구하였다. 이때 경제적 스트레스가 억압된 감정(AFFECT)을 매개로 해서 기업활동을 그만둘 의도에 영향을 미친다는 가설을 제시하였다. 그런데 자아존중감(ESE)은 억압된 감정뿐만 아니라 기업활동을 그만둘 의도에도 영향을 미칠 가능성도 제기되었다. 또한 성별(SEX)과 기업경영기간(TENURE) 역시 억압된 감정과 기업활동을 그만둘 의도에도 영향을 준다는 이론도 존재하므로 이를 모형에 반영하였다.

위의 예제에서 직접효과와 간접효과를 계산하기 위한 회귀방정식과 경로모형을 나타내면 각각 아래 수식과 [그림 3-1]과 같다.

$$M = i_1 + aX + \gamma_1 C_1 + \gamma_2 C_2 + \gamma_3 C_3 + \epsilon_z$$
$$Y = i_2 + c'X + bM + \beta_1 C_1 + \beta_2 C_2 + \beta_3 C_3 + \epsilon_y$$

(단, X: ESTRESS, M: AFFECT, C_1: ESE, C_2: SEX, C_3: TENURE)

---

1 이 문제의 한계에 대한 지적은 Hayes(2018: 121-122)의 논의를 참고하라. 실험설계(experimental design)에 바탕을 두어 혼란변수의 영향을 통제한 후 매개효과가 종속변수에 미치는 방법에 대한 논의는 Pirlott, A. G. & MacKinnon, D. P. (2016). “Design approaches to experimental mediation.” *Journal of experimental social psychology* 66: 29-38의 manipulation-of-mediator design 방법에 대한 논의를 참고하라.

2 이 방법은 첫 번째 연구는 독립변수를 무작위화하여 독립변수와 매개변수 간의 관계를 확인하고, 두 번째 연구는 매개변수를 무작위화하여 매개변수와 종속변수의 관계를 확인하는 것이다.

3 이 자료는 Hayes(2013)에 제시되는 것으로 구글 드라이브의 ESTRESS_program에 있다.

[그림 3-1] 다양한 공변량이 존재하는 경우의 경로모형

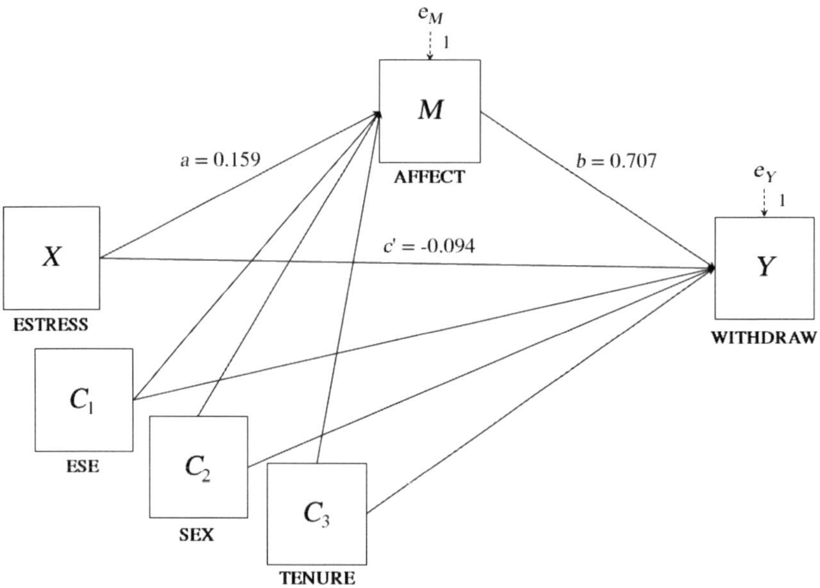

이 경로모형에서 TENURE, ESE, SEX는 우리가 관심 있는 매개변수 AFFECT에 영향을 줄 뿐 아니라, 종속변수인 WITHDRAW에도 영향을 주고 있다. 즉 TENURE, ESE, SEX를 AFFECT와 WITHDRAW 관계의 혼란변수(confounding variables of mediator)라고 부른다. 위와 같은 관계를 갖는 모형의 계수는 전통적인 회귀분석 방법을 이용하여 추정할 수도 있지만 SAS에서는 CALIS 프로시저를 사용하여 간단히 모형을 추정할 수 있다.

1) CALIS 프로시저의 활용방법

CALIS는 Covariance Analysis of Linear Structural Equations의 약자로 이 프로시저는 경로분석이나 복잡한 구조방정식 모형을 추정하기 위해 사용할 수 있는 SAS의 프로시저 중의 하나이다. 구조방정식을 구현하기 위한 다양한 접근방법이 제시되어왔고 이에 따른 다양한 소프트웨어들이 개발되어왔다. 예를 들어 LISREL이나 SPSS의 AMOS가 대표적이며 MPlus 등도 매우 강력한 구조방정식 분석 프로그램을 제공하고 있다. SAS에서는 2008년 TCALIS라는 실험용 버전을 제시하였다가 2010년에 정식 프로시저로 CALIS를 제공하기 시작하였다. SAS의 CALIS는 9.22버전부터 그 기능을 구조방정식 분석을 손쉽게 할 수 있는 기능들을 부가해왔다. 특히 PATH 명령문에 기반한 구조방정식 분석과

LINEQS 명령문에 기반한 구조방정식 분석은 구조방정식 이론에 익숙하지 않은 사람도 어렵지 않게 모형을 지정할 수 있도록 하고 있다. PATH 명령문에 기반한 접근은 변수 간의 관계를 화살표 등을 이용하여 지적하는 방식이다. 예를 들어 X가 Y에 미치는 관계를 나타내는 회귀모형을 추정하고자 한다면 $X \rightarrow Y$와 같이 나타내어 $Y = \beta_0 + \beta_1 X + \epsilon$ 모형을 추정해준다. 반면 LINEQS는 선형모형의 식을 지정하는 것으로 Y=beta*X+E1과 같이 지정하면 beta와 E1을 추정해주는 것이다. 이 책에서는 PATH 명령문을 활용하여 모형식을 지정하는 접근을 사용하고자 한다.

경로를 지정할 때는 → 같은 화살표 이외에도 ===>, --->, ==>, -->, =>, 혹은 > 중에 어느 하나를 사용해도 상관은 없다. 또한, Y<-X와 같이 화살표 방향이 바뀌어도 상관이 없다. 한편 회귀계수의 이름은 자동으로 지정되지만, 사용자가 임의로 이를 부여할 수도 있다. 예를 들어 $X \rightarrow M_1$ =a1;과 같이 지정을 하면 $X \rightarrow M_1$ 경로에서 X의 회귀계수의 이름(label)을 a1으로 지정하겠다고 선언한 것이다. 만일 이 회귀계수를 특정한 값(예를 들면 4)으로 고정하고 싶으면 =4로 선언해주면 된다. 하나의 경로 지정을 마치고 나면 쉼표(,)를 사용하고, 다음 경로를 계속 지정해주면 된다. 이렇게 모든 경로지정을 마치고 나면 PATH 명령문을 마친다는 표시로 세미콜론(;)을 사용한다.

EFFPART 명령문은 총효과와 간접효과를 분해한 결과를 얻기 위한 것으로 X, $M1$, $M2$이 각각 Y에 미치는 총효과와 간접효과 크기를 추정할 수 있게 해준다. 만일 우리가 X가 Y에 미치는 영향에만 관심이 있으면 X만 지정해주면 된다.

한편 경로그림을 출력하는 PATHDIAGRAM 명령문도 CALIS에서는 지원을 한다. 이 명령문은 PATH 명령문에서 제시된 관계를 그림으로 그려주고(DIAGRAM=INITIAL) 분석 결과 얻어진 표준화 경로계수를 포함한 경로그림(DIAGRAM=STANDARD)도 출력하도록 하고 있다. 그리고 TITLE= 옵션은 경로그림에 제목을 표시하도록 한다.[4]

2) CALIS를 이용한 공변량 포함 모형 추정

먼저 다음과 같은 단순 매개효과 모형을 추정을 하면 [표 3-3]과 같은 결과를 얻게 된다.

$$M = i_1 + aX + \epsilon_m$$
$$Y = i_2 + c'X + bM + \epsilon_y$$

(단, X: ESTRESS, Z: AFFECT)

4 CALIS 프로시저에 대한 자세한 내용은 O'Rourke, N. & Hatcher, L. (2013). *A Step-by-Step Approach to Using SAS® for Factor Analysis and Structural Equation Modeling*, SAS를 참고하기 바란다.

앞에서 계산된 매개효과는 단순히 경제적 스트레스가 억압된 감정을 매개로 기업활동 포기를 하는 과정의 효과를 나타냈지만, 이것은 무작위 실험을 통해 얻은 결과가 아니다. 즉 잠재적인 혼란변수의 존재 가능성이 있다는 것이다. 예를 들어 자아 존중감이 높은 사람은 경제적 스트레스도 작고, 억압된 감정도 낮기 때문에 이런 사람은 간접효과의 크기가 작을 가능성이 높다. 무작위 추출을 통해 이러한 자아 존중감의 개인별 차이가 충분히 통제되었다면 문제가 없겠지만 만일 그렇지 않았다면 자아 존중감이라는 혼란변수가 매개효과 측정에 오류를 발생시킬 가능성이 존재한다.

이러한 문제 때문에 혼란변수를 통제한 모형을 검토할 필요가 있다. 여기서는 자아 존중감 이외에도 기업경영 기간(TENURE), 성별(SEX) 등의 변수를 통제한 후 매개효과 크기를 살펴보도록 한다. 이를 위해 먼저 변수 간의 상관관계를 살펴보면 [표 3-1]과 같다. 표에서처럼 ESE는 독립변수인 ESTRESS(−0.16)뿐만 아니라 매개변수인 AFFECT (−0.25), 결과변수인 WITHDRAW(−0.24)와도 상관관계가 높음을 알 수 있다. 따라서 혼란변수일 가능성이 높음을 시사한다.

[표 3-1] 변수 간의 상관관계

피어슨 상관 계수, N=262 H0: Rho=0 가정하에서 Prob >|r|					
	WITHDRAW	ESTRESS	AFFECT	ESE	TENURE
WITHDRAW	1.00000	0.06407 0.3015	0.41659 <.0001	−0.24251 <.0001	−0.03537 0.5687
ESTRESS	0.06407 0.3015	1.00000	0.34006 <.0001	−0.15827 0.0103	0.06788 0.2737
AFFECT	0.41659 <.0001	0.34006 <.0001	1.00000	−0.24552 <.0001	−0.06521 0.2930
ESE	−0.24251 <.0001	−0.15827 0.0103	−0.24552 <.0001	1.00000	−0.06042 0.3299
TENURE	−0.03537 0.5687	0.06788 0.2737	−0.06521 0.2930	−0.06042 0.3299	1.00000

한편 결과변수의 특징을 이해할 필요도 있다. 결과변수의 분포를 살펴보면 [그림 3-2]와 같이 양의 왜도(skewness)를 갖고 있음을 알 수 있다. 왜도가 큰 경우에는 부트스트랩핑 방식을 이용해 매개효과의 신뢰구간을 구할 때 백분위 신뢰구간을 이용하기보다는 편의조정 신뢰구간을 이용하는 것이 바람직하다.

[그림 3-2] 결과변수의 분포

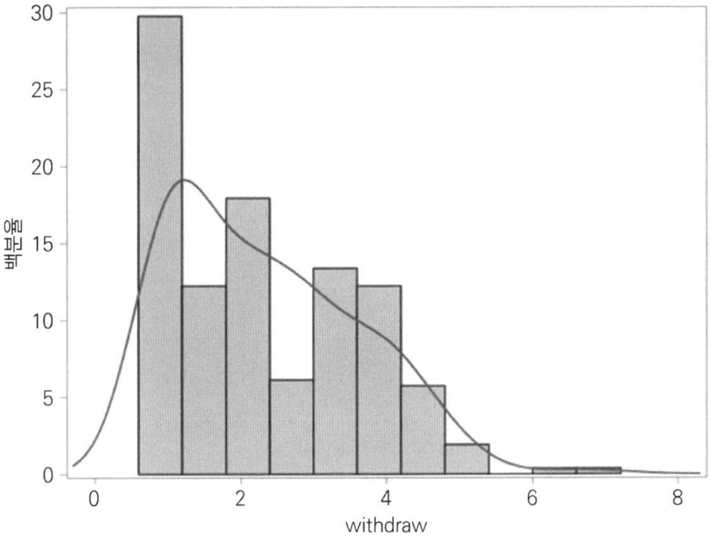

[표 3-2]는 CALIS 프로시저를 이용한 코드이다. 먼저 혼란변수를 고려하지 않은 단순 매개효과 모형을 살펴보자. 분석을 위한 SAS 코드와 분석결과는 각각 [표 3-2]와 [표 3-3]과 같다.[5]

[표 3-2] 혼란변수를 고려하지 않은 매개효과 모형의 SAS 코드

```
PROC CALIS DATA=ESTRESS;
PATH AFFECT<===ESTRESS,
        WITHDRAW<=== AFFECT ESTRESS;
EFFPART WITHDRAW;
PATHDIAGRAM DIAGRAM=[INITIAL NOSTANDARD] DECP=3
          FITINDEX=[CHISQ PRODCHI CFI] ARRANGE=FLOW;
RUN;
```

먼저 매개변수를 추정한 모형과 결과변수를 추정한 모형의 회귀계수는 [표 3-3]에 나타나 있고 여기서 cp는 c' 즉 직접효과를 의미한다. 원인변수인 ESTRESS가 매개변수인

5 PATHDIAGRAM에는 여러 가지 옵션이 사용되고 있는데 FITINDEX=는 모형적합도 통계량 중의 일부만을 출력하는 것을, ARRANGE=는 경로모형의 그림을 흐름에 따라 배열하는 방식으로 그리도록 지정한 것이다. DECP=3은 추정된 회귀계수 값들이 소숫점 3자리까지 나타내도록 한 것이다.

AFFECT에 양의 영향을 미치며 통계적으로 유의미함을 알 수 있다(0.17288, p-Value <0.0001). 하지만 매개변수를 통제한 채 원인변수가 결과변수에 직접 미치는 효과(c')는 −0.07685로 통계적으로 유의미하지 않다. 직접효과가 통계적으로 유의미하지 않은 이유가 다중공선성 때문일 수 있기 때문에 결과변수를 추정하는 회귀식에서 분산팽창계수(VIF)값을 계산해보면 약 1.13밖에 되지 않고, 직접효과의 회귀계수 값도 크지 않기 때문에 직접효과가 존재하지 않는다고 결론을 내릴 수 있다.

[표 3-3] 경로계수 추정결과

PATH List							
Path			Parameter	Estimate	Standard Error	t-Value	Pr > |t|
ESTRESS	→	AFFECT	a	0.17288	0.02959	5.8420	<.0001
ESTRESS	→	WITHDRAW	cp	−0.07685	0.05219	−1.4724	0.1409
AFFECT	→	WITHDRAW	b	0.76913	0.10267	7.4915	<.0001

변수 간의 관계를 나타낸 [그림 3-3]을 살펴보면 경제적 스트레스는 억압감정을 높이고, 이 억압감정은 다시 기업활동 포기의사를 높이는 것으로 나타나고 있다. 하지만 직접효과는 −0.077로 통계적으로 유의미하지 않음을 보여준다.

[그림 3-3] 매개효과 모형에서 변수 간의 관계

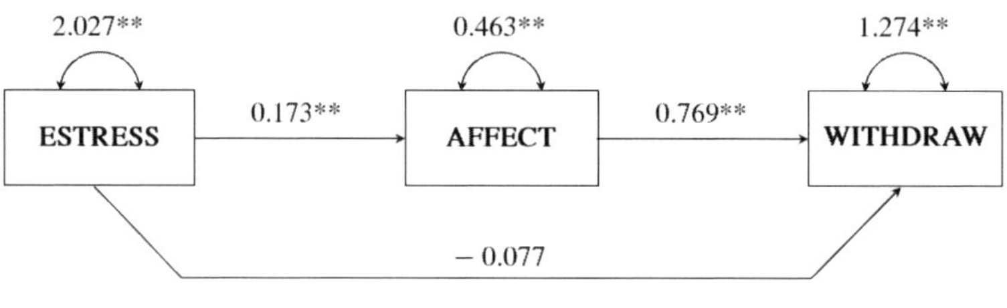

한편 효과크기를 분해해보면 [표 3-4]에서처럼 ESTRESS가 WITHDRAW에 미치는 간접효과는 0.133이며 통계적으로 유의미한 것으로 나타나고 있다.

[표 3-4] 혼동변수를 고려하지 않은 매개효과 모형의 직접효과와 간접효과

Effects on WITHDRAW			
Effect / Std Error / t-Value / p-Value			
	Total	Direct	Indirect
ESTRESS	0.0561 0.0541 1.0372 0.2996	−0.0768 0.0522 −1.4724 0.1409	0.1330 0.0289 4.6069 <.0001
AFFECT	0.7691 0.1027 7.4915 <.0001	0.7691 0.1027 7.4915 <.0001	0

앞의 모형은 공변량이 포함되지 않은 모형이었다. 매개효과 모형에 ESE, SEX, TENURE 등의 공변량을 포함한 모형의 SAS 코드와 분석결과는 각각 [표 3-5], [그림 3-4]와 같다.

[표 3-5] 매개변수에 대한 혼동변수를 고려한 모형의 SAS 코드

```
PROC CALIS DATA=ESTRESS;
PATH AFFECT<=== ESTRESS ESE SEX TENURE,
        WITHDRAW<=== AFFECT ESTRESS ESE SEX TENURE;
EFFPART WITHDRAW;
PATHDIAGRAM DIAGRAM=[INITIAL NOSTANDARD] DECP=3
          FITINDEX=[CHISQ PRODCHI CFI] ARRANGE=GROUPEDFLOW;
RUN;
```

[그림 3-4]에서 확인할 수 있듯이 혼동변수를 고려한 매개효과 모형에서는 여전히 AFFECT가 ESTRESS와 WITHDRAW 간의 통계적으로 유의미한 매개변수임을 알 수 있다. 하지만 ESTRESS의 간접효과의 크기는 [표 3-4]의 0.133에서 [표 3-6]의 0.1127로 약 15% 정도 줄어들었음을 알 수 있다.

[그림 3-4] 혼동변수를 고려한 매개효과 모형의 결과

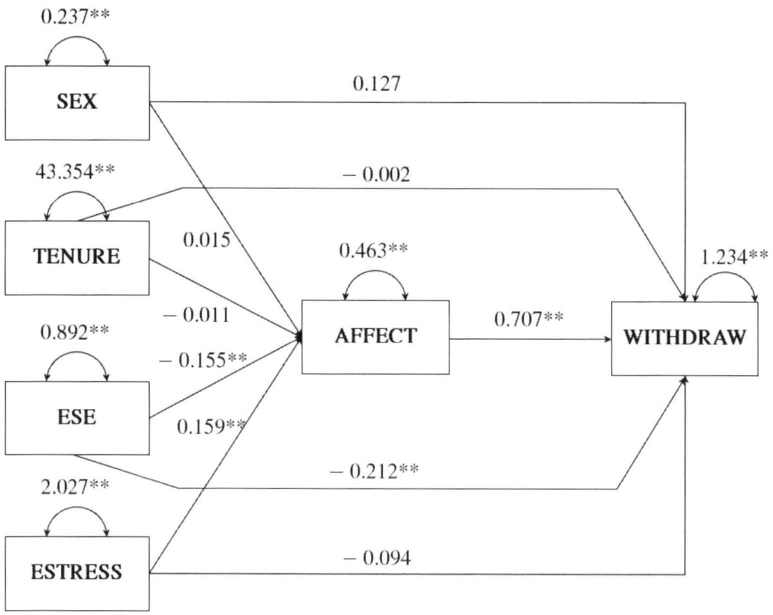

[표 3-6] 혼란변수를 고려한 매개효과 모형의 직접효과와 간접효과

Effects on WITHDRAW			
Effect / Std Error / t-Value / p-Value			
	Total	Direct	Indirect
ESTRESS	0.0191 0.0537 0.3563 0.7216	−0.0935 0.0522 −1.7924 0.0731	0.1127 0.0266 4.2319 <.0001
AFFECT	0.7071 0.1039 6.8075 <.0001	0.7071 0.1039 6.8075 <.0001	0

이처럼 연구자가 매개효과 유무를 검증하는 데 관심을 기울인다면, 매개변수와 종속변수에 동시에 영향을 줄 수 있는 혼란변수를 모형에 포함시킨 경우와 그렇지 않은 경우를 비교하여 분석한 결과를 제시해 줌으로써 변수 간의 관계를 좀 더 정확히 이해하도록 해야 한다.

혼란변수를 모형에 반영했다고 해서 독립변수→매개변수→종속변수의 인과관계가 완벽히 증명되었다고 보기는 어렵다. 우리가 고려하지 못했던 새로운 혼란변수가 존재할 수밖에 없기 때문이다. 이러한 이유 때문에 매개효과 모형을 연구에 사용하는 연구자는 선행연구의 충분한 검토를 통해 확인된 혼란변수를 모형에 포함시켜 통제하고 새로운 혼란변수를 제시하고자 할 때는 왜 해당 혼란변수가 중요한지에 대한 논리적 설명을 제시할 필요가 있다.

CAUSALMED 프로시저에서 공변량을 지정하는 명령문은 COVAR이며 여기에 지정된 변수는 매개변수를 추정하는 모형과 결과변수를 추정하는 모형에 통제변수로 사용되게 된다.[6]

[표 3-7] 혼란변수나 공변량이 있는 경우 매개효과 분석

```
PROC CORR DATA=ESTRESS PLOTS=MATRIX(HISTOGRAM);
   VAR WITHDRAW ESTRESS;
RUN;
PROC SGPLOT DATA=ESTRESS NOAUTOLEGEND;
 HISTOGRAM WITHDRAW;
 DENSITY WITHDRAW/TYPE=KERNEL;
RUN;
PROC CAUSALMED DATA=ESTRESS ALL;
   MODEL WITHDRAW= ESTRESS AFFECT;
   MEDIATOR AFFECT=ESTRESS;
   COVAR ESE SEX TENURE;
RUN;
```

[표 3-8]은 혼란변수를 모형에 포함시킨 아래와 같은 결과변수 추정 모형의 결과를 제시하고 있다.

$$Y = i_2 + c'X + bM + \beta_1 C_1 + \beta_2 C_2 + \beta_3 C_3 + \epsilon_y$$

(단, X: ESTRESS, M: AFFECT, C_1: ESE, C_2: SEX, C_3: TENURE)

이 식을 살펴보면 혼란변수로 고려했던 자아 존중감(ESE)이 종속변수를 추정하는 데 통계적으로 유의미한 변수임을 알 수 있다. 즉 자아 존중감이 높을수록 기업을 그만둘 의도가 낮음을 알 수 있다. 또한 독립변수인 경제적 스트레스(ESTRESS)는 유의수준 5% 하에서는 통계적으로 유의미하지 않지만(−0.0935, p-Value=0.0725), 매개변수인 억압된 감정(AFFECT)은 통계적으로 유의미함을 알 수 있다(0.7071, p-Value<0.0001).

6 COVAR 명령문은 MODEL과 MEDIATOR 명령문보다 뒤에 와야 한다는 점에 주의해야 한다.

[표 3-8] 결과변수 추정모형 결과

Outcome Model Estimates						
Parameter	Estimate	Standard Error	Wald 95% Confidence Limits		Wald Chi-Square	Pr > ChiSq
Intercept	2.7461	0.5438	1.6802	3.8120	25.4969	<.0001
ESE	−0.2121	0.0755	−0.3601	−0.0641	7.8918	0.0050
SEX	0.1274	0.1425	−0.1519	0.4066	0.7994	0.3713
TENURE	−0.00207	0.0105	−0.0227	0.0186	0.0385	0.8444
ESTRESS	−0.0935	0.0521	−0.1956	0.00855	3.2249	0.0725
AFFECT	0.7071	0.1037	0.5039	0.9103	46.5199	<.0001
Scale	1.1089	0.0484	1.0179	1.2081		

[표 3-9]는 매개변수 추정모형 결과이다. 이 결과에서도 자아 존중감(ESE)이 통계적으로 유의미하며(−0.1546, p-Value=0.0004), 따라서 자아 존중감이 클수록 억압된 감정이 낮음을 알 수 있다.

[표 3-9] 매개변수 추정모형 결과

Mediator Model Estimates						
Parameter	Estimate	Standard Error	Wald 95% Confidence Limits		Wald Chi-Square	Pr > ChiSq
Intercept	1.7855	0.3047	1.1883	2.3827	34.3338	<.0001
ESE	−0.1549	0.0440	−0.2410	−0.0687	12.4115	0.0004
SEX	0.0148	0.0849	−0.1516	0.1812	0.0304	0.8617
TENURE	−0.0108	0.0062	−0.0231	0.00138	3.0256	0.0820
ESTRESS	0.1593	0.0294	0.1016	0.2170	29.3015	<.0001
Scale	0.6608	0.0289	0.6066	0.7199		

위 모형 추정결과를 이용해서 독립변수가 종속변수에 미치는 효과를 분해하면 [표 3-10]과 같다. 혼란변수를 공변량으로 통제하지 않은 매개효과 모형과 비교해보면 먼저 총효과의 크기가 0.0561에서 0.0191로 감소했음을 알 수 있다. 직접효과는 −0.0768에서 −0.0935로 절대적 크기가 약간 증가를 했는데 p-Value값이 0.0725이다. 비록 유의수준 5%에서 직접효과가 없다는 귀무가설을 기각할 수 없지만 Sobel 검정이 1종 오류를 최소화하는

보수적 접근을 취하기 때문에 다른 신뢰구간 검정 방법을 사용하면 결과가 달라질 수도 있다. 특히 종속변수의 분포가 비대칭적인 것을 고려하면 이를 반영한 신뢰구간 추정이 필요하다. 따라서 부트스트랩핑 직접효과 신뢰구간을 계산해보면[7] 부트스트랩핑 편의조정 95% 신뢰구간이 [−0.2139, 0.01593]으로 여전히 귀무가설을 기각하기 어려움을 확인할 수 있다. 따라서 경제적 스트레스가 기업을 그만둘 의사에 직접 영향을 미치지 않는다는 결론을 내릴 수 있다.

반면, 매개효과의 경우는 그 크기가 0.1330에서 0.1127로 줄었으나 매개효과가 존재하지 않는다는 귀무가설은 유의수준 5%하에서 기각할 수 있다. 따라서 혼란변수를 반영한 매개효과 모형을 추정하더라도 결과는 크게 달라지지 않았다고 결론을 내릴 수 있다.

주목할 만한 것은 전체적으로 각종 효과 추정량의 표준오차가 줄어들었다는 점이다. 이것은 모형에 통제되는 변수가 늘어나게 됨에 따라 오차항이 줄어들어 추정량의 분산이 줄었기 때문이라고 할 수 있다. 한편 이 결과는 CALIS 프로시저를 이용한 결과와 동일함을 알 수 있다. CALIS 프로시저에서 얻은 직접효과와 간접효과는 [표 3-10]의 NDE와 NIE의 값에 해당한다.

[표 3-10] 혼란변수를 포함한 매개효과 추정 결과

Summary of Effects						
	Estimate	Standard Error	Wald 95% Confidence Limits		Z	Pr > |Z|
Total Effect	0.0191	0.0536	−0.08593	0.1242	0.36	0.7211
Controlled Direct Effect (CDE)	−0.0935	0.0521	−0.1956	0.008550	−1.80	0.0725
Natural Direct Effect (NDE)	−0.0935	0.0521	−0.1956	0.008550	−1.80	0.0725
Natural Indirect Effect (NIE)	0.1127	0.0266	0.06059	0.1648	4.24	<.0001
Percentage Mediated	588.8	1612.7	−2572.06	3749.73	0.37	0.7150
Percentage Due to Interaction	0	.	.	.	.	.
Percentage Eliminated	588.8	1612.7	−2572.06	3749.73	0.37	0.7150

7 PROC CAUSALMED 프로그램 코드에 BOOTSTRAP CI(ALL); 명령문을 추가하면 된다.

2. 여러 개의 매개변수가 있는 모형

원인변수는 여러 매개변수를 통해 결과변수에 영향을 미칠 수 있다. 예를 들어 노인 복지정책은 금전적 만족감을 높여 정부에 대한 지지를 높일 수 있고 사회소속감 등 심리적 만족감을 높여 정부에 대한 지지를 높일 수 있다. 이때 금전적 만족감이나 심리적 만족감은 복지정책과 정책효과인 정부에 대한 지지를 높이는 매개변수이다. 이렇게 다수의 매개변수가 존재할 때 하나의 매개효과만을 고려하게 되면 직접효과의 크기가 크게 측정되는 문제가 발생하게 된다.

다수의 매개효과가 존재하는 경우 발생할 수 있는 또 하나의 문제는 총효과가 없는 것처럼 보이는데 실제로는 간접효과가 존재하는 경우이다. 예를 들어 Sheets & Braver(1999)의 논문에서처럼 성추행을 한 사람의 조직 내 위치(organizational status of sexual harasser)는 성추행자에 대한 강제적 권력 수준에 대한 인식(coercive power)에 양의 영향을 주고 이것이 성추행 희생자의 성추행 여부 판단에 양의 영향을 줄 수 있는 경로가 존재한다. 또한 성추행자의 조직 내 위치는 성추행자에 대한 동료로서의 바람직성(desirability)에 긍정적 영향을 주고 이 바람직성에 대한 기대는 희생자의 성추행 여부 판단에 음의 관계를 가질 수 있다.[8] 이러한 관계는 [그림 3-5]와 같이 나타낼 수 있다(Sheets and Braver, 1999: 1162). 이러한 관계를 갖는 경우 이러한 다양한 경로를 제대로 고려하지 못하면 성추행자의 조직 내 위치는 성추행 여부의 판단에 양과 음의 매개효과 경로가 상쇄되어 마치 관계가 없는 것처럼 오해할 수 있게 된다. 이처럼 매개효과 분석은

[그림 3-5] 성추행자의 조직에서의 위치가 성추행 여부 인식에 미치는 경로

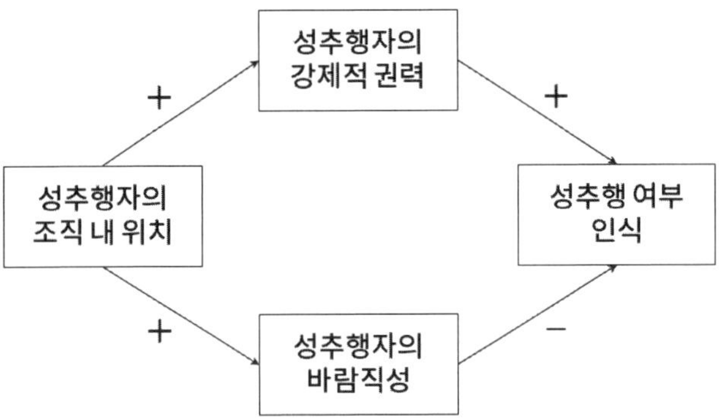

8 Sheets, V. L. & Braver, S. L. (1999). "Organizational Status and Perceived Sexual Harassment: Detecting the Mediators of a Null Effect." *Personality and Social Psychology Bulletin* 25(9): 1159-1171.

단순히 원인변수와 결과변수 간의 관계만을 분석하는 경우 마치 그 효과가 없는 것처럼 보이는 상황일지라도 복수의 매개 경로를 분석해보면 다양한 간접효과가 존재하는 현상을 찾아낼 수 있다는 장점이 있다.

다수의 매개변수가 있는 모형을 일반화하면 [그림 3-6]과 같이 나타낼 수 있다. 원인변수 X는 결과변수 Y에 직접 영향을 미칠 수도 있을 뿐 아니라 다양한 매개변수 M_k를 통해 Y에 영향을 미칠 수 있는 것이다.

[그림 3-6] 다수의 매개변수가 있는 통계분석 모형

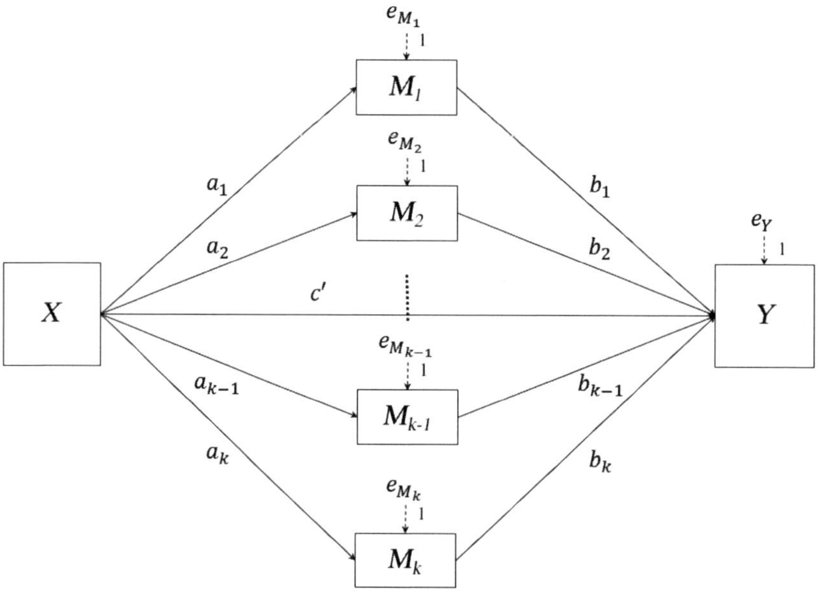

출처: Hayes(2018: 151)

[그림 3-6]에서 매개변수 추정과 결과변수 추정의 회귀식은 다음과 같이 나타낼 수 있다.

$$M_i = \beta_{M_i} + a_i X + \epsilon_{M_i} \text{(단, } i = 1, \cdots, k)$$

$$Y = \beta_Y + c'X + \sum_{i=1}^{k} b_i M_i + \epsilon_Y$$

여기서 원인변수 X가 i번째 매개변수 M_i를 거쳐 결과변수 Y에 영향을 미치는 간접효과의 크기는 $a_i b_i$로 나타낼 수 있고, 이 개별 간접효과를 종합한 총 간접효과(total indirect effect)는 다음과 같이 나타낼 수 있다.

$$총\ 간접효과 = \sum_{i=1}^{k} a_i b_i$$

한편 직접효과는 c'으로 나타낼 수 있으며 총효과는 다음과 같이 나타낼 수 있다.

$$총효과 = c' + \sum_{i=1}^{k} a_i b_i$$

결국 다수의 매개변수가 있는 모형도 하나의 단일한 매개변수가 있는 모형과 큰 차이는 없음을 알 수 있다. 다수의 매개변수가 있는 경우 각 경로를 고려하여 여러 개의 회귀모형을 추정하면 직접효과와 간접효과를 추정할 수 있다. 하지만 회귀분석을 여러 번 수행하는 것이 번거로우므로, 매개효과 분석을 일반화한 경로 분석(path analysis)을 이용하는 것이 좋다. SAS의 경우에는 CALIS 프로시저를 활용하면 어렵지 않게 다수의 매개변수가 있는 모형을 분석할 수 있다. 따라서 이하에서는 CALIS 프로시저를 이용한 경로분석 모형을 활용하는 방법을 제시하고자 한다.

두 개의 매개변수가 있을 때 원인변수와 매개변수 그리고 원인변수의 관계는 [그림 3-7]과 같이 나타낼 수 있다.

[그림 3-7] 두 개의 매개변수가 있을 때 경로그림

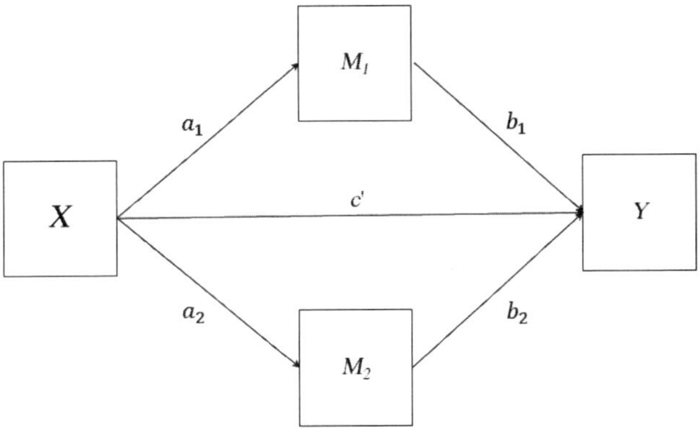

각 경로에 있는 각 계수들은 다음과 같은 추정된 회귀방정식의 계수를 이용하여 구할 수 있다.

$$Y = i_1 + c'X + b_1 M_1 + b_2 M_2 + e_1$$

$$M_1 = i_2 + a_1 X + e_2$$

$$M_2 = i_3 + a_2 X + e_3$$

경로계수와 각 경로계수의 표준오차를 이용하여 매개효과 크기를 구하는 방법은 앞 절에서 공부한 방법과 크게 다르지 않다. 먼저 매개효과는 크게 $X \rightarrow M_1 \rightarrow Y$의 경로의 매개효과와 $X \rightarrow M_2 \rightarrow Y$로 구분할 수 있다. 이 매개효과의 크기는 다음과 같이 구할 수 있다.

$$X \rightarrow M_1 \rightarrow Y\text{의 매개효과: } a_1 b_1$$

$$X \rightarrow M_2 \rightarrow Y\text{의 매개효과: } a_2 b_2$$

$$\text{총 매개효과: } a_1 b_1 + a_2 b_2$$

각 매개효과의 표준오차 역시 다음과 같이 구할 수 있다.

$$a_1 b_1\text{의 표준오차: } s_{a_1 b_1} = \sqrt{a_1^2 s_{b_1}^2 + b_1^2 s_{a_1}^2 + s_{a_1}^2 s_{b_1}^2}$$

$$a_2 b_2\text{의 표준오차: } s_{a_2 b_2} = \sqrt{a_2^2 s_{b_2}^2 + b_2^2 s_{a_2}^2 + s_{a_2}^2 s_{b_2}^2}$$

$$a_1 b_1 + a_2 b_2\text{의 표준오차: } s_{a_1 b_1 + a_2 b_2} = \sqrt{s_{a_1 b_1}^2 + s_{a_2 b_2}^2 + 2 a_1 a_2 s_{b_1} s_{b_2}}$$

매개효과의 추정량이 정규분포를 따른다는 사실과 위에서 얻은 매개효과의 추정치와 표준오차를 이용하면 경로별 매개효과의 크기와, 매개효과의 통계적 유의미성 검정, 그리고 신뢰구간 계산을 어렵지 않게 수행할 수 있다. 앞 절에서 회귀분석 접근 방식을 이용하여 계산하는 방법을 공부했으므로 위의 식을 어렵지 않게 계산할 수 있다.[9] 예를 들어 MacKinnon(2008: 123-137)은 SAS의 REG 프로시저를 이용하여 매개변수와 결과변수를 추정하는 다수의 회귀모형을 추정하고 이 결과를 이용하여 총효과, 직접효과, 간접효과를 계산하는 방법을 제공하고 있으므로 이를 참고하면 된다.

1) 평행 매개변수 모형

평행 매개변수 모형은 여러 개의 매개변수가 존재하되 매개변수 간의 경로는 존재하지 않는 경우다. 이때, 여러 개의 매개변수와 매개변수에 영향을 주는 여러 개의 통제변수들

---

9 앞에서 제시된 매개효과 추정량과 표준오차는 MacKinnon(2008) 5장을 참고하기 바란다.

이 존재하는 모형을 추정하기 위해서는 여러 번의 회귀분석을 수행해야 되고 추정된 매개효과의 표준오차를 계산하는 것 역시 복잡하게 된다.

독자들이 직접 손으로 계산해 볼 수 있는 예제를 살펴보기 위해 MacKinnon(2008: 117)이 분석에 사용한 자료를 이용하였다. 이 자료는 [표 3-11]에서 보듯이 원인변수 X, 두 개의 매개변수 M_1, M_2 그리고 결과변수 Y로 구성되어 있다.

[표 3-11] MacKinnon이 분석에 사용한 자료

```
DATA A;
INPUT S X M1 M2 Y @@;
CARDS;
   1   51    41    54    59   2   40    34    51    60
   3   55    42    53    60   4   35    22    56    61
   5   47    34    45    47   6   58    52    79    84
   7   56    57    55    69   8   53    49    55    85
   9   38    42    46    75  10   73    80    48    87
  11   57    42    65    85  12   54    62    55    73
  13   68    54    55    77  14   46    41    62    50
  15   48    44    43    58  16   56    54    54    69
  17   67    73    61    99  18   47    61    38    64
  19   60    59    42    65  20   54    51    55    68
  21   53    69    44    84  22   53    67    40    82
  23   40    49    45    74  24   34    40    37    62
  25   32    40    49    54  26   56    60    51    81
  27   55    46    65    89  28   51    58    54    83
  29   50    53    56    75  30   45    61    52    72
  31   63    42    40    63  32   46    39    51    69
  33   60    62    53    66  34   48    41    56    72
  35   46    40    46    68  36   50    51    52    73
  37   49    51    55    69  38   35    39    46    46
  39   50    44    46    70  40   47    40    68    76
  ;
PROC CORR DATA=a OUT=correl;/*① */
VAR X M1 M2 Y;
RUN;
PROC PRINT DATA=correl ;RUN;
```

[그림 3-8] 평행인 복수의 매개변수가 있는 예제 모형

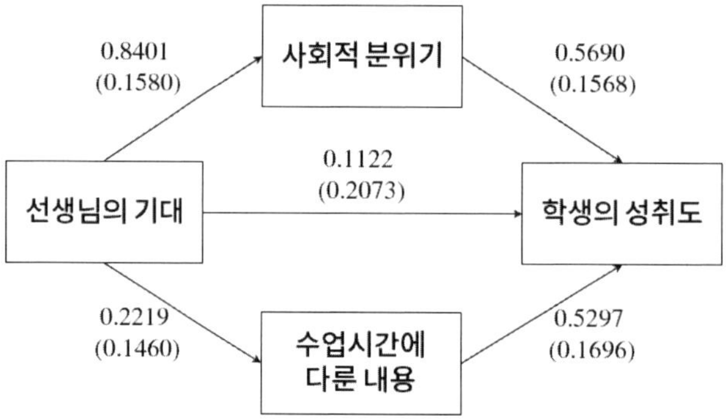

이 자료에서 변수 X는 전년도 학생의 지능검사에 바탕을 둔 선생님의 기대(teacher's expectancy)이고, M_1은 관찰자가 느끼고 있는 사회적 분위기(social climate), M_2는 수업시간에 다룬 내용(material covered), 그리고 결과변수 Y는 학생들의 성취이다.

'연속형 변수'만으로 구성된 모형은 원자료가 없더라도 상관계수 행렬 혹은 공분산 행렬과 각 변수의 평균 및 분산 정보만 있으면 경로분석과 구조방정식을 수행할 수 있다. 이러한 이유 때문에 경로분석이나 구조방정식 분석을 사용한 연구 논문은 반드시 상관계수나 공분산 행렬과 변수의 기술통계량을 보고하도록 하고 있다. SAS를 비롯한 여러 통계 프로그램에서는 상관계수 행렬이나 공분산 행렬을 특수한 자료 형태로 간주하고 이 자료를

[표 3-12] 공분산 행렬과 상관계수 행렬, 평균, 표준편차, 표본크기 정보 자료

TYPE	_NAME_	x	m1	m2	y
COV	x	84.8487	71.285	18.8282	60.053
COV	m1	71.2846	140.336	−6.2487	84.540
COV	m2	18.8282	−6.249	72.9205	37.183
COV	y	60.0526	84.540	37.1833	139.481
MEAN		50.6500	49.650	51.9500	70.575
STD		9.2113	11.846	8.5394	11.810
N		40.0000	40.000	40.0000	40.000
CORR	x	1.0000	0.653	0.2394	0.552
CORR	m1	0.6533	1.000	−0.0618	0.604
CORR	m2	0.2394	−0.062	1.0000	0.369
CORR	y	0.5520	0.604	0.3687	1.000

이용하여 경로분석과 구조방정식 분석을 수행할 수 있다.

[표 3-11]의 프로그램 코드의 ①은 변수 간의 상관관계 행렬을 구한 후 이를 CORREL 이라는 데이터셋으로 저장하도록 하고 있다. 이 자료는 [표 3-12]와 같은 정보를 저장하고 있다. 공분산 행렬이나 상관계수 행렬 등과 평균, 표본크기, 분산 등을 알면 회귀분석을 수행할 수 있으므로 원자료 없이도 이 정보만을 이용하여 매개효과 분석, 경로모형을 비롯하여 다양한 구조방정식 모형 분석을 수행할 수 있다. 각종 학술지에서 상관계수 행렬과 기술통계량을 꼭 요구하는 것도 이 정보를 이용하면 회귀분석 결과를 재현하여 분석의 타당성을 확인해 볼 수 있기 때문이다.

위에서 얻어진 상관계수 및 공분산 행렬을 이용하여 [표 3-13]의 코드를 이용하여 매개효과 분석을 수행할 수 있다. 참고로 사용된 자료가 상관관계 행렬이라는 것을 나타내기 위해 DATA= 옵션에 (TYPE=CORR)이라는 옵션을 부과했음을 확인할 수 있다.

[표 3-13] CALIS 프로시저를 이용한 경로분석

```
PROC CALIS DATA=CORREL (TYPE=CORR);/*①-1*/
Path
X===>M1 =a1, /*①-2*/
X===>M2 =a2, /*②*/
X M1 M2 ===>Y = cprime b1 b2; /*③*/
EFFPART X M1 M2 ===>Y; /*④*/
PATHDIAGRAM DIAGRAM=[INITIAL STANDARD] TITLE="다수 매개변수 예제"; /*⑤*/
RUN;
```

앞 SAS 코드를 수행하면[10] [표 3-14]와 같은 결과를 얻게 된다. 결과의 해석은 모형적합도 판단, 추정된 회귀계수 해석, 외생변수와 내생변수의 분산 크기 검토, 다중 상관계수를 이용한 변수의 설명력 판단, 직접 및 간접효과 분석, 그리고 시각화를 통한 결과 제시 등의 절차를 따라 진행할 수 있다.

먼저 모형의 적합도를 살펴보도록 한다. 경로분석은 뒤에서 다루게 될 구조방정식 모형의 특수한 형태이고 구조방정식에서 다양한 모형적합도 판단 기준이 사용된다. 모형적합도 평가는 구조방정식 모형이 전반적으로 분석자료에 잘 맞는지 아닌지를 판단하기 위한 것이다. 일반적으로 적합도 평가는 절대부합지수, 간결성지수, 증분부합지수 등이 사용된다. 절대부합지수(absolute index)는 카이제곱 값, 평균잔차제곱근(Root Mean Square

10 이 코드는 Mediator2.SAS 파일에서 제공한다.

Residual, RMR)으로 판단하고, 간결성지수(parsimony index)로 조정적합도(Adjusted Goodness of Fit Index, AGFI), 근사평균오차제곱근(Root Mean Square Error of Approximation, RMSEA)을, 증분부합지수(incremental index)로 표준부합지수(Normed Fit index, NFI), 비표준적합지수(Non-Normed Fit Index, NNFI)가 주로 사용된다(원구환·원구현, 2006). CALIS 프로시저에서 제시하는 모형적합도 지수는 [표 3-14]와 같다.

[표 3-14] 모형적합도 지수[11]

지표 유형	Fit Function	모형적합도 판단 기준
Absolute Index	Pr > Chi-Square	귀무가설이 "모형적합하다"이므로 0.05보다 큰 값이면 모형이 적합하지 않다고 판단(표본의 크기가 크면 바람직하지 않은 통계량)
	Z-Test of Wilson & Hilferty[12]	1.96 이상의 Z-점수는 통계적으로 유의미하므로 귀무가설을 기각하여 모형이 적합하지 않다고 판단
	Hoelter Critical N	모형에 적합한 최대 표본수로 200보다 큰 값이 추천됨(Hoelter, 1983)
	Root Mean Square Residual (RMR)	잔차 제곱평균 값의 제곱근 값으로 작을수록 적합도 좋음
	Standardized RMR(SRMR)	RMR 평균으로 작을수록 적합도 좋음
	Goodness of Fit Index(GFI)	0.9 혹은 0.95 이상이면 적합도 좋음(표본크기가 작으면 줄어듬)
Parsimony Index	Adjusted GFI(AGFI)	0과 1 사이 값을 가지며 0.9 이상이면 적합도 좋음
	Parsimonious GFI	클수록 좋으며 모형이 간결할수록 값이 커짐
	RMSEA Estimate	설명되지 않은 모형의 잔차로 0과 1 사이 값을 가지며 0.06 혹은 그 이하 값이 추천됨(Hu & Bentler, 1999)
	Probability of Close Fit	모형적합도가 높다라는 귀무가설에 대한 p-value
	ECVI Estimate	AIC와 유사하며 작을수록 적합도가 좋음
	Akaike Information Criterion	작을수록 모형적합도가 좋음
	Bozdogan CAIC	작을수록 모형적합도가 좋음

11 적합도 판단 기준값은 표본크기, 변수 수 등에 따라 달라지기 때문에 정확한 기준값은 https://flexiblecutoffs.org/?page_id=27을 참고하기 바란다.

12 Wilson, E. B. & Hilferty, M. M. (1931). The distribution of chi-square. Proceedings of the National Academy of Sciences of the United States of America, 17, 684-688.

지표 유형	Fit Function	모형적합도 판단 기준
Parsimony Index	Schwarz Bayesian Criterion	작을수록 모형적합도가 좋음
	McDonald Centrality	값이 클수록 모형적합도가 좋음
Incremental Index	Bentler Comparative Fit Index	0과 1 사이의 값을 가지며 0.9 혹은 그 이상 값이 추천됨(Hu & Bentler, 1999)
	Bentler-Bonett NFI	0.9 이상이 되면 좋음
	Bentler-Bonett Non-normed Index	0.9 이상이 되면 좋음
	Bollen Normed Index Rho1	
	Bollen Non-normed Index Delta2	
	James et al. Parsimonious NFI	1에 가까울수록 좋음

예제 자료의 모형적합도 출력결과 중 절대부합지수 값만을 나타내보면 [표 3-15]와 같다. GFI 값을 해석해보면 0.9578로 일반적으로 제시되는 적합 기준인 0.9보다 큼을 알 수 있다.

[표 3-15] 절대부합지수(absolute index)를 이용한 모형적합도

Fit Function	0.0922
Chi-Square	3.5948
Chi-Square DF	1
Pr > Chi-Square	0.0580
Z-Test of Wilson & Hilferty	1.5997
Hoelter Critical N	42
Root Mean Square Residual(RMR)	9.7890
Standardized RMR(SRMR)	0.0890
Goodness of Fit Index(GFI)	0.9578

단순 매개효과 모형과 유사하게 [표 3-16]과 같이 각 경로별 회귀계수 값을 얻을 수 있다. 예를 들어 $X \rightarrow M_2$ 경로의 회귀계수는 0.22로 나타나고 있는데 표준오차가 0.14로 p-Value 값도 0.12로 유의수준 5%하에서 통계적으로 유의미하지 않은 것으로 나타나고 있다. 또한, 직접효과의 크기를 나타내는 c'의 값도 회귀계수는 0.11이지만 p-Value가

[표 3-16] 추정된 경로계수와 표준오차

PATH List							
Path			Parameter	Estimate	Standard Error	t-Value	Pr > |t|
x	→	m1	a1	0.84014	0.15592	5.3883	<.0001
x	→	m2	a2	0.22190	0.14413	1.5396	0.1237
x	→	y	cprime	0.11215	0.18823	0.5958	0.5513
m1	→	y	b1	0.56903	0.14387	3.9550	<.0001
m2	→	y	b2	0.52972	0.15564	3.4035	0.0007

0.55로 나타나 통계적으로 유의미하지 않음을 알 수 있다.

회귀계수의 추정치뿐만 아니라 오차항의 분산 추정치도 계산할 수 있다. 먼저 모형에서 X는 다른 변수에 의해 설명되는 변수가 아니므로 외생변수(exogenous variable)로 간주된다. 외생변수의 분산 값은 해당 변수의 분산과 동일하다.

M_1, M_2, Y는 모형의 다른 변수에 의해 설명되는 변수이기 때문에 내생변수로 간주할 수 있다. 예를 들면 M_1은 X에 의해 설명되기 때문에 내생변수라고 볼 수 있다. 내생변수의 분산은 잔차(residual) 분산을 이용해서 계산된다. M_1의 분산은 X를 독립변수로 M_1을 종속변수로 회귀분석을 하였을 때 얻어지는 잔차 크기로 계산할 수 있다. 또한 Y의 분산은 X, M_1, M_2를 독립변수로 Y를 종속변수로 한 회귀모형을 추정한 결과 얻어진 잔차 분산의 크기로 계산된다.[13] 이렇게 추정된 분산이 [표 3-17]에 제시되었다.

[표 3-17] 모형의 외생변수와 내생변수의 분산 추정량

Variance Parameters						
Variance Type	Variable	Parameter	Estimate	Standard Error	t-Value	Pr > |t|
Exogenous	x	_Add1	84.84872	19.21445	4.4159	<.0001
Error	m1	_Add2	80.44700	18.21766	4.4159	<.0001
	m2	_Add3	68.74247	15.56710	4.4159	<.0001
	y	_Add4	64.94416	14.70696	4.4159	<.0001

13 독자들은 스스로 한번 계산을 해보도록 한다.

매개변수나 결과변수를 추정하는 모형의 설명력을 확인할 필요가 있다. 내생변수의 경우 다른 변수에 의해 설명되는 되지 않는 변동의 크기가 잔차 분산이므로 내생변수의 분산 중 얼마가 다른 변수(들)에 의해 설명되는지를 [표 3-18]의 다중상관계수(multiple correlation) 제곱 값을 이용해 살펴볼 수 있다. 총분산(total variance)은 각 변수의 분산 값이고 오차분산(error variance)은 앞의 표에 의해 계산된 잔차 분산 즉 모형에 의해 설명되지 않은 분산의 크기이다. 총분산에서 오차분산을 빼면 모형에 의해 설명된 분산의 크기가 되며, 결정계수(R-square)는 총분산 대비 모형에 의해 설명된 분산의 비율로 계산이 된다.

$$R-square = \frac{\text{총분산} - \text{오차분산}}{\text{총분산}}$$

Y의 결정계수를 살펴보면 모형에서 X, M_1, M_2에 의해 설명된 변동의 비율이 57.49% 임을 알 수 있다. 또한 M_1의 경우 X에 의해 설명된 변동은 42.68%로 나타나고 있다. 반면에 M_2는 모형에서는 X에 의해 설명되는 비율이 5.73%에 불과함을 알 수 있다.

[표 3-18] 다중상관계수 제곱 값

Squared Multiple Correlations			
Variable	Error Variance	Total Variance	R-Square
m1	80.44700	140.33590	0.4268
m2	68.74247	72.92051	0.0573
y	64.94416	152.78453	0.5749

[표 3-19]는 원인변수 X의 직접효과와 간접효과를 분리한 결과를 보여준다. 이 결과에 따르면 원인변수의 한 단위 변화가 종속변수의 변화를 0.7078만큼 초래하는 총효과를 갖고 있다. 이 중 직접효과의 크기는 0.1122이고 M_1, M_2 등을 통한 간접효과는 0.5956[14]만큼이다. 한편 직접효과의 p-Value가 0.5513임을 고려하면 X와 Y의 관계는 완전매개효과를 갖는다고 해석할 수 있다.

---

14 CALIS 프로시져에서 간접효과의 크기는 총효과에서 직접효과를 빼는 방식으로 계산한다. 이에 대해서는 SAS 매뉴얼을 참고하기 바란다. 한편 $X \to M_1$의 효과가 0.84014, $M_1 \to Y$의 경로 계수 값이 0.56903이므로 이 경로를 통한 간접효과는 0.84014×0.56903이 되고 $X \to M_2$ 및 $M_2 \to Y$의 계수 값이 각각 0.2219 및 0.52972이므로 이 경로의 간접효과는 0.2219×0.52972이므로 이를 합하면 총 간접효과는 0.5956이 된다. 이 값은 [표 3-19]의 간접효과와 동일하다.

[표 3-19] 원인변수가 결과변수에 미치는 효과의 분해

Effects of X			
Effect / Std Error / t-Value / p-Value			
	Total	Direct	Indirect
Y	0.7078 0.1826 3.8769 0.000106	0.1122 0.1882 0.5958 0.5513	0.5956 0.1718 3.4675 0.000525

CALIS 프로시저에서는 표준화 회귀계수와 그 표준오차도 제공해준다. 변수들을 표준화하여 변수들을 모두 평균 0, 분산 1의 값을 갖도록 단위를 표준화한 후 이를 이용하여 매개효과를 추정하는 것이다. [표 3-20]은 표준화 회귀계수를 추정한 결과를 보여준다. [표 3-20]의 결과의 t-Value 값은 표준화를 하지 않은 자료를 이용한 경우와 약간 차이가 나는 것으로 나타나고 있음을 확인할 수 있다. 한편 이 회귀계수는 독립변수가 1 표준편차만큼 변할 때 종속변수의 표준편차가 변하는 크기를 나타낸다. 예를 들어 $X \rightarrow M_1$의 표준화 회귀계수는 0.65인데 이것은 X가 1 표준편차만큼 변하면 M_1은 0.65 표준편차만큼 변한다고 해석할 수 있다.

[표 3-20] 표준화 모형의 회귀계수 추정 결과

Standardized Results for PATH List							
Path			Parameter	Estimate	Standard Error	t-Value	Pr > |t|
x	→	m1	a1	0.65326	0.09179	7.1167	<.0001
x	→	m2	a2	0.23937	0.15095	1.5857	0.1128
x	→	y	cprime	0.08358	0.14017	0.5962	0.5510
m1	→	y	b1	0.54535	0.12922	4.2203	<.0001
m2	→	y	b2	0.36596	0.10602	3.4518	0.0006

표준화 변수를 이용한 경우 분산 추정량도 [표 3-21]과 같이 구할 수 있다. 이 [표 3-21]은 모형으로 추정할 수 없는 오차항의 분산의 크기를 나타낸다. 표준화 모형의 경우에는 모든 변수의 분산이 1의 값을 갖기 때문에 1에서 이 오차항의 분산 값을 빼게 되면 비표준화 모형의 다중 상관계수 제곱값을 손쉽게 계산할 수 있다. 한편 다중 상관계수의 값의

[표 3-21] 표준화 모형의 분산 추정결과

Standardized Results for Variance Parameters						
Variance Type	Variable	Parameter	Estimate	Standard Error	t-Value	Pr > |t|
Exogenous	x	_Add1	1.00000			
Error	m1	_Add2	0.57325	0.11993	4.7798	<.0001
	m2	_Add3	0.94270	0.07227	13.0449	<.0001
	y	_Add4	0.42507	0.10127	4.1974	<.0001

크기는 표준화 모형이나 비표준화 모형 간에 차이가 없음을 알 수 있다.

표준화 모형의 총효과, 직접효과, 간접효과 결과는 [표 3-22]와 같다. 이 표는 *X*가 *Y*에 미치는 효과를 총효과(total), 직접효과(direct), 간접효과(indirect)로 분해한 것으로 표준화된 효과이다. 즉 총효과는 *X*가 1 표준편차 변할 때 *Y*는 0.53 표준편차만큼 변하며, 직접효과는 0.08이지만 p-Value는 0.55로 통계적으로 유의미하지 않고 오직 간접효과 0.44만이 통계적으로 유의미함을 알 수 있다.

[표 3-22] 표준화 모형의 직접 및 간접효과 추정

Standardized Effects of X			
Effect / Std Error / t-Value / p-Value			
	Total	Direct	Indirect
Y	0.5274 0.1149 4.5897 <.0001	0.0836 0.1402 0.5962 0.5510	0.4439 0.1098 4.0408 <.0001

한편 위와 같은 분석 결과를 경로그림을 이용해서 나타낼 수도 있다. PROC CALIS는 PATHDIAGRAM 명령문을 이용하여 다양한 경로그림을 그릴 수 있도록 도와준다. DIAGRAM=INITIAL 옵션을 사용하면 계수 추정 이전의 변수 간의 관계를 나타내는 경로그림을 그릴 수 있다. 또한, DIAGRAM=[INITIAL STANDARD]와 같이 지정을 하면 표준화 모형에 따른 추정된 회귀계수와 분산 추정량 값을 나타내준다. 만일 비표준화 모형의 추정량을 나타내고자 한다면 STANDARD 대신에 UNSTANDARD 옵션을 사용하면 된다. 이 밖에도 경로그림의 변수에 레이블을 붙이거나(LABEL=) 오차항들을 표시하지

않거나(NOERRVAR) 그림 크기를 조정하는(SCALE=) 등 매우 다양한 옵션을 제공한다. 따라서 이를 활용하면 분석 결과를 시각화하여 잘 전달할 수 있다.

매개효과 모형을 자료분석에 사용하려는 독자 중의 일부는 CALIS 프로시저를 배우고 나면 앞 절에서처럼 회귀분석을 여러 번 수행하여 경로계수를 구하는 방법이 불필요하다고 생각할 수도 있다. 하지만 매개효과 모형의 원리를 이해하기 위해서는 회귀분석을 직접 수행하면서 각 단계의 의미를 차분히 이해하는 것이 중요하다. 그뿐만 아니라 매개효과 모형은 독립변수 X를 도구변수(instrument)로 가정하는 모형에 응용할 수 있는데 (MacKinnon, 2008: 355-356), 이 경우 매개변수로 X를 이용해 추정된 매개변수를 사용해야 하는 경우가 있다. 이 경우에도 경로별 회귀분석을 수행해야 한다. 마지막으로 각 경로별 회귀분석을 수행하면서 회귀분석의 가정을 위배하고 있는지 등을 차분히 살펴봄으로써 분석에 신중함을 기할 수 있다.

[그림 3-9] 경로모형과 모형의 추정된 회귀계수 값

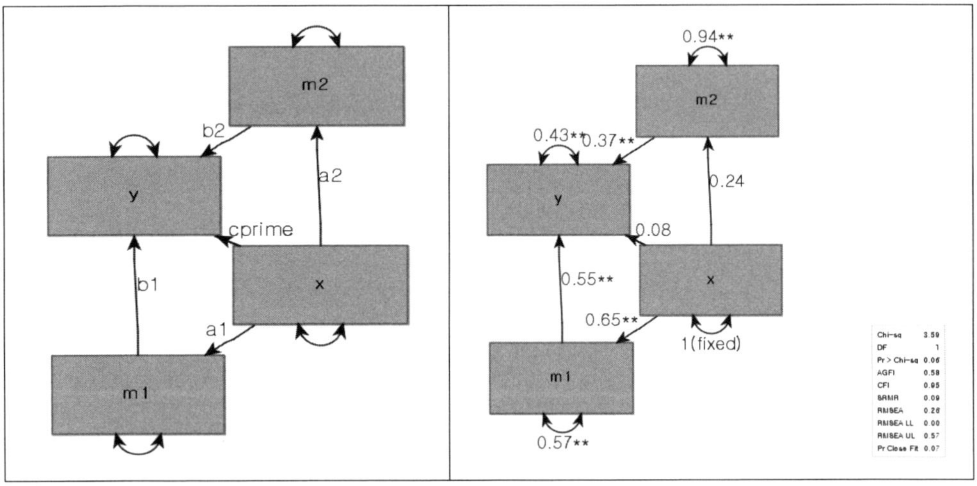

2) 다수의 매개변수와 매개변수 간의 순차관계가 있는 모형

여러 개의 매개변수가 존재하고 매개변수 간에도 순차(serial) 관계가 존재하는 경우를 분석하는 경우도 있다. 이하에서는 다수의 매개변수가 존재할 뿐 아니라 매개변수 간의 순차관계가 존재하는 경우를 예제를 통해 살펴보자.[15]

15 CAUSALMED 프로시저는 여러 개의 매개변수가 존재하는 경우를 분석할 수 있는 기능은 아직 제시하지 않고 있다.

언론학에서는 대중매체가 소비자의 행위에 미치는 영향을 분석할 때 대중매체의 내용 자체가 소비자 행위에 영향을 미치기보다는, 소비자가 대중매체 내용에 대해 다른 사람들이 어떻게 생각할지를 판단하고 이를 바탕으로 최종 행동을 결정한다는 추정 영향 가설(presumed influence hypothesis)이 제시되어왔다. 이를 확인하기 위해 Tal-Or et al.(2010)은 설탕이 부족할 것이라는 기사에 대해서 다른 사람들이 그 기사에 영향을 받을 것이라고 생각하는 사람일수록 설탕을 사러 가거나 소비를 줄이는 등의 다양한 행동을 할 것이라는 실험을 설계하였다. COND 변수는 무작위로 실험대상을 해당 기사가 중요 일간지 1면에 발표될 것이라고 알려준 설문그룹과 해당 기사가 일간지 내부에 보충기사로 실릴 것이라고 알려준 설문그룹 중 어느 그룹에 할당되었는지 여부를 나타낸 변수이며 이것이 원인변수이다. 매개변수로는 해당 정보의 중요성에 대한 질문을 이용해 측정한 INFORM이라는 변수와 해당기사의 추정 중요성(Presumed Media Importance, PMI)에 대한 질문을 이용해 측정한 PMI 변수이다. 그리고 결과변수는 기사를 읽은 사람들의 행동 변화를 측정한 REACTION이라는 변수이다.

참고: Tal-Or, N. et al. (2010). "Testing Causal Direction in the Influence of Presumed Media Influence." *Communication Research* 37(6): 801-824.

위 예제의 가설을 검정하기 위한 인과효과 모형은 [그림 3-10]과 같다. 그림에서는 원인변수가 매개변수를 통해 결과변수에 미치는 영향 이외에도 매개변수가 다른 매개변수에 영향을 미치는 경로도 포함하고 있다.[16]

[그림 3-10] 추정 영향 가설을 검증하기 위한 경로모형

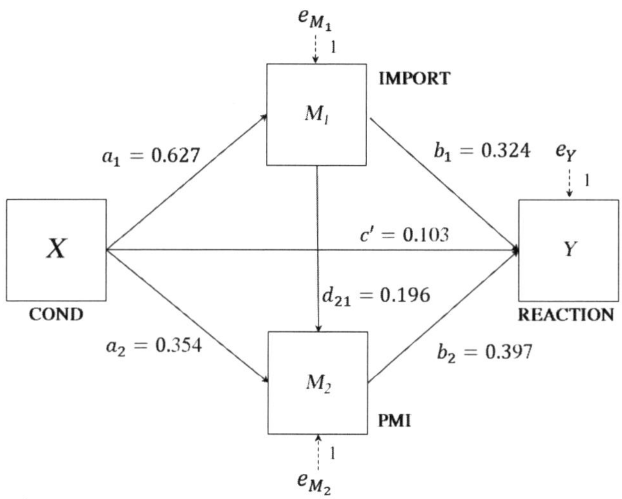

출처: Hayes(2018: 174)

16 Hayes(2018)에서는 매개효과가 다른 매개효과에는 영향을 미치지 않는 모형 예시도 제공하고 있으니 이를 참고하기 바란다.

[표 3-23] 다수의 매개변수가 있는 매개효과 분석 코드

```
filename pmi url
"https://docs.google.com/spreadsheets/d/e/2PACX-1vQ_is1qCOjsD0LPU89kyuZu9jS
U5Pe4TIz8pcQ04glpaPXL0dmRIKX24ZoGOuDF_xYZ0q37RYyzYQNm/pub?output=csv"
debug;
proc import datafile=pmi out=pmi dbms=csv replace;
run;
PROC CALIS DATA=PMI;
   PATH PMI->REACTION, IMPORT->REACTION, COND->REACTION,
     COND->IMPORT, COND->PMI, IMPORT->PMI;
   EFFPART COND->REACTION;
   PATHDIAGRAM DIAGRAM=[INITIAL UNSTANDARD] DECP=3
           FITINDEX=[CHISQ PROBCHI CFI] ARRANGE=FLOW;
RUN;
```

이러한 인과모형을 측정하기 위한 매개효과 분석 코드는 [표 3-23]과 같다.

먼저 총매개효과를 계산해 보도록 하자. 총매개효과는 원인변수(COND)가 결과변수(REACTION)에 매개변수를 통해 영향을 미치는 매개경로의 합이 된다. 예제 모형의 경우에서는 $cond \to pmi \to reaction$, $cond \to import \to reaction$, $cond \to import \to pmi \to reaction$ 등 총 3개의 매개경로가 있다. 각 매개경로의 효과는 크기는 각 경로의 회귀계수의 곱으로 나타낼 수 있으므로 다음과 같이 계산할 수 있다. [표 3-24]는 각 경로의 회귀계수를 추정한 결과를 제시하고 있다. 추정된 회귀계수를 이용하여 총매개효과와 직접효과, 총효과를 구하면 다음과 같다.

$$\text{총매개효과} = a_1 b_1 + a_2 b_2 + a_1 d_{21} b_2 = 0.3923$$

$$\text{직접효과} = c' = 0.1034$$

$$\text{총효과} = c' + \text{총매개효과} = 0.4957$$

[표 3-24] 추정된 경로 회귀계수

Path			경로계수	Estimate	Standard Error	t-Value	Pr > |t|
pmi	→	reaction	(b_2)	0.39653	0.09183	4.3179	<.0001
import	→	reaction	(b_1)	0.32442	0.06987	4.6431	<.0001

Path			경로계수	Estimate	Standard Error	t-Value	Pr > |t|
cond	→	reaction	(c')	0.10339	0.23614	0.4378	0.6615
cond	→	import	(a_1)	0.62679	0.3085	2.0318	0.0422
cond	→	pmi	(a_2)	0.35358	0.23059	1.5333	0.1252
import	→	pmi	(d_{21})	0.19615	0.06656	2.9471	0.0032

한편 두 매개변수 간의 연속적 관계(serial relation)가 존재할 때 총 간접효과 추정량(estimator)의 표준오차를 계산하는 방식은 두 매개변수가 서로 관계가 없는 경우보다 훨씬 복잡하다. 이에 대해서는 Sobel(1992)을 참고하기 바란다. Hayes(2018: 172)는 정규분포를 가정하는 방식보다는 부트스트랩핑을 이용한 신뢰구간 계산 방식을 추천하고 있으며 Hayes가 제공하는 PROCESS 매크로 함수를 이용하여 이를 계산할 수 있다. SAS의 경우에는 SURVEYSELECT 프로시저를 이용하여 표본재추출(resampling)을 어렵지 않게 할 수 있고, CALIS 프로시저에서 계산되는 간접효과 크기를 ODS TABLE을 데이터셋으로 저장할 수 있기 때문에 부트스트랩핑 신뢰구간을 구하는 프로그램을 짤 수 있다. 하지만, 1종 오류에 대해서 보수적인 경우에는 CALIS 프로시저에서 제공한 정규분포 가정하에서의 가설검정 결과를 사용해도 큰 문제는 없다.

[표 3-25]는 총효과, 직접효과, 간접효과의 크기를 나타낸 결과로 앞의 경로 회귀계수를 구한 것과 동일한 결과를 얻을 수 있다. 유의확률을 살펴보면 직접효과의 p-Value가 0.6651로 직접효과가 존재하지 않는다는 귀무가설을 기각할 수 없음을 알 수 있다. 총효과 역시 통계적으로 유의미하지 않음을 알 수 있다.

[표 3-25] **총효과, 직접효과, 간접효과의 분해**

Effects of cond			
Effect / Std Error / t-Value / p-Value			
	Total	Direct	Indirect
reaction	0.4957 0.2764 1.7933 0.0729	0.1034 0.2361 0.4378 0.6615	0.3923 0.1623 2.4178 0.0156

한편 매개효과 분석을 수행할 때 변수의 측정단위에 매개효과 크기가 영향을 받을 수 있다. 변수의 측정단위가 달라지면 회귀계수의 값이 달라져서 측정된 간접효과 크기도

달라지게 된다. 예를 들어 매개변수 값에 10을 곱하여 변환한 후에 이 매개변수가 결과변수에 미치는 회귀계수의 크기를 추정하면 원래 회귀계수에 0.1을 곱한 값으로 작아지게 된다. 이러한 회귀계수의 변화 자체는 회귀계수에 대한 통계적 가설검정 결과에는 영향을 미치지는 않는다. 즉 회귀계수의 유의미성을 검정하는 검정통계량의 크기나 p-Value의 값은 변하지 않는다. 그러나 매개효과의 절댓값 크기가 측정단위에 따라 변하는 것은 바람직하지 않다. 각 변수의 측정단위(metric)에 대한 정확한 해석이 쉽지 않은 경우(예; 복합지표)에는 원인변수 한 단위가 증가했을 때 결과변수가 증가한 양의 크기가 무엇을 의미하는지 해석하기 쉽지 않다. 이런 상황에서 간접효과의 크기 값이 크게 나오면 연구자는 마치 간접효과가 실제로 큰 것처럼 잘못 해석할 가능성이 크다.

이러한 이유로 변수를 표준화한 후 표준화된 회귀계수를 계산하여 간접효과와 직접효과를 측정하는 것이 유용할 수 있다. 표준화 경로계수와 표준화 총효과, 직접효과, 간접효과의 결과를 [표 3-26], [표 3-27]과 같이 얻을 수 있다.

[표 3-26] 표준화 경로계수

Standardized Results for PATH List							
Path			Parameter	Estimate	Standard Error	t-Value	Pr > |t|
pmi	→	reaction	_Parm1	0.33795	0.07491	4.5113	<.0001
import	→	reaction	_Parm2	0.36340	0.07425	4.8942	<.0001
cond	→	reaction	_Parm3	0.03343	0.07632	0.4380	0.6614
cond	→	import	_Parm4	0.18091	0.08757	2.0658	0.0388
cond	→	pmi	_Parm5	0.13413	0.08677	1.5459	0.1221
import	→	pmi	_Parm6	0.25780	0.08468	3.0446	0.0023

[표 3-27] 표준화 경로계수를 이용한 직접, 간접, 총효과

Standardized Effects of cond Effect / Std Error / t-Value / p-Value			
	Total	Direct	Indirect
reaction	0.1603 0.0882 1.8168 0.0692	0.0334 0.0763 0.4380 0.6614	0.1268 0.0510 2.4861 0.0129

3. 종단면 자료에 대한 매개효과 모형

종단면 자료(longitudinal data)는 관찰 대상을 여러 시점에서 반복적으로 측정한 자료다. 예를 들어 동일 주민에 대해 복지서비스를 제공하기 전과 후에 삶의 질에 대한 판단을 측정한 경우다. 이에 비해 횡단면 자료(cross-sectional data)는 단일 시점에서 측정한 자료이기 때문에 관찰대상의 시점 간 변화에 대한 정보가 없다. 횡단면 자료에 비해 종단면 자료를 이용한 매개효과 분석은 몇 가지 장점이 있다(MacKinnon, 2008: 193-194).

첫째, 매개효과가 결과변수에 선행하는지 여부에 대한 판단이 용이하다. 횡단면 자료를 이용한 매개효과 모형을 설정할 때 매개효과가 결과변수에 선행하는지 여부에 대한 판단은 논리적인 설명이나 이론을 이용하게 된다. 즉 횡단면 분석에서는 매개효과가 결과변수에 선행하는지 여부를 자료를 이용하여 직접 분석할 수는 없다. 하지만 종단면 자료를 이용한 매개효과 분석에서는 자료 수집 시점을 알 수 있기 때문에 매개효과가 결과변수에 선행하도록 모형을 설정할 수 있다. 인과관계를 측정하기 위해 매개효과 모형을 사용한다면 서로 다른 시점에서 측정한 매개변수와 결과변수를 이용하는 것이 바람직하다. 실제로 Maxwell & Cole(2007)은 종단면 관계를 갖는 변수를 횡단면 분석을 이용하여 수행하는 경우 경로계수 추정의 편의가 발생할 뿐 아니라 그 관계의 해석에서도 문제가 발생한다는 점을 지적하고 있다.[17] 최근 행정학 분야를 비롯한 많은 사회과학 분야에서 사용하고 있는 매개효과 모형이 대부분 횡단면 자료를 이용한 분석이라는 점을 고려한다면, 횡단면 분석 결과를 인과모형으로 해석하는 것은 한계가 있을 수 있다는 점에 유의할 필요가 있다.

둘째, 개인 간의 차이와 개인 내의 차이를 모두 분석할 수 있다. 횡단면 분석에서 원인변수의 변화에 따른 매개변수와 결과변수의 차이는 개인 간의 차이를 나타낸다. x_1이라는 원인변수 값을 가진 개인(관찰단위)과 x_2라는 원인변수 값을 가진 개인이 매개변수, 결과변수 값에서 어떤 차이를 보이는지를 측정한 것이다. 이와 달리 종단면 분석은 개인 간의 차이뿐만 아니라 동일한 개인이 여러 시점에서 원인 변수의 변화에 따라 어떻게 차이가 나는지를 살펴볼 수 있다는 장점이 있다.

셋째, 관찰되지 않는 시간불변효과를 지닌 변수를 통제할 수 있는 장점이 있다. 예를 들어 개인 수준에서 성별과 같은 변수는 시간에 따라 변하지 않는다. 따라서 성별이 종속변수에 미치는 영향의 크기가 동일하다고 가정을 한다면 이 변수를 모형에 포함을 시키지 않더라도 누락변수 편의(omitted variable bias)를 발생시키지 않는다. 유사하게 지역 간에

17 Maxwell, S. E. & Cole, D. A. (2007). "Bias in cross-sectional analyses of longitudinal mediation." *Psychological Methods*, 12(1): 23-44.

는 지역의 규모에 차이가 있을 수 있지만 여러 시점에서 원인변수의 변화에 따른 결과변수의 변화를 분석할 때 동일 지역 내에서는 지역 규모가 변하지 않기 때문에 이 차이는 상수가 되어서 분석 결과에 영향을 미치지 않는 것이다.

넷째, 원인변수가 매개변수나 결과변수에 미치는 영향의 효과가 시차를 갖고 발생한다는 점을 반영할 수 있다. 예를 들어 어떤 정책을 시행하는 경우 정책 시행효과는 바로 매개변수나 결과변수에 영향을 미치기보다는 일정한 시간을 두고 효과를 미치게 되기 때문에 이러한 시차를 종단면 분석에서는 반영할 수 있다. 뿐만 아니라 효과크기도 1년 후에 측정한 경우와 2년 후에 측정한 것이 다를 수밖에 없다. 이 경우 종단면 분석이 갖고 있는 장점은 크다고 할 수 있다.

다섯째, 시점에 따라 변수와 변수 간 관계가 변화하는 문제를 고려하여 분석할 수 있다. 횡단면 분석은 변수 간의 관계가 균형을 이루고 있기 때문에 특정에 관찰된 변수 간의 관계가 다음 시점에서도 크게 변하지 않는다는 가정을 하고 있다. 즉 균형상태(equilibrium status)에 있는 경우에는 횡단면 분석과 종단면 분석 결과에 큰 차이가 없을 수도 있다.[18] 하지만 변수들이 끊임없이 시점 간 상관관계를 갖고 변하고, 변수 간의 관계도 변한다면 균형상태 가정은 타당하지 않을 수 있다. 뿐만 아니라 Maxwell & Cole(2007)이 제시하듯이 종단면 자료에서 직접효과가 존재하지 않고 간접효과만 존재하는 상황에서 횡단면 매개효과 분석을 수행하면 마치 직접효과가 존재하는 것처럼 잘못된 결과를 얻을 수 있다. 이것은 자기상관이 존재하는 경우 전기의 매개변수나 결과변수를 모형에 포함시키지 않으면 횡단면 모형에서 추정의 편의가 발생하기 때문이다. 결국 인과관계를 밝히는 것이 목적이라면 종단면 분석의 중요성은 더욱 커지게 된다.

1) 사전/사후 통제집단 설계[19]

사전/사후 통제집단 설계(pretest-posttest control group design)는 널리 사용되는 실험

18 균형상태에 있는 경우에도 횡단면 분석과 종단면 분석의 결과가 상이할 수 있음은 Maxwell, S. E. & Cole, D. A. (2007). "Bias in cross-sectional analyses of longitudinal mediation." *Psychological Methods* 12(1):23-44을 참고하라.

19 이 절과 관련한 논의는 Valente, M. J. & MacKinnon, D. P. (2017). "SAS® Macros for Computing the Mediated Effect in the Pretest-Posttest Control Group Design." *SAS global forum* 2017: 1005과 Valente, M. J. & MacKinnon, D. P. (2017). "Comparing models of change to estimate the mediated effect in the pretest-posttest control group design." *Structural equation modeling: a multidisciplinary journal* 24(3): 428-450을 주로 참고하였다. ANCOVA 접근 방식을 이용한 3기 측정이 있는 자료에 대해서는 MacKinnon(2008)의 제8장 "Longitudinal Mediation Analysis" 내용을 간단히 참고하라.

설계 방식으로 2기(two-wave) 측정이 있는 종단면 자료를 이용한다. 이 자료는 무작위 할당 이전에 사전에 변수들의 자료를 수집하고, 무작위로 처리집단과 통제집단에 관찰 단위를 할당한 후, 실험을 수행한 후(intervention) 사후에 변수의 자료를 수집하는 것이다 (Bonate, 2000; Shadish, Cook & Campbell, 2002). 매개효과가 있는 사전/사후 통제집단 설계는 [그림 3-11]과 같이 나타낼 수 있다. 여기서 Y, X, M은 각각 결과변수, 원인변수, 그리고 매개변수를 나타낸다. Y_1, Y_2는 각각 사전과 사후 결과변수이고, M_1, M_2는 사전과 사후의 매개변수이다. 먼저 사전에 Y_1, M_1을 측정한 후에 무작위 할당을 통해 X를 측정하고 정책을 집행한 후에 Y_2, M_2를 측정하여 매개효과의 크기를 측정하는 것이다. 이때 그림에서 확인할 수 있듯이 Y_1, M_1은 사전에 동시에 측정한 것이기 때문에 선후의 관계가 있는 것으로 나타내지 않고, 서로 상관관계가 있는 것으로 나타냈음을 유의할 필요가 있다.

[그림 3-11] 매개효과가 있는 사전/사후 통제집단 설계

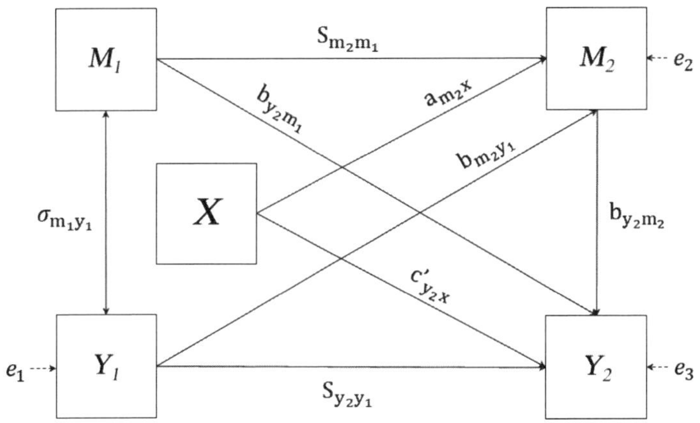

이렇게 실험 설계된 자료를 이용하여 매개효과를 측정하는 방법은 횡단면 분석법, 차이점수법(difference scores method), 잔차화된 변화 점수 방법(residualized change scores method), 그리고 공분산 분석법(Analysis of Covariance, ANCOVA) 등이 있다. 각각의 접근 방식에 따른 매개효과 측정모형은 다음과 같다.

횡단면 분석모형의 매개변수와 종속변수 추정식 그리고 매개효과는 다음과 같이 측정된다. 이 횡단면 분석 모형은 사전의 종속변수와 매개변수 즉 Y_1, M_1을 매개효과 측정에 고려하지 않는다는 특징이 있다.

$$M_2 = i_4 + a_{m_2x}X + e_4$$

$$Y_2 = i_5 + c'_{y_2x}X + b_{y_2m_2}M_2 + e_5$$

$$\text{매개효과} = a_{m_2x} \times b_{y_2m_2}$$

차이점수 모형은 먼저 매개변수와 결과변수의 차이 값을 구한 후 이를 이용하여 이 차이 값을 추정하는 모형을 다음과 같이 설정하며, 매개효과는 다음과 같이 측정한다.

$$\Delta_M = M_2 - M_1$$

$$\Delta_Y = Y_2 - Y_1$$

$$\Delta_M = i_6 + a_\Delta X + e_6$$

$$\Delta_Y = i_7 + c'_\Delta X + b_\Delta \Delta_M + e_7$$

$$\text{매개효과} = a_\Delta \times b_\Delta$$

잔차화된 변화점수 모형은 사후 매개변수를 종속변수로 사전 매개변수를 독립변수로 한 회귀모형을 추정한 후 이를 바탕으로 사후 매개변수의 추정치 $\widehat{M_2}$를 계산한다. 이와 유사하게 사전 결과변수를 이용하여 사후 결과변수를 예측한 후 추정치 $\widehat{Y_2}$를 계산한다. 이 추정치를 이용하여 아래와 같이 잔차 R_M과 R_Y를 구한 후 이 잔차를 추정하는 모형을 이용하여 매개효과를 아래와 같이 계산하는 것이다.

$$R_M = M_2 - \widehat{M_2}$$

$$R_Y = Y_2 - \widehat{Y_2}$$

$$R_M = i_8 + a_R X + e_8$$

$$R_Y = i_9 + c'_R X + b_R R_M + e_9$$

$$\text{매개효과} = a_R \times b_R$$

마지막으로 공분산 분석 모형으로 이 모형은 [그림 3-10]의 경로모형을 이용하여 매개효과를 추정하는 것으로 사전에 측정된 매개변수와 결과변수를 공변량으로 사용하여 다음과 같이 매개효과를 계산한다.

$$M_2 = i_{10} + a_{m_2x}X + S_{m_2m_1}M_1 + b_{m_2y_1}Y_1 + e_{10}$$

$$Y_2 = i_{11} + c'_{y_2x}X + S_{y_2y_1}Y_1 + b_{y_2m_1}M_1 + b_{y_2m_2}M_2 + e_{11}$$

$$\text{매개효과} = a_{m_2x} \times b_{y_2m_2}$$

이 네 개의 모형에서 추정되는 매개효과의 크기는 같은 것일까? 먼저 $X \rightarrow M_2$ 경로계수는 일정한 조건하에서 네 개의 모형이 동일하다. 즉 원인변수 X가 사전에 측정된 매개변수 M_1, Y_1과 상관관계가 전혀 없다면, $X \rightarrow M_2$ 경로계수는 네 개 모형에서 동일하다. 이것은 X가 처리집단과 통제집단으로 관찰단위를 할당할 때 완전 무작위 할당이 되면 두 집단에서 사전에 측정된 M_1, Y_1의 값의 차이가 없게 되는 경우에 해당한다.

하지만 X를 통제한 후에 $M_2 \rightarrow Y_2$의 관계를 추정할 때는 4개의 모형이 상이한 회귀계수를 추정하게 된다.[20] Valente & MacKinnon(2017)의 연구에 따르면 ANCOVA 모형이 1종오류나 검정력의 관점에서 가장 적절한 것으로 나타나고 있다. 이것은 ANCOVA 모형이 다른 모형들에 비해 통제하는 변수들이 많기 때문에 모형에 부가하는 가정들이 상대적으로 적기 때문일 수 있다.[21]

ANCOVA 모형을 이용한 2기 매개효과 모형의 추정을 PROC CALIS 모형을 이용하여 어렵지 않게 추정을 할 수 있기 때문에 이를 활용하면 된다. 참고로 MacKinnon은 CALIS 프로시저를 사용하면서 PATH 명령문 대신 LINEQS 명령문을 사용한 예제를 제시하고 있기 때문에 이를 활용해도 된다.[22]

2) 자기상관 매개효과 모형

자기상관 매개효과 모형(autoregressive mediation model)은 종단면 분석에서 전기의 자료와 다음 기 자료 사이에 상관관계가 있는 것을 모형화하여 일반화한 것이다. 여기서 자기상관은 각 변수는 해당 변수의 이전 기의 값에 의해 예측될 수 있다는 가정을 말한다. 예를 들면 1기의 원인변수가 2기의 원인변수에 영향을 준다는 것, 즉, $X_1 \rightarrow X_2$의 관계를

---

20 이 차이의 크기에 대해서는 Valente, M. J. & MacKinnon, D. P. (2017). "Comparing models of change to estimate the mediated effect in the pretest-posttest control group design." *Structural equation modeling: a multidisciplinary journal* 24(3): 428-450을 참고하라.

21 이 가정으로는 안정성(stability), 균형성(equilibrium), 정상성(stationarity) 등이 있다. 안정성은 변수의 평균값이 시점과 관계없이 일정하다는 조건을, 균형성은 변수들의 공분산이나 분산 구조가 시점과 관계없이 일정하다는 조건을, 정상성이란 변수 간의 관계의 크기가 시점 간에 변화하지 않는다는 가정을 의미한다. 이에 대한 논의는 MacKinnon(2008: 206-207)을 참고하라.

22 이 프로그램 코드는 Valente, M. J. & MacKinnon, D. P. (2017). "SAS® Macros for Computing the Mediated Effect in the Pretest-Posttest Control Group Design." *SAS global forum* 2017: 1005에서 제시하는 supplementary document를 참고하라. 한편 결측치가 자료에 존재하는 경우에는 CALIS 프로시저에서 METHOD=FIML 옵션을 사용하는 것이 바람직하다.

가정하는 것이다.

자기상관을 가정한 매개효과를 모형화하는 방법은 한 가지가 있는 것이 아니라 어떤 가정을 부여하는지에 따라 달라질 수 있다. 따라서 어떤 가정을 사용해서 여러 기에 걸쳐 수집된 종단면 자료에 대해 매개효과 모형이 설정되었는지를 설명할 필요가 있다. 이를 위해 MacKinnon(2008)과 Cole & Maxwell(2003)이 제시한 접근 방법을 이용하여 자기상관 매개효과가 존재하는 모형의 추정방법을 살펴보도록 한다.[23]

자기상관 모형의 다양한 모형화 방식을 살펴보기 위해 MacKinnon(2008: 202-205)에서 제시한 3가지 유형의 자기상관 모형을 살펴보도록 하자. 첫 번째 모형은 [그림 3-12]와 같은 인과경로도를 가정한다. 이 인과경로도에는 몇 가지 가정이 존재한다.

첫째, 시점 간의 인과관계의 시차는 1기 시차만을 가정하였다. 여러 기의 자료가 있을 때 t기의 변수가 $t+2$기의 변수에 영향을 미칠 수 있지만, 이를 모형에 반영하지 않은 것이다. 이는 자기상관의 차수를 1차에 한정하였다고 할 수 있다.

둘째, 안정성(stability) 가정으로 동일 변수에 대해 전기의 변수가 현재의 변수에 미치는 영향의 크기는 안정적인 것으로 가정한다. 즉 $X_1 \rightarrow X_2$나 $X_2 \rightarrow X_3$의 경로계수는 모두 s_1으로 동일하다고 가정한 것이다. 이는 매개변수 M이나 결과변수 Y에도 모두 동일하게 가정되고 있다.

[그림 3-12] 자기상관 매개효과 모형(유형 I)

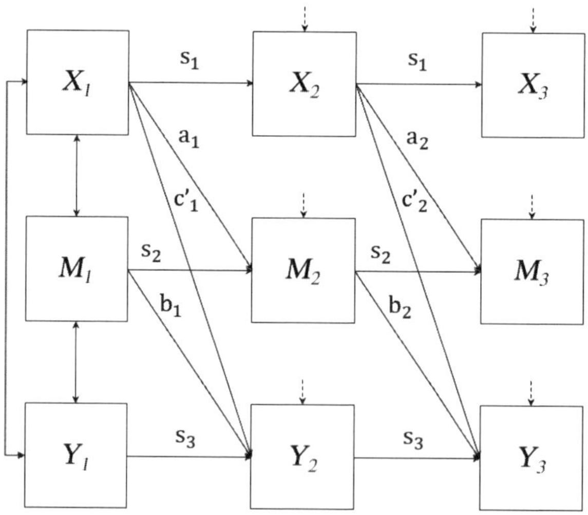

23 Cole, D. A. & Maxwell, S. E. (2003). "Testing Mediational Models With Longitudinal Data: Questions and Tips in the Use of Structural Equation Modeling." *Journal of Abnormal Psychology*, 112(4): 558-577.

셋째, 변수 간의 공분산이 존재한다고 가정하고 있으며 1기에 X_1, M_1, Y_1 간의 공분산 구조는 2기 및 3기에서도 동일하다고 가정하고 있다.[24] 이 가정은 동일 기의 자료에서는 원인변수, 매개변수, 결과변수 간의 인과관계를 알 수 없다는 가정과 동일하다.

앞 모형에서 경로들 간의 관계를 나타내는 경로 방정식을 나타내보면 다음과 같다. 이 경로 방정식에서 s는 동일 변수끼리 시점 간의 안정성 가정하에서 제시된 회귀계수이며, a는 원인변수에서 매개변수로의 경로에 대한 회귀계수이고, b는 매개변수에서 결과변수로의 경로계수를 의미한다. 그리고 c'은 원인변수에서 결과변수로의 직접효과를 나타내는 경로계수이다.

$$X_2 = s_1 X_1$$
$$X_3 = s_1 X_2$$
$$M_2 = a_1 X_1 + s_2 M_1$$
$$M_3 = a_2 X_2 + s_2 M_2$$
$$Y_2 = b_1 M_1 + c'_1 X_1 + s_3 Y_1$$
$$Y_3 = b_2 M_2 + c'_2 X_2 + s_3 Y_2$$

이러한 경로방정식을 추정하게 되면 여러 개의 가능한 매개효과가 존재할 수 있다. $a_1 b_1$은 1기 자기상관 매개효과, $a_2 b_2$는 2기 자기상관 매개효과, $a_1 b_2$는 시점 간의 차이를 반영한 종단면 매개효과 값이 된다. 이러한 형태의 자기상관 매개효과 모형을 추정하기 위해서 시뮬레이션 자료를 이용하여 추정하는 예제를 살펴보도록 한다.

[표 3-28] **자기상관 매개효과 모형 I**

```
DATA SIM;
  S1=0.1;S2=0.2;S3=0.3;
  A1=1.0; A2=2; B1=3;B2=4;
  CP1=5; CP2=6;
  CALL STREAMINIT(1245);
  DO I=1 TO 500;
    X1=RAND('NORMAL'); M1=RAND('NORMAL');Y1=RAND('NORMAL');
    X2=S1*X1+RAND('NORMAL');
        X3=S1*X2*RAND('NORMAL');
```

24 그림에서는 복잡하기 때문에 2기 및 3기의 공분산이 존재한다는 것을 나타내지는 않고 있다.

```
   M2=A1*X1+S1*M1+RAND('NORMAL');
        M3=A2*X2+S2*M2+RAND('NORMAL');
   Y2=B1*M1+CP1*X1+S3*Y1+RAND('NORMAL');
        Y3=B2*M2+CP2*X2+S3*Y2+RAND('NORMAL');
        OUTPUT;
   END;
RUN;
PROC CALIS DATA=SIM MODIFY;
  PATH X1 ->X2 =s1, X2->X3 =s1,
       X1 M1->M2 = a1 s2,  X2 M2->M3 =a2 S2,
        M1 X1 Y1 ->Y2 = b1 cp1 s3, M2 X2 Y2 ->Y3 = b2 cp2 s3
        ;
       PCOV
          X2 M2 Y2 =phil1-phil3,
                          X3 M3 Y3 =phil1-phil3,
                          X1 M1 Y1 =phil1-phil3
                        ;
   EFFPART X1->Y3;
        PATHDIAGRAM DIAGRAM=[INITIAL UNSTANDARD] DECP=2
           FITINDEX=[CHISQ PROBCHI CFI] NOCOV ARRANGE=FLOW;
RUN;
```

[표 3-28]의 프로그램을 실행하면 어렵지 않게 경로계수들을 구할 수 있다. CALIS 프로시정에서 PATH 명령문을 이용하는 경우에는 경로계수의 이름을 지정할 수 있기 때문에 경로계수 이름은 [그림 3-13]의 왼쪽과 같이 지정을 하였다. [그림 3-13]의 오른쪽 그림에는 추정된 회귀계수가 지정되고 있다. 이 회귀계수 값을 살펴보면 원래 추정하고자 하는

[그림 3-13] 자기상관 모형과 추정된 결과(유형 I)

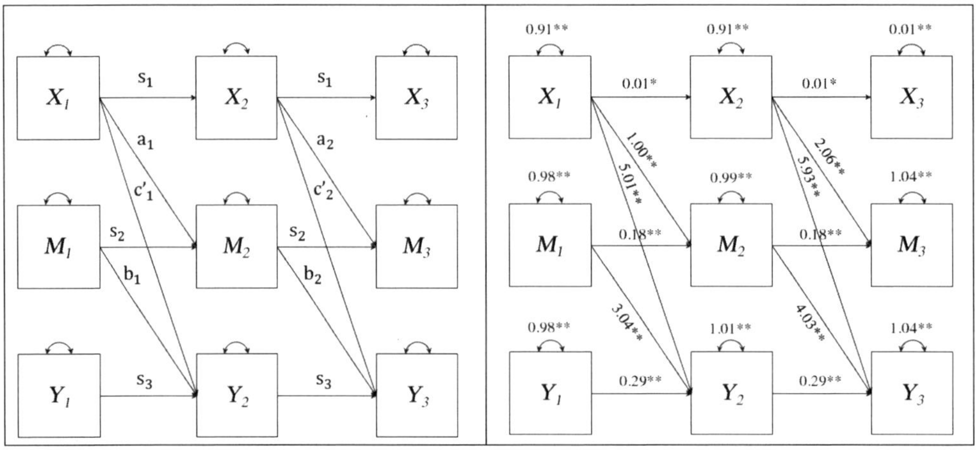

회귀계수가 잘 추정되고 있음을 알 수 있다.

한편 또 다른 형태의 자기상관 모형을 설정할 수 있는데 이를 나타내보면 [그림 3-14]와 같다. 이 모형을 자기상관 모형 II라고 부른다면 앞의 자기상관 모형 I과 차이가 나는 것은 각 기에서 $X \to M \to Y$의 경로가 존재하는 것을 반영했다는 것이다. 즉 해당 기의 원인변수가 해당 기의 매개변수를 거쳐 해당 기의 결과변수에 영향을 미치는 가능성도 모형에 반영한 것이다. 이것을 동기 매개효과(contemporaneous mediated effect)라고 한다.

[그림 3-14] 자기상관 모형(유형 II)

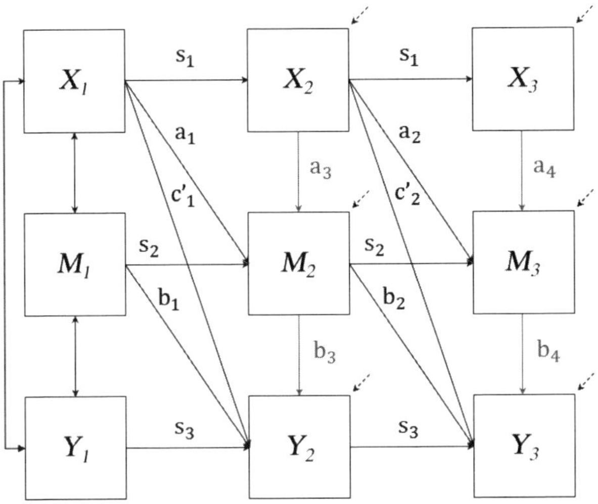

[그림 3-14]의 경로모형을 추정하기 위한 회귀식은 다음과 같이 나타낼 수 있다.

$$X_2 = s_1 X_1$$

$$X_3 = s_1 X_2$$

$$M_2 = a_1 X_1 + s_2 M_1 + a_3 X_2$$

$$M_3 = a_2 X_2 + s_2 M_2 + a_4 X_3$$

$$Y_2 = b_1 M_1 + c'_1 X_1 + s_3 Y_1 + b_3 M_2$$

$$Y_3 = b_2 M_2 + c'_2 X_2 + s_3 Y_2 + b_4 M_3$$

위 식에 따르면 2기의 동기 매개효과는 $\widehat{a_3}\widehat{b_3}$로 3기의 동기 매개효과는 $\widehat{a_4}\widehat{b_4}$로 측정할 수 있다. 그리고 1,2기 자기상관 매개효과(longitudinal autoregressive mediated effect)는 각각 $\widehat{a_1}\widehat{b_1}$, $\widehat{a_2}\widehat{b_2}$ 이며, 종단면 매개효과(longitudinal mediated effect)는 $\widehat{a_1}\widehat{b_3}$, $\widehat{a_2}\widehat{b_4}$이다.

[표 3-29] 자기상관 모형 II 프로그램 코드 예시

```
PROC CALIS DATA=SIM;
   PATH X1 ->X2 =s1, X2->X3 =s1,
        X1 M1 X2->M2 = a1 s2 a3,  X2 M2 X3->M3 =a2 s2 a4,
         M1 X1 Y1 M2->Y2 = b1 cp1 s3 b3, M2 X2 Y2 M3->Y3 = b2 cp2 s3 b4
         ;
        PCOV
           X2 M2 Y2 =phi1-phi3,X3 M3 Y3 =phi1-phi3,
                     X1 M1 Y1 =phi1-phi3;
       EFFPART X1->Y2;
        PATHDIAGRAM DIAGRAM=[INITIAL UNSTANDARD] DECP=2
           FITINDEX=[CHISQ PROBCHI CFI] NOCOV ARRANGE=FLOW;
RUN;
```

이를 추정하기 위해서 [표 3-29]와 같이 CALIS 프로시저를 사용할 수 있다.

만일 X_1이 Y_2에 미치는 효과를 분해해보면 [표 3-30]과 같은 결과를 얻을 수 있다. 여기서 총효과는 5.0128이 되고 직접효과가 4.9135, 간접효과가 0.0993이 되어서 간접효과가 크지는 않음을 알 수 있다. [그림 3-15]의 경로모형을 살펴보면 $X_1 \rightarrow M_2$를 거쳐 Y_2에 영향을 주는 간접경로의 회귀계수가 크지 않음을 알 수 있다. 하지만 만일 $X_1 \rightarrow Y_1$의 경로가 논리적으로 타당하면 이 경로를 통해 Y_2에 영향을 미치는 간접효과의 크기는 증가할 수 있다. 하지만 자료생성과정을 보면 X_1과 Y_1이 서로 독립인 것을 가정하였기 때문에 $X_1 \rightarrow Y_1$ 경로는 통계적으로 유의미하지 않고 $X_1 \rightarrow Y_1$ 경로가 포함되어도 간접효과는 0.0993에서 0.1017로 거의 증가하지 않음을 확인할 수 있다.

[표 3-30] X_1이 Y_2에 미치는 총효과, 간접효과, 직접효과(유형 II)

Effects of X1			
Effect / Std Error / t-Value / p-Value			
	Total	Direct	Indirect
Y2	5.0128 0.0471 106.4798 <.0001	4.9135 0.0792 62.0087 <.0001	0.0993 0.0638 1.5564 0.1196

[그림 3-15] 추정된 경로모형도(유형 II)

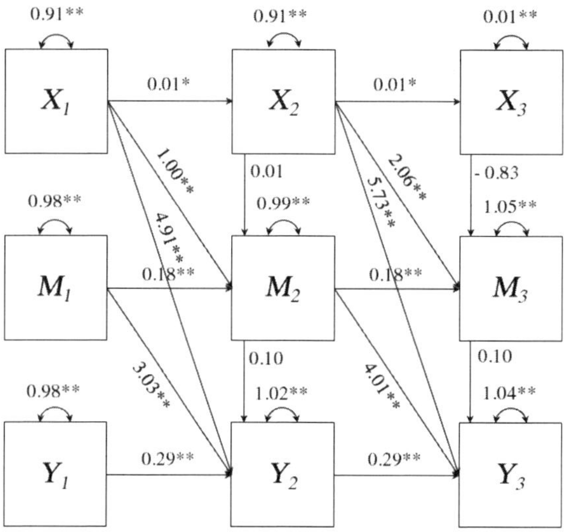

마지막으로 변수 간의 교차-시차 관계(cross-lagged relation)를 반영한 자기상관 모형 III이다. 이 모형에서는 $M_1 \rightarrow X_2$나 $Y_2 \rightarrow X_3$와 같은 관계를 [그림 3-16]과 같이 반영한 것이다. 이 관계는 원인변수가 매개변수에 선행한다는 가정을 위반한 것이지만 교차-시차 관계가 존재하는지 여부를 판단하는 데 사용할 수 있다. 이러한 교차-시차의 관계가 시점 간 일정하다고 가정을 한 후 [그림 3-16]의 경로모형도가 제시되고 있다.

[그림 3-16] 자기상관 모형(유형 III)

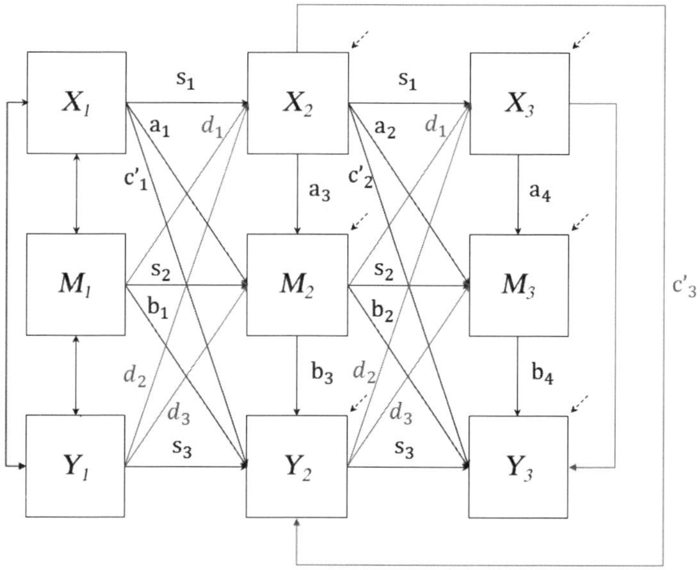

$$X_2 = s_1 X_1 + d_1 M_1 + d_2 Y_1$$
$$X_3 = s_1 X_2 + d_1 M_2 + d_2 Y_2$$
$$M_2 = a_1 X_1 + s_2 M_1 + a_3 X_2 + d_3 Y_1$$
$$M_3 = a_2 X_2 + s_2 M_2 + a_4 X_3 + d_3 Y_2$$
$$Y_2 = b_1 M_1 + b_3 M_{2+} c'_1 X_1 + c'_3 X_2 + s_3 Y_1$$
$$Y_3 = b_2 M_2 + b_4 M_3 + c'_2 X_2 + c'_4 X_3 + s_3 Y_2$$

자기상관 모형 III을 추정하는 프로그램 코드는 독자들이 앞의 자기상관 모형 II를 수정을 하면 어렵지 않게 얻을 수 있다.

3) 잠재성장모형

자기상관 매개효과 모형의 경우 시점 간 변화에 있어서 개인 간의 차이를 제대로 반영하지 못한다는 비판과 측정도구가 시점 간에 바뀐다는 점을 반영하지 못하는 한계가 있다는 비판이 제기되어왔다. 사전/사후 비교 모형의 경우에도 개인별로 사전/사후의 변화 정도가 다르다는 것을 무시한 채 단순히 평균만을 비교하는 것은 한계가 있다. [그림 3-17]처럼 개인의 우울감이 4개 시점에서 측정되었을 때 이 우울감의 수준은 개인에 따라 변하는 추세가 다를 수 있다. 어떤 개인은 증가하는 추세를 어떤 개인은 감소하는 추세를 보일 수 있고, 시점마다 변동의 방향이 바뀌는 개인도 존재할 수 있다. 그럼에도 불구하고 각 시점의 평균을 가지고 추세를 살펴보면 이러한 개인의 변동을 제대로 확인하기 힘들다. 예를 들어 그림의 점선은 평균의 추세인데 이 추세는 우울증이 시점에 따라 큰 변화가

[그림 3-17] 시점에 따른 개인의 변화 추세 예제

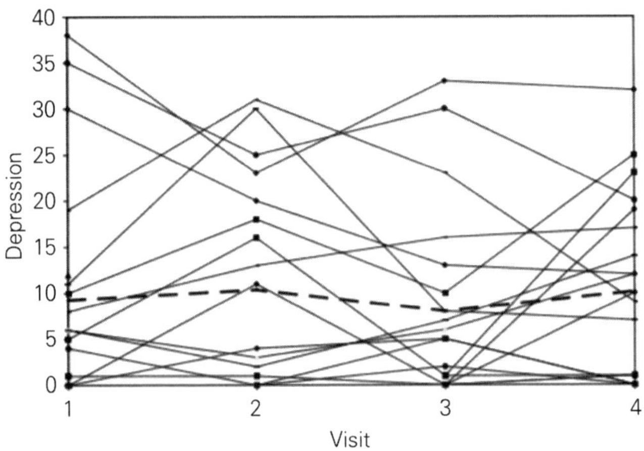

출처: Stull(2008: 47-59)

없는 것처럼 나타나고 있다.[25] 분산분석이나 전통적인 회귀분석은 그룹 평균의 추세에 관심을 기울이기 때문에 개인의 변동을 고려하지 못하는 한계가 있는 것이다.

이러한 문제를 극복하기 위해서 제시된 것이 잠재성장모형(latent growth model)이다.[26] 잠재성장모형은 선형모형의 절편(intercept)과 기울기(slope)를 잠재변수로 간주한 후 추정을 하여 종단면적 변화를 분석하는 방법론이다(Kline, 2010; Preacher, Wichman, MacCallum & Briggs, 2008). 절편과 기울기를 잠재변수로 간주한다는 것은 이 잠재변수가 매 시점에 관찰된 종속변수에 영향을 준다는 의미로 마치 요인분석(factor analysis)에서 요인이 관찰변수에 영향을 주는 관계를 모형화한 것과 유사하다. 이를 일반 모형식으로 나타내면 다음과 같다.

$$\boldsymbol{y} = \boldsymbol{\Lambda}\eta + \boldsymbol{\epsilon}$$

(단, $\boldsymbol{y}$는 시점별 자료행렬, $\boldsymbol{\Lambda}$는 요인적재량, $\boldsymbol{\eta}$는 요인으로 구성된 벡터, $\boldsymbol{\epsilon}$는 오차항)

잠재성장모형에서 요인벡터 $\boldsymbol{\eta}$은 절편과 기울기이다. 이 모형에서 절편(intercept)은 개인들의 시작 단계의 y값을 나타내며 기울기는 성장의 궤적(growth trajectory)을 나타낸다.

[그림 3-18] 변수 간의 관계 모형

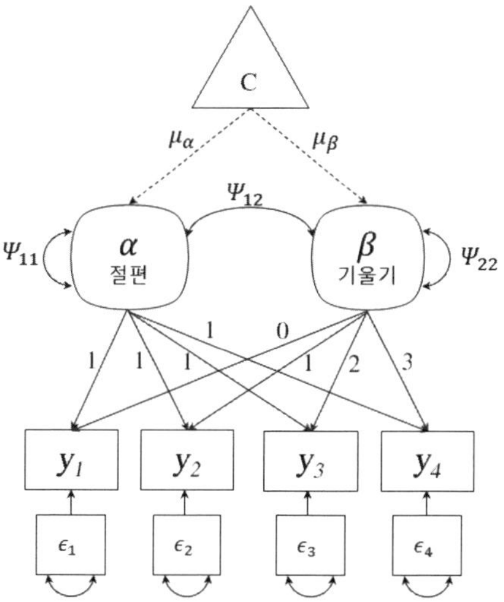

25 이 예제는 Stull, D. E. (2008). Analyzing growth and change: latent variable growth curve, *Qual Life Res*, 17: 47-59를 참고하였다.

26 MacKinnon(2008: 220) 혹은 Singer, J. D. & Willett, J. B. (2003). *Applied longitudinal data analysis: Modeling change and event occurrence*. Oxford University Press를 참고하라. SAS의 CALIS 프로시저 매뉴얼은 Example 25.22 Fitting a Latent Curvel Model을 참고하라.

한편 요인분석에서는 $\boldsymbol{\Lambda}$값이 자료를 통해 추정되지만 잠재성장모형에서는 고정된 값을 가정한다. [그림 3-18]에서 기울기에 해당하는 잠재변수 β에 대한 요인적재량(factor loading) 값은 y_1, y_2, y_3, y_4, y_5에 대해 각각 0, 1, 2, 3, 4의 값을 갖는 것으로 가정한다.

반면 절편의 요인적재량은 모두 1로 동일하게 가정한다. 이를 반영하여 다섯 시점에 측정한 자료가 있을 때 [그림 3-18]의 관계는 아래와 같은 식으로 나타낼 수 있다.

$$\begin{pmatrix} \boldsymbol{y_1} \\ \boldsymbol{y_2} \\ \boldsymbol{y_3} \\ \boldsymbol{y_4} \\ \boldsymbol{y_5} \end{pmatrix} = \begin{pmatrix} 1 & 0 \\ 1 & 1 \\ 1 & 2 \\ 1 & 3 \\ 1 & 4 \end{pmatrix} \times \begin{pmatrix} \alpha \\ \beta \end{pmatrix} + \begin{pmatrix} \epsilon_1 \\ \epsilon_2 \\ \epsilon_3 \\ \epsilon_4 \\ \epsilon_5 \end{pmatrix}$$

위 식은 아래와 같이 나타낼 수 있는데 α는 첫 시점에서의 평균값을 의미함을 알 수 있다. 우리가 α를 추정하면서 α의 분산값도 추정할 수 있는데 이것은 첫 시점에서 평균적으로 y값이 α값을 갖지만 이 값을 중심으로 개인들의 첫 시점의 값의 추정된 분산값의 크기에 따라 퍼져 있다는 것을 의미한다. 만일 α가 10인데 이 추정량의 표준편차가 200 정도가 된다면 초기 시점에서 y값의 개인별 차이가 매우 크다는 것을 의미한다.

$$\begin{aligned} \boldsymbol{y_1} &= \boldsymbol{\alpha} + \boldsymbol{\epsilon} \\ \boldsymbol{y_2} &= \boldsymbol{\alpha} + \boldsymbol{\beta} + \boldsymbol{\epsilon} \\ \boldsymbol{y_3} &= \boldsymbol{\alpha} + \boldsymbol{2\beta} + \boldsymbol{\epsilon} \\ &\vdots \\ \boldsymbol{y_5} &= \boldsymbol{\alpha} + \boldsymbol{4\beta} + \boldsymbol{\epsilon} \end{aligned}$$

그리고 β는 시점이 추가적으로 한 단위 증가함에 따라 y값이 변하는 정도의 그룹 평균 크기를 의미한다. β의 분산을 추정하면 개인의 성장곡선의 기울기는 β값의 크기를 중심으로 얼마나 다르게 분포하는지를 알 수 있다. 아래 선형식을 보면 시점 한 단위 변화에 따라서 y의 변화는 어느 시점에서든지 동일하다는 선형 추세를 가정하고 있다. β의 요인적재량을 임의로 0, 1, 2, 3, 4로 정했는데 이것은 동일한 간격을 가지고 측정되었다는 것을 가정한 것이다.[27]

한편, α, β 간의 상관관계를 추정할 수 있다. 기울기와 절편의 상관관계가 양이라는 것은 초기에 높은 y값을 가진 개인일수록 변화의 기울기가 더 가파름을 의미한다.

27 만일 측정을 최초, 3개월, 9개월, 12개월 방식으로 측정했다면 요인적재량은 0, 1, 3, 4와 같이 나타낼 수 있다.

한편 잠재성장 모형에서는 개인의 성장 궤적(individual growth trajectories)이 평균성장 궤적을 중심으로 무작위로 변화한다는 가정을 하고 있다. 이를 바탕으로 개인 간의 차이가 시간에 따라 어떻게 변화하는지를 분석할 수 있을 뿐 아니라 시간 변화 및 시간 불변(time-invariant) 공변량을 모형에 반영하여 분석할 수 있다는 장점이 있다.[28]

잠재성장모형은 다수준 분석(multi-level analysis)과 유사한 점이 많다. 다수준 분석에서도 개인별 절편과 기울기가 다를 수 있다는 점을 반영하여 분석을 가능하게 한다. 하지만 다수준 분석은 잠재성장모형과 달리 변수의 측정오차를 반영하지 못하기 때문에 측정오차로 변수의 분산이 크게 되면 추정된 계수가 과소추정되거나(attenuation bias), 체계적인 측정오차가 존재하면 편의추정문제가 발생할 수 있다. 또한 다수준 분석은 절편과 기울기 간의 상관관계가 존재하는 경우 이를 모형에 반영하여 계수를 추정할 수 있는 방법이 없다는 한계가 있다(Stull, 2008).

잠재성장모형은 다른 구조방정식 방법처럼 안정적인 결과를 얻기 위해서는 표본의 크기가 상당히 커야 한다. 표본의 크기가 얼마나 되어야 할지에 대해서는 다양한 의견들이 제시되지만(Stull, 2008: 49-50) 대체적으로 변수의 수보다 10배에서 20배 정도는 많아야 하며, 정규분포 가정을 만족시키지 않는 경우에는 표본의 크기가 최소 500에서 1000 정도는 되어야 한다는 견해도 존재한다. 잠재성장모형은 추정해야 하는 모수가 많을 뿐 아니라 최우추정법을 사용하여 계수를 추정하기 때문에 표본의 크기가 상당히 커야 한다는 조건을 만족시켜야 한다.

잠재성장모형은 CALIS 프로시저에서 LINEQS 모델링을 이용한 사례들이 일반적으로 널리 사용되지만 이 책에서는 PATH 모델링을 이용하여 분석하는 방법을 제시하고자 한다. 자료는 SAS의 CALIS 프로시저의 예제로 사용된 것으로 자기확신 증진 프로그램(self-confidence bossting program)에 참여한 사람들의 5년간 자기확신 변화를 측정한 것이다.[29] 이 자료에서는 y_1은 프로그램 시작 전의 자기확신 수준을 y_2, y_3, y_4, y_5는 각각 1년차부터 4년차의 자기확신 수준을 측정한 것이다. 측정은 동일한 측정도구를 사용했기 때문에 변수를 표준화하지 않고 원자료를 사용하였다.

자료의 크기가 충분히 크다면 시간이 변함에 따라 자기 확신 수준이 변하는 정도가 개인

28 Ding, C. G. & Jane, T. (2012). Using SAS PROC CALIS to fit Level-1 error covariance structures of latent growth models. *Behavior Research Methods* 44: 765-787(https://doi.org/10.3758/s13428-011-0171-z).

29 자료는 CALIS 프로시저 매뉴얼에서 제시한 것으로 다음 사이트에서 확인할 수 있다. https://documentation.sas.com/?docsetId=statug&docsetTarget=statug_calis_examples61.htm%3Flocale&docsetVersion=14.2&locale=ko

별로 다르다는 것을 다음과 같이 모형화할 수 있다. 개인 i의 절편을 α_i, 기울기를 β_i라고 한다면 개인별 고정효과 잠재성장 모형(fixed effect latent growth model)은 다음과 같이 나타낼 수 있다.

$$Y_{it} = \alpha_i + \beta_i T_t + \epsilon_t$$

이렇게 개인별 고정효과 잠재성장 모형을 추정하게 되면 절편과 기울기를 모두 개인별로 추정을 해야 되기 때문에 추정해야 되는 모수가 너무 많아지게 된다. 이 경우 추정이 불가능해지는 문제가 발생할 수 있다. 따라서 고정효과 모형 대신에 무작위 효과 모형(random effect model)을 사용하는 것이 바람직할 수 있다. 무작위 효과 모형에서는 개인별로 절편과 기울기를 추정하지 않고 모집단 전체의 절편과 기울기를 측정하되 이 기울기와 절편의 분포와 관련된 모수를 추정하면 된다. 즉 절편과 기울기가 정규분포를 따르게 된다면 절편과 기울기의 분산 및 이 둘 간의 공분산을 추정하면 되는 것이다. 무작위 효과 모형식은 다음과 같이 제시할 수 있다.

$$Y_i = \alpha + \beta T_t + \epsilon_t$$

(단, α, β는 이변량 정규분포를 따르는 확률변수)

CALIS 프로시저의 PATH 모형에서 위 무작위 효과 모형을 추정 코드는 [표 3-31]과 같다. 이 코드에서 NOSTAND라는 옵션을 사용한 것은 각 시점별로 측정된 자료가 모두 동일한 척도로 측정되었기 때문에 굳이 표준화된 변수를 이용한 추정이 필요 없었기 때문이다. 한편 FITINDEX 명령문은 모형 적합도 지표들을 모두 출력하지 않고 간결성 지표들만 출력하도록 한 것이다.

[표 3-31] 무작위효과 잠재성장모형

```
FILENAME GROWTH URL
"https://docs.google.com/spreadsheets/d/e/2PACX-1vTGm1QDMurvGfacES1
efMRGQrJpKQhSmmKFG1NO6ivpKQMrg_3uO0nUsGRHQRhxkhLqT6CsZINO5uIT/pub?o
utput=csv" DEBUG;
PROC IMPORT DATAFILE=GROWTH OUT=GROWTH DBMS=CSV REPLACE;
RUN;
```

```
PROC CALIS DATA=GROWTH NOSTAND;
 PATH
    ALPHA-> Y1 = 1,
         ALPHA BETA->Y2 =1 1,
         ALPHA BETA->Y3 =1 2,
         ALPHA BETA->Y4 =1 3,
         ALPHA BETA->Y5 =1 4,
         ALPHA->BETA;
         PVAR
     ALPHA BETA, Y1-Y5 =5*EVAR;
  PCOV
     ALPHA BETA;
  MEAN ALPHA BETA, Y1-Y5=5*0;
  FITINDEX ON(ONLY)=[PARSIMONY];
PATHDIAGRAM;
RUN;
```

간결성 지표 측면에서 모형적합도를 살펴보면 다음과 같다. GFI 값은 0.8775로 일반적으로 추천되는 0.95에 못미치고, RMSEA 값도 0.3074로 기준값이 0.2보다 큰 것으로 나타나서 모형적합도가 좋다고 판단하기는 어렵다.

[표 3-32] 모형적합도

Fit Summary	
Adjusted GFI(AGFI)	0.8775
Parsimonious GFI	1.1965
RMSEA Estimate	0.3074
RMSEA Lower 90% Confidence Limit	0.1710
RMSEA Upper 90% Confidence Limit	0.4463
Probability of Close Fit	0.0042
Akaike Information Criterion	45.4310
Bozdogan CAIC	57.8391
Schwarz Bayesian Criterion	50.8391
McDonald Centrality	0.5622

무작위 효과 잠재성장 모형의 절편과 기울기의 분산 및 각 측정변수의 오차항의 분산은 [표 3-33]과 같이 나타나고 있다. α의 분산값이 13.891로 나타나고 있다. 이것은 개인별 절편의 크기의 분산을 의미하는데 이 분산값이 큰지 여부는 분산값 자체만으로 가지고 판단하기 어렵다. α의 추정치를 살펴보면 [표 3-34]에서와 같이 14.159로 나타나고 있다. 이 추정치 14.159를 중심으로 개인별 절편의 분산이 13.891이라는 것을 의미한다. 변동계수 값을 구하면 3.799($14.159/\sqrt{13.891}$)으로 아주 큰 값은 아님을 알 수 있다. 한편 기울기의 분산은 0.801이며, 기울기의 추정치는 4.23임을 알 수 있어 기울기의 차이는 크지 않음을 알 수 있다.

분산 추정량에서 $y_1, y_2, \cdots, y_5$의 오차항의 분산 추정량이 모두 0.322로 동일한 것으로 나타나고 있다. 이렇게 동일한 값이 나타난 것은 PVAR 명령문에서 $y_1, y_2, \cdots, y_5$이 모두 동일한 오차분산을 갖는다고 가정을 했기 때문이다. 이러한 제약을 가하면 모형 적합도가 낮아질 수 있기 때문에 모형의 민감도 분석을 위해서는 이를 자유모수(free parameter)로 추정하는 것이 좋을 수 있다.

[표 3-33] **분산 추정량**

Variance Parameters						
Variance Type	Variable	Parameter	Estimate	Standard Error	t-Value	Pr > |t|
Exogenous	alpha	_Parm2	13.89140	5.81540	2.3887	0.0169
Error	beta	_Parm3	0.80058	0.40912	1.9569	0.0504
	y1	evar	3.32185	0.70031	4.7434	<.0001
	y2	evar	3.32185	0.70031	4.7434	<.0001
	y3	evar	3.32185	0.70031	4.7434	<.0001
	y4	evar	3.32185	0.70031	4.7434	<.0001
	y5	evar	3.32185	0.70031	4.7434	<.0001

추정된 기울기값 $\hat{\beta}$값은 4.232로 나타나고 있다. 이것은 평균적으로 매년 4.232만큼 자기확신 수준이 증가를 해왔음을 의미하기 때문에 자기확신 프로그램이 긍정적 효과가 있음을 보여준다.

[표 3-34] 절편과 기울기 추정치

Means and Intercepts						
Type	Variable	Parameter	Estimate	Standard Error	t-Value	Pr > |t|
	alpha	_Parm5	14.15875	1.02906	13.7589	<.0001
	beta	_Parm6	4.23230	0.57326	7.3828	<.0001

한편 절편과 기울기의 공분산은 [표 3-35]와 같이 −0.172로 나타나고 있다. 공분산의 p-Value값이 유의미하지 않지만 유의미하였다면 초기에 절편 값이 큰, 즉 자기 확신이 큰 사람일수록 훈련 프로그램이 진행됨에 따라 자기 확신이 증가하는 프로그램 효과의 크기 즉 기울기 값은 작음을 알 수 있다. 이것은 교육 프로그램 효과가 자기 확신이 원래 큰 사람에게는 시간이 변함에 따라 자기확신이 변화하는 정도가 크지 않음을 의미한다.

[표 3-35] 기울기와 절편의 공분산

Covariances Between Variables and Errors						
Variable	Error of	Parameter	Estimate	Standard Error	t-Value	Pr > |t|
alpha	beta	_Parm4	−0.17210	0.58440	−0.2945	0.7684

만일 $y_1, y_2, \cdots, y_5$의 오차분산을 자유모수로 추정을 한다면 결과가 어떻게 달라질까? 이를 살펴보기 위해서 앞의 **PVAR** 명령문에서 $y_1 - y_5 = 5^*evar$ 부분을 제거한 아래 식을 실행시키면 분석 결과가 달라지는 것을 알 수 있다. 모수의 제약을 제거하는 것은 추정의 정확성을 높이기는 하지만 지나치게 많은 모수를 추정하게 되면 과대 적합의 문제가 발생하기 때문에 이를 고려하여 연구자가 적절한 제약을 가하는 것이 필요하다.

[표 3-36] 오차 분산을 자유모수로 추정한 잠재성장모형

```
PROC CALIS DATA=GROWTH NOSTAND;
 PATH
    ALPHA-> Y1 = 1,
         ALPHA BETA->Y2 =1 1,
         ALPHA BETA->Y3 =1 2,
         ALPHA BETA->Y4 =1 3,
```

```
        ALPHA BETA->Y5 =1 4,
        ALPHA->BETA;
        PVAR
    ALPHA BETA;
  PCOV
    ALPHA BETA;
  MEAN ALPHA BETA, Y1-Y5=5*0;
  FITINDEX ON(ONLY)=[PARSIMONY];
PATHDIAGRAM;
RUN;
```

4) 다수준 매개효과 모형

앞에서 다른 잠재성장모형은 사실 다수준 모형(multilevel model)의 일종이다. 즉 시간이라는 1 수준과 개인이라는 2 수준에서 관찰값이 측정된 것이다.[30] 다수준 매개효과모형(multilevel mediation model)은 군집(clustering) 혹은 계층(hierarchy)이 존재하는 모집단에서 자료를 수집한 경우 이를 분석하기 위해 사용하는 모형이다. 예를 들어 개인이 학교, 병원, 회사, 지역, 국가 등의 한 부분인 경우 그룹 내의 개인들은 상당히 유사할 수 있으며 그룹 내의 다른 개인과 독립적이라고 가정하기는 어렵다.

그룹 내 개인 간의 유사성을 측정하기 위해 사용하는 지표가 그룹 내 상관계수(intraclass correlation, ICC)이다. 이 ICC는 다음과 같이 정의된다.

$$ICC = \frac{MS_R - MS_W}{MS_R + (k-1)MS_W}$$

MS_R = mean square of rows

MS_W = mean square of residual sources of variance

[그림 3-19]의 왼쪽의 경우에는 동일한 그룹 내에서도 개인 간의 차이가 상당히 나기 때문에 ICC 값이 작고 오른쪽의 경우에는 그룹 내의 개인 간의 차이가 작아서 ICC가 높은 것으로 나타나고 있다.

---

30 Ding, C. G. & Jane, T. (2012). "Using SAS PROC CALIS to fit Level-1 error covariance structures of latent growth models." *Behavior Research Methods*, 44(3): 765-787.

[그림 3-19] ICC를 이용한 그룹 내의 유사성과 그룹 간 차이

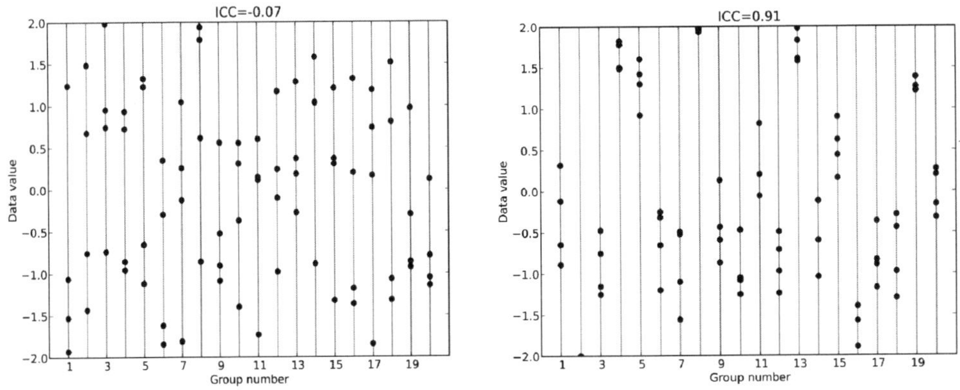

ICC 값은 공변량을 모형에 포함시키는 경우 상당히 변화하는 경우가 많기 때문에 주의해야 한다. 만일 ICC 값이 상당히 큰 경우라면 자료를 상위 수준의 그룹으로 통합하는(aggregate) 방법을 고려할 수 있다. 예를 들어 개인-학교 수준의 관계라면 개인의 학교별 평균을 구하여 학교를 분석 단위로 하는 것이다. 그러나 이 경우에는 개인별 변동이 사라지기 때문에 자료의 변동성이 줄어드는 문제가 발생할 뿐 아니라, 학교를 단위로 하게 되면 자유도가 줄어들어 검정력이 줄어드는 문제도 발생한다. 특히 집단 수준의 관계를 가지고 개인 수준의 관계를 해석하게 되면 생태적 오류(ecological fallacy)가 발생할 위험이 존재하게 된다. 만일 연구문제가 집단 수준의 관계가 아니라 개인수준의 관계와 관련이 있다면 상위 수준으로 자료를 통합하는 접근은 바람직하지 않다고 할 수 있다. 이러한 이유로 다수준 분석의 필요성이 제기되는 것이다.

다수준 매개효과 모형을 추정하는 방식으로 MacKinnon(2008)에서는 MIXED 프로시저를 제시하고 있으나 CALIS 프로시저를 이용해서도 이를 추정할 수 있다.

4. 종속변수가 범주형 변수인 경우의 매개효과 분석

1) 기본모형

종속변수가 질병에 걸릴지 여부나, 특정 정책을 지지할지 여부, 혹은 특정 사건이 발생할지 여부인 경우에는 OLS에 기반한 회귀모형으로 종속변수를 추정할 수 없다.[31] OLS를

31 고길곤. (2018). 범주형 자료분석, 문우사

이용하여 모형을 추정할 경우 종속변수가 0과 1의 값만을 갖기 때문에 종속변수의 추정값이 0과 1을 벗어날 수 있을 뿐 아니라, 오차항이 등분산을 갖는다는 가정도 위배하며, 정규분포를 따른다는 가정도 위배하게 된다. 뿐만 아니라 독립변수 크기에 따라 한 단위 추가적 증가가 사건 발생확률에 미치는 영향이 달라지는 비선형적 관계를 갖는 경우에는 OLS를 적용하기 쉽지 않다(고길곤, 2018; 김수비 · 김수영, 2018). 이러한 이유로 종속변수가 범주형 변수인 경우에는 OLS에 기반한 일반적인 매개효과 분석 모형을 사용해서는 안 된다.

그러나 종속변수가 범주형 변수일지라도 이 범주형 변수와 독립변수의 관계를 선형의 관계로 변형시킬 수 있다. 이러한 변형을 하는 방법은 다양하지만 로짓의 개념을 이용하면 간단한 선형모형으로 나타낼 수 있다. 관심 있는 사건이 발생할 확률을 π라고 한다면 로짓을 다음과 같이 정의할 수 있다.

$$Y^* = \log\left(\frac{\pi}{1-\pi}\right)$$

이 로짓변수를 이용하여 총효과 모형을 나타내면 다음과 같다.

$$Y^* = i_1 + cX$$

여기서 주의해야 하는 것은 이 로짓변수를 이용한 선형식에는 오차항이 포함되어 있지 않은데, 이것은 이 로짓모형이 유도되는 과정에서 평균은 0이고 분산은 $\pi^2/3$을 갖는 표준 로지스틱 모형을 따른다는 가정이 포함되어 있기 때문이다.[32] 따라서 총효과의 크기에 해당하는 c의 값을 유도할 때 $\pi^2/3$이라는 고정된 분산 가정이 포함된 것이다.

한편 직접효과와 간접효과를 구하는 모형은 다음과 같이 나타낼 수 있다.

$$Y^{*\prime} = i_2 + c'X + bM$$
$$M = i_3 + aX + \epsilon$$

이 두 모형을 결합하면 다음과 같은 식이 된다.

32 이에 대해서는 고길곤. (2018). 범주형 자료분석, 문우사, 제4장을 참고하기 바란다.

$$Y^{*\prime} = i_2 + c'X + b(i_3 + aX + \epsilon) = i_2 + i_3 b + (c' + ab)X + b\epsilon$$

이 식에서 보면 앞의 총효과 모형에서 얻은 c와 직접효과와 간접효과를 합해 얻은 $c' + ab$가 동일한 것처럼 보인다. 즉 $c = c' + ab$의 관계가 성립하는 것처럼 보인다. 그러나 총효과 모형에서는 오차항이 $\pi^2/3$으로 고정이 되어 있지만 결합모형의 오차항 분산은 $\pi^2/3 + b^2 Var(\epsilon)$이 되어 분산이 더욱 커지게 된다. 그 결과 c와 $c' + ab$를 동일한 측정단위에서 얻어진 값이라고 보기 어렵게 되고, $c = c' + ab$의 관계가 성립한다고 보기 어렵게 된다. 이러한 이유로 결과변수가 범주형인 매개효과 모형에서는 일반적인 매개효과 모형에서 간접효과의 크기가 ab 혹은 $c - c'$으로 측정할 수 있다는 성질이 더 이상 성립하지 않게 된다.

결과변수가 범주형 변수일 때 ab와 $c - c'$ 중 어느 것이 간접효과를 측정하는 것인지에 대해 많은 논쟁이 있다.[33] 일반적으로 $c - c'$을 사용하는 경우에는 두 계수가 서로 다른 오차항 분산을 갖는 분포에서 유도되었다는 점을 고려하여 c의 값을 보정하는 방식을 사용한다(MacKinnon, 2008: 317-318). 그러나 이 방법은 여전히 편의가 큰 것으로 나타나므로, 대안으로 경로계수의 곱을 이용하여 간접효과를 측정하는 방식이 널리 사용된다(김수비 · 김수영, 2018; MacKinnon et al., 2007).

결과변수가 범주형 자료인 경우 매개효과 추정은 CALIS 프로시저를 이용할 수 없다는 문제가 있다. 따라서 LOGISTIC 프로시저와 REG 프로시저를 이용하여 회귀계수를 추정한 후 이를 이용하여 직접효과와 간접효과를 계산하는 방식을 활용할 수 있다. 여기서는

[그림 3-20] MacKinnon(2008: 309-311)의 예시

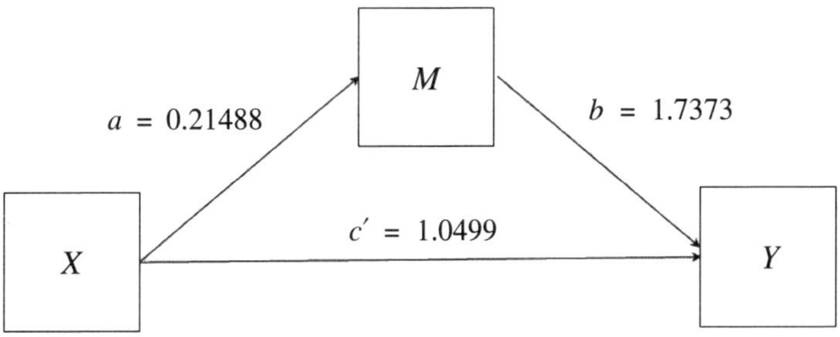

33 이에 대한 다양한 논의에 대해서는 김수비 · 김수영. (2018). "이분형 종속변수를 포함하는 모형의 매개효과 검정", 한국심리학회지:일반, 37(3): 441-470; MacKinnon. (2008). 제11장: MacKinnon, D. P., Lockwood, C. M., Brown, C. H., Wang, W. & Hoffman, J. M. (2007). The intermediate endpoint effect in logistic and probit regression. *Clinical Trials*, 4(5): 499-513을 참고하라.

MacKinnon(2008: 309-311)의 예제를 사용하여 이를 살펴보도록 하자. 이 예제는 가상의 자료에 바탕을 둔 것으로 원인변수는 일주일에 구운 고기를 먹은 날(X)을, 매개변수는 혈액 속 지방산(fatty acid)의 정도(M), 결과변수는 췌장암 발생 여부(Y)이다. 이에 대한 경로모형과 계수는 [그림 3-20]과 같다.

이 경로모형을 추정하기 위한 모형은 [표 3-37]과 같은 프로그램을 활용할 수 있다.

[표 3-37] 범주형 종속변수 매개효과 추정을 위한 프로그램

```
PROC REG DATA=LOG ;
  MODEL M=X/SE;
  ODS OUTPUT Parameterestimates=ME;
RUN;
QUIT;
DATA _NULL_;
  SET ME;
  IF VARIABLE="X" THEN DO;
  CALL SYMPUT ("A" ,ESTIMATE);
  CALL SYMPUT("SEA",STDERR);
  END;
RUN;
PROC LOGISTIC DATA=LOG ;
 MODEL Y(EVENT='1')= X M /EXPB;
 ODS OUTPUT Parameterestimates=YE;
RUN;
QUIT;
DATA _NULL_;
  SET YE;
  IF VARIABLE="X" THEN DO;
  CALL SYMPUT ("CP", ESTIMATE);
  CALL SYMPUT("SECP",STDERR);
  END;
  IF VARIABLE="M" THEN DO;
  CALL SYMPUT("B", ESTIMATE);
  CALL SYMPUT("SEB", STDERR);
  END;
RUN;
DATA RESULT;
A=&A;SEA=&SEA;
```

```
B=&B;SEB=&SEB;
INDRECT=&A*&B;
SEIND=SQRT((A**2)*(SEB**2) +(B**2)*(SEA**2));
DIRECT=&CP;
SED=&SECP;
RUN;
PROC PRINT;RUN;
```

[표 3-37]의 프로그램에서 REG 프로시저는 $M=i_3+aX+\epsilon$을 추정하기 위한 것으로 ODS OUTPUT 명령문을 이용하여 추정된 회귀계수와 표준오차에 대한 정보를 ME라는 데이터셋에 저장하였다. 한편 LOGISTIC 프로시저는 결과변수 $Y=1$인 경우에 대한 모형을 추정한 것으로(EVENT='1') $Y^{*\prime}=i_2+c'X+bM$ 모형을 추정한 후 추정된 회귀계수와 표준오차는 YE라는 데이터셋에 저장하였다.

[표 3-38]은 원인변수가 매개변수에 미치는 영향을 추정한 것으로 $X \to M$ 경로의 회귀계수($\hat{a}$)는 0.21488(p-value=0.0045)임을 알 수 있다. 따라서 구운 고기를 많이 먹는 사람일수록 혈액 속의 지방산 수치가 높음을 알 수 있다.

[표 3-38] $M=i_3+aX+\epsilon$ **추정결과**

Parameter Estimates					
Variable	DF	Parameter Estimate	Standard Error	t-Value	Pr > |t|
Intercept	1	3.15163	0.29659	10.63	<.0001
X	1	0.21488	0.07472	2.88	0.0045

한편 원인변수와 매개변수가 종속변수에 미치는 영향을 추정한 결과는 [표 3-39]와 같이 나타나고 있다. 이 식의 결과에 따르면 췌장암이 발생할 확률을 π라고 한다면 다음과 같은 추정식을 얻을 수 있다.

$$\log\left(\frac{\pi}{1-\pi}\right) = -11.0764 + 1.0499X + 1.7373M$$

이 추정식에 따르면 매개변수 즉 혈액 내 지방산이 한 단위 증가를 하면 췌장암이 발생할 오즈(odds)가 그렇지 않았을 때 췌장암이 발생할 오즈보다 5.582배 더 크다는 것을 알 수 있다($\exp(\hat{b})$).

직접효과의 크기를 살펴보면 $c' = 1.0499$로 나타나고 있는데 이것은 구운 고기 섭취를 한 단위 더할 때 오즈는 원래 췌장암이 발생할 오즈보다 2.857배 더 증가한다고 해석할 수 있다($\exp(\hat{c}')$).

[표 3-39] $Y^{*\prime} = i_2 + c'X + bM$ 모형 추정결과

Analysis of Maximum Likelihood Estimates						
Parameter	DF	Estimate	Standard Error	Wald Chi-Square	Pr > ChiSq	Exp(Est)
Intercept	1	−11.0764	1.5653	50.0727	<.0001	0.000
X	1	1.0499	0.2287	21.0674	<.0001	2.857
M	1	1.7373	0.2755	39.7567	<.0001	5.682

추정된 두 방정식을 이용하여 간접효과를 구해보면 0.37332가 됨을 알 수 있다 ($\hat{a} \times \hat{b} = 0.21488 \times 1.7373 = 0.37332$).[34]

한편 이 간접효과 ab의 표준오차는 $\sqrt{a^2SE_b^2 + b^2SE_a^2}$가 되기 때문에 이 표준오차를 이용하면 신뢰구간을 구할 수 있다. 이를 구해보면 $SE_{ind} = 0.14268$이 되고 95% 신뢰구간은 $[\widehat{ab} \pm 1.96SE_{ind}]$가 되어 약 [0.094, 0.653]이 됨을 알 수 있다. 따라서 간접효과의 신뢰구간이 0을 포함하지 않기 때문에 신뢰구간이 통계적으로 유의미하다고 판단할 수 있다.

[표 3-40] 각종 추정량의 계수 값과 간접효과의 신뢰구간

A	SEA	B	SEB	INDRECT	SEIND	CLL	CLU	DIRECT	SED
0.21488	0.074723	1.73731	0.27553	0.37332	0.14268	0.093663	0.65297	1.04987	0.22873

먼저 추정된 회귀계수를 이용하여 매개효과의 크기는 ab로 계산할 수 있다. 또한, 이 매개효과 크기가 통계적으로 유의미한지 혹은 신뢰구간은 무엇인지는 Sobel 검정을 이용했던 일반적인 접근방식을 그대로 사용할 수 있다.[35]

---

34 관심 있는 독자는 이 간접효과의 크기가 $c - c'$의 값과는 다르다는 사실을 확인해보도록 하라.
35 Sobel 검정 방식의 타당성을 지지하는 시뮬레이션 결과는 MacKinnon, D. P. & Dwyer, J. H. (1993).

매개효과의 크기: ab

매개효과 크기의 표준오차: $s_{ab} = \sqrt{b^2 s_a^2 + a^2 s_b^2 + s_a^2 s_b^2}$

2) 표준화 접근 방식을 이용한 매개효과 측정

매개효과의 크기는 곱 접근 방법이 아니라 $c-c'$와 같이 차이 접근 방법으로도 구할 수 있다. 차이 접근 방법을 사용하기 위해서는 표준화 접근 방법을 사용해야 한다. 먼저 직접효과, 매개효과, 간접효과 분해를 위해서 다음과 같은 세 개의 추정된 회귀방정식을 가정하자.

$$Y' = i_1 + cX + e_1 \ \dots \text{ 모형 1}$$

$$Y' = i_2 + c'X + bM + e_2 \ \dots \text{ 모형 2}$$

$$M = i_3 + aX + e_3 \ \dots \text{ 모형 3}$$

모형에 사용된 변수들이 연속형인 경우에는 $ab = c - c'$ 관계가 성립한다. 하지만 결과변수가 범주형이면 이 관계가 성립하지 않는다. 그 이유는 로지스틱 회귀분석에서는 오차항의 분산이 종속변수나 모형의 크기와 관계없이 $\pi^2/3$으로 고정되어 있기 때문이다. 회귀계수들은 이 제약으로 인해 모형 간 회귀계수의 비교가 어렵게 되는 문제를 가지고 있다. Mediator_Logit.SAS 프로그램을 실행시키면 [표 3-41]과 같은 결과를 얻을 수 있는데 여기서 Med_Eff1은 ab값을 Med_Eff2는 $c-c'$값을 이용하여 매개효과를 측정한 것이다. ab을 이용하여 측정한 매개효과는 0.37332인 데 비해 $c-c'$을 이용하여 측정한 매개효과는 −0.043327로 큰 차이를 보인다. 분석에서는 ab를 이용한 값을 읽는 것이 바람직하다.

[표 3-41] **원자료에 근거한 매개효과 크기**

Med_Eff1	SE_Med	LCL	UCL	Proportion	Med_Eff2
0.37332	0.14268	0.093669	0.65297	0.37089	−0.043327

$c-c'$를 이용하여 매개효과의 크기를 측정하고자 할 때는 추정된 회귀계수를 비교가능하게 표준화시키고 회귀계수의 표준오차 역시 표준화시켜 비교가능한 회귀계수와 표준오

"Estimating mediated effects in prevention studies." *Evaluation Review* 17(2): 148-149를 참고하라.

차로 변환시키는 작업이 필요하다. 이 작업은 크게 일반적인 표준화 이론을 사용하는 방법과 Winship & Mare(1983)가 제안한 방법에 바탕을 둔 MacKinnon(2008: 306)의 방법이 있다. 표준화 방법은 추정된 회귀계수와 표준오차를 각 모형의 표준편차로 나누어서 새로운 표준화 계수와 표준오차를 구하게 된다. 예를 들어 모형 2 즉 $Y' = i_2 + c'X + bM + e_2$에서 추정된 c', b을 해당 모형의 표준편차 추정량 $\hat{\sigma}_Y$로 나누어 주는 것이다. 모형 1과 모형 2의 종속변수 표준편차 추정량은 다음과 같이 구해진다.

모형 1의 종속변수 표준편차 추정량: $\hat{\sigma}_{Y1} = \sqrt{\hat{c^2}\, Var(X) + \pi^2/3}$

모형 2의 종속변수 표준편차 추정량:

$$\hat{\sigma}_{Y2} = \sqrt{\hat{c'}^2\, Var(X) + \hat{b^2}\, Var(M) + 2\hat{c'}\hat{b}\, Cov(X,M) + \pi^2/3}$$

우리 예제 자료를 이용하여 계산을 해보면 모형 1의 $\hat{\sigma}_{Y1}$은 2.04942, $\hat{\sigma}_{Y2}$는 2.84740로 계산된다. 이를 표준화된 계수와 표준오차 값을 이용하여 표준화 매개효과의 크기를 계산할 수 있다. 매개효과 크기를 ab로 측정할 때 원래 a, b값 대신에 표준화된 값을 이용하는 것이다. 예를 들어 b를 표준화한 값을 b_{st}라고 하면 다음과 같이 계산된다.

$$b_{st} = b/\hat{\sigma}_{Y2}$$

마찬가지로 다른 회귀계수 및 표준오차들도 다음과 같이 표준화 값을 구할 수 있다.

$$b_{st} = b/\hat{\sigma}_{Y2},\ SE(b_{st}) = SE(b)/\hat{\sigma}_{Y1}$$
$$c_{st} = c/\hat{\sigma}_{Y1},\ SE(c_{st}) = SE(c)/\hat{\sigma}_{Y1}$$
$$c'_{st} = c'/\hat{\sigma}_{Y2},\ SE(c'_{st}) = SE(c')/\hat{\sigma}_{Y2}$$

주의해야 할 것은 모형 3에 대해서는 M이 범주형 변수가 아니면 특별히 a값과 그 표준오차를 표준화할 필요가 없다는 것이다.[36]

이 표준화된 회귀계수와 표준오차를 이용하여 앞 절에서 공부한 일반적인 매개효과 측정 공식을 사용하면 매개효과와 신뢰구간을 어렵지 않게 구할 수 있다. 경로계수의 곱으로

36 MacKinnon, D. P. & Dwyer, J. H. (1993). "Estimating mediated effects in prevention studies." *Evaluation Review* 17(2): 151.

매개효과를 구하는 방법을 이용하며 매개효과의 크기와 이 매개효과 추정량의 표준오차는 다음과 같이 계산된다. 이를 이용하면 매개효과 크기의 신뢰구간도 어렵지 않게 구할 수 있다.

$$MedEff_1 = ab_{st} \text{ , } SE_{MedEff_1} = \sqrt{a^2 SE^2(b_{st}) + b_{st}^2 SE(a) + SE(a)SE(b_{st})}$$

매개효과를 측정하는 다른 방법은 총효과에서 직접효과를 빼서 계산하는 방법이다.37

$$MedEff_2 = \widehat{c_{st}} - \widehat{c_{st}}'$$

또한 총효과 대비 매개효과의 크기는 다음과 같이 구할 수 있다.38

$$\text{매개효과 비율} = \frac{ab_{st}}{c_{st}}$$

SAS를 이용한 분석결과를 보면 표준화 계수를 이용했을 때 회귀계수를 곱해 얻어진 매개효과의 크기(Med_Eff1, ab_{st})는 0.13이며 회귀계수의 차이로 계산된 매개효과 크기(Med_Eff2, $c_{st} - c'_{st}$)는 0.12로 큰 차이를 보이고 있지는 않음을 알 수 있다. 앞에서 표준화를 하지 않았을 때 두 매개효과의 크기가 큰 차이를 보이고 있는 것과 비교해 보면 총효과에서 직접효과를 뺀 방식으로 매개효과를 측정할 때는 표준화 계수를 이용한 매개효과 측정방식이 바람직하다.

[표 3-42] 표준화 계수 방법을 이용한 매개효과 측정 결과

MED_Eff1	SE_Med	LCL	UCL	Proportion	Med_eff2
0.13111	0.050628	0.031879	0.23034	0.26695	0.12242

37 이렇게 구한 매개효과 추정량의 표준오차는 구하는 방식은 조금 복잡하다. 따라서 $\widehat{c_{st}}$ 대신에 조정을 한 총효과를 구하고 이를 사용하기도 한다. 이에 대해서는 MacKinnon(2008: 307)을 참고하라.

38 만일 매개효과를 두 경로계수의 곱으로 측정하지 않고 총효과에서 직접효과를 뺀 값으로 계산한다면 $\frac{c_{st} - c_{st}'}{c_{st}}$ 로 총효과 대비 매개효과 비율을 구할 수 있다. 이렇게 구한 매개효과 비율의 신뢰구간 추정 방법은 MacKinnon(2008: 307)을 참고하라.

매개효과 크기가 0.13으로 측정되었다고 하면 오즈비율(odds ratio)은 1.14가 된다. 즉 독립변수인 구운 고기 섭취가 아주 작은 표준편차만큼 증가하면 췌장암에 걸릴 오즈는 약 14% 정도 매개효과를 통해 증가한다고 해석할 수 있다.[39]

본 절에서는 결과변수가 범주형 변수인 경우에는 단순히 (총효과-직접효과) 값을 매개효과로 간주해서는 안 된다는 것을 확인할 수 있었다. 한편 독립변수가 범주형 변수면 매개효과의 기본모형을 그대로 이용하여 분석을 할 수 있으므로 따로 다루지는 않도록 한다.

연구자가 관심을 두는 것은 X가 변함에 따라 $Y=1$이라는 사건이 발생할 확률일 수 있다. X가 변함에 따라 $\Pr(Y=1)=\pi$의 확률의 변화를 총효과로 측정한다면 이 총효과는 간접효과와 직접효과를 모두 포함한 것이 된다. 반면 직접효과가 없이 완벽하게 간접효과만 있는 완전매개효과를 가정해보면 $X \to M \to Y$경로만 존재하는 경우 X의 변화에 따른 π의 변화를 측정할 수 있다. 이 경우에는 $X \to M$의 관계를 OLS를 이용하여 추정한 후 이를 바탕으로 추정된 M이 Y에 미치는 영향을 로지스틱 회귀모형을 이용하여 추론할 수 있다.

39 표준화 계수를 이용한 방법의 경우 표준편차만큼의 증가의 해석이 쉽지 않기 때문에 저자는 경로계수의 원계수 곱을 이용한 방법을 추천하고자 한다.

[표 3-43] 모델 정보

Model Information	
Data Set	WORK.MED
Outcome Variable	Y
Treatment Variable	X
Mediator Variable	Z
Outcome Distribution	Normal
Outcome Link Function	Identity
Mediator Distribution	Normal
Mediator Link Function	Identity
Number of Bootstrap Samples	1000
Bootstrap Seed	1234

여기서 총효과는 TE = NDE + NIE이다.

Percentage Mediated는 총효과 중 매개효과에 의한 비율을 나타낸 것으로 100× NIE/(Total Effect)으로 계산한다. [표 3-44]의 결과를 보면 약 42.30%의 총효과가 매개효과에 기인한다고 할 수 있다. 한편 조절효과 항이 모형에 포함되지 않았기 때문에 조절효과에 기인한 총효과의 크기는 계산되지 않고 있다.

[표 3-44] 효과 요약

Summary of Effects						
	Estimate	Standard Error	Wald 95% Confidence Limits		Z	Pr > |Z|
Total Effect	3.7346	0.0982	3.5420	3.9271	38.01	<.0001
Controlled Direct Effect(CDE)	2.1549	0.0671	2.0234	2.2865	32.11	<.0001
Natural Direct Effect(NDE)	2.1549	0.0671	2.0234	2.2865	32.11	<.0001
Natural Indirect Effect(NIE)	1.5796	0.1089	1.3661	1.7931	14.50	<.0001
Percentage Mediated	42.2977	2.1416	38.1002	46.4952	19.75	<.0001
Percentage Due to Interaction	0	.	.	.	.	.
Percentage Eliminated	42.2977	2.1416	38.1002	46.4952	19.75	<.0001

이렇게 직접효과와 매개효과의 크기를 간단하게 계산할 수도 있지만 경우에 따라서는 변수 간의 관계의 방향에 관심을 둘 수 있다. 이 경우에는 회귀분석의 결과를 살펴보는 것이 필요하다. [표 3-45]를 보면 직접효과의 회귀계수가 2.1549로 양수의 값을 갖는 것을 알 수 있다.

[표 3-45] 모형 추정치 결과

Outcome Model Estimates						
Parameter	Estimate	Standard Error	Wald 95% Confidence Limits		Wald Chi-Square	Pr > ChiSq
Intercept	32.6211	3.3498	26.0557	39.1865	94.8353	<.0001
X	2.1549	0.0671	2.0234	2.2865	1030.8073	<.0001
Z	2.8108	0.1031	2.6086	3.0129	742.7226	<.0001
Scale	9.6856	0.6849	8.4322	11.1254		

또한 [표 3-46]을 살펴보면 독립변수가 매개변수에 양의 효과를 미치는 것을 확인할 수 있다.

[표 3-46] 매개 모형 추정치

Mediator Model Estimates						
Parameter	Estimate	Standard Error	Wald 95% Confidence Limits		Wald Chi-Square	Pr > ChiSq
Intercept	25.9739	1.9499	22.1521	29.7957	177.4335	<.0001
X	0.5620	0.0328	0.4977	0.6263	293.3260	<.0001
Scale	9.3910	0.6640	8.1757	10.7871		

한편 위 모형에서는 조절효과가 존재하지 않는다고 가정을 하고 있다. 조절효과가 포함된 모형을 추정하기 위해서는 다음과 같은 코드를 사용할 수 있다.

[표 3-47] PROC CAUSALMED 프로시저를 이용한 프로그램 코드

```
PROC CAUSALMED DATA=MED ALL;
   MODEL Y=X|Z;
   MEDIATOR Z=X;
RUN;
```

[표 3-48] 효과 요약

Summary of Effects						
	Estimate	Standard Error	Wald 95% Confidence Limits		Z	Pr > |Z|
Total Effect	3.7407	0.0986	3.5475	3.9338	37.96	<.0001
Controlled Direct Effect(CDE)	2.1562	0.0666	2.0257	2.2866	32.40	<.0001
Natural Direct Effect(NDE)	2.1554	0.0666	2.0249	2.2860	32.37	<.0001
Natural Indirect Effect(NIE)	1.5852	0.1090	1.3715	1.7989	14.54	<.0001
Percentage Mediated	42.3781	2.1315	38.2004	46.5558	19.88	<.0001
Percentage Due to Interaction	0.0190	0.0651	−0.1086	0.1466	0.29	0.7704
Percentage Eliminated	42.3591	2.1308	38.1828	46.5355	19.88	<.0001

[표 3-49] 효과 분해

Decompositions of Total Effect							
Decomposition	Effect	Estimate	Standard Error	Wald 95% Confidence Limits		Z	Pr > |Z|
NDE+NIE	Natural Direct	2.1554	0.0666	2.0249	2.2860	32.37	<.0001
	Natural Indirect	1.5852	0.1090	1.3715	1.7989	14.54	<.0001
CDE+PE	Controlled Direct	2.1562	0.0666	2.0257	2.2866	32.40	<.0001
	Portion Eliminated	1.5845	0.1090	1.3709	1.7982	14.54	<.0001
TDE+PIE	Total Direct	2.1569	0.0666	2.0263	2.2874	32.38	<.0001
	Pure Indirect	1.5838	0.1089	1.3703	1.7973	14.54	<.0001
NDE+PIE +IMD	Natural Direct	2.1554	0.0666	2.0249	2.2860	32.37	<.0001
	Pure Indirect	1.5838	0.1089	1.3703	1.7973	14.54	<.0001
	Mediated Interaction	0.00142	0.00108	−0.00070	0.003547	1.31	0.1898
CDE+PIE+PAI	Controlled Direct	2.1562	0.0666	2.0257	2.2866	32.40	<.0001
	Pure Indirect	1.5838	0.1089	1.3703	1.7973	14.54	<.0001
	Portion Due to Interaction	0.000711	0.00244	−0.00406	0.005487	0.29	0.7705
Four-Way	Controlled Direct	2.1562	0.0666	2.0257	2.2866	32.40	<.0001
	Reference Interaction	−0.00071	0.00244	−0.00549	0.004065	−0.29	0.7705

Decompositions of Total Effect							
	Mediated Interaction	0.00142	0.00108	−0.00070	0.003547	1.31	0.1898
	Pure Indirect	1.5838	0.1089	1.3703	1.7973	14.54	<.0001
Total	Total Effect	3.7407	0.0986	3.5475	3.9338	37.96	<.0001

Note: NDE=CDE+IRF, NIE=PIE+IMD, PAI=IRF+IMD, PE=PAI+PIE, TDE=CDE+PAI.

[표 3-50] 효과 분해(백분율)

Percentage Decompositions of Total Effect							
Decomposition	Effect	Percent	Standard Error	Wald 95% Confidence Limits		Z	Pr > |Z|
NDE+NIE	Natural Direct	57.62	2.13	53.44	61.80	27.03	<.0001
	Natural Indirect	42.38	2.13	38.20	46.56	19.88	<.0001
CDE+PE	Controlled Direct	57.64	2.13	53.46	61.82	27.05	<.0001
	Portion Eliminated	42.36	2.13	38.18	46.54	19.88	<.0001
TDE+PIE	Total Direct	57.66	2.13	53.49	61.83	27.07	<.0001
	Pure Indirect	42.34	2.13	38.17	46.51	19.88	<.0001
NDE+PIE+IMD	Natural Direct	57.62	2.13	53.44	61.80	27.03	<.0001
	Pure Indirect	42.34	2.13	38.17	46.51	19.88	<.0001
	Mediated Interaction	0.04	0.03	−0.02	0.09	1.32	0.1883
CDE+PIE+PAI	Controlled Direct	57.64	2.13	53.46	61.82	27.05	<.0001
	Pure Indirect	42.34	2.13	38.17	46.51	19.88	<.0001
	Portion Due to Interaction	0.02	0.07	−0.11	0.15	0.29	0.7704
Four-Way	Controlled Direct	57.64	2.13	53.46	61.82	27.05	<.0001
	Reference Interaction	−0.02	0.07	−0.15	0.11	−0.29	0.7705
	Mediated Interaction	0.04	0.03	−0.02	0.09	1.32	0.1883
	Pure Indirect	42.34	2.13	38.17	46.51	19.88	<.0001

Note: NDE=CDE+IRF, NIE=PIE+IMD, PAI=IRF+IMD, PE=PAI+PIE, TDE=CDE+PAI.

제4장

조절효과 모형

1. 조절효과의 의미와 모형화

독립변수가 종속변수에 미치는 영향의 크기와 방향이 제3의 변숫값의 크기에 영향을 받을 때가 있다. 예를 들면 업무환경과 같은 직무특성이 조직몰입이나 직무만족에 영향을 줄 수 있는데 이 관계의 크기는 조직 공정성(분배적 공정성, 절차적 공정성)의 크기에 따라 달라질 수 있다. 이 밖에도 조절효과의 예는 매우 다양하다. 심리학에서 유명한 예 중의 하나는 Cohen & Wills(1985)의 연구이다.[1] 이 연구는 개인의 사회 연결망(social network)과 관련된 사회적 지지(social support)가 건강과 웰빙을 높인다는 주장에 대해서 이 관계는 개인의 스트레스 수준이 낮을 때는 존재하지만 높을 때는 이러한 관계가 발견되지 않는다는 점을 보여주었다. 즉 사회적 지지와 개인의 건강과 웰빙 간의 관계는 개인의 스트레스 수준에 의해 조절되는 효과를 함께 살펴볼 필요가 있는 것이다.[2]

조절효과(moderation effect)는 독립변수와 종속변수의 관계의 방향과 크기에 영향을 주는 제3의 변수의 효과를 나타내는 것으로 이 제3의 변수를 조절변수(moderator)라고 한다.

1 Cohen, S. & Wills, T. A. (1985). "Stress, Social Support, and the Buffering Hypothesis." *Psychological Bulletin*, 98: 310-357.

2 Cohen & Wills(1985)의 연구는 원래 스트레스에 의한 조절효과가 존재한다는 주장(stress-buffering hypothesis)과 사회적 지지와 건강이 직접 연관이 있다는 주장(main effect hypothesis)을 함께 검토한 것으로 전자는 사회적 지지를 개인의 인식으로 측정한 경우에, 후자는 사회적 관계의 숫자로 측정한 경우에 나타난다는 것을 보여줌으로써 측정에 따라 두 변수 간의 관계가 달라질 수 있다는 점을 지적한 것이다.

예1. 성과급을 받는 사람의 재산 규모에 따라 성과급이 성과에 미치는 영향이 달라질 수 있음. 성과급을 받는 사람의 재산 규모가 조절변수가 됨.

예2. 부패가 경제성장에 미치는 영향을 보고자 할 때, 법제도가 정비되지 않은 환경에서는 부패가 오히려 경제성장을 촉진하는 효과를 가질 수 있는 반면, 법제도가 잘 마련된 환경에서는 부패가 경제성장을 저해할 수도 있음. 법과 제도라는 환경변수가 조절변수로 작용한 것.

조절효과의 의미를 이해하기 위해서 대중 매체 연구에서 널리 사용되는 배양이론(cultivation theory)을 살펴보도록 하자. 배양이론은 조지 거브너(George Gerbner) 등에 의해 1970년대 제기된 것으로 사람의 세상에 대한 인식이 TV 노출 정도에 의해 영향을 받는다는 이론이다. 이때 종속변수인 세상에 대한 인식은 폭력사건에 휘말릴 가능성, 밤에 혼자 걸을 때의 두려움, 사람에 대한 불신, 경찰에 의해 처벌받을 확률 등으로 다양하게 조작화(operationalized)되어 측정된다. 그리고 TV 노출 정도는 누적된 값으로 측정이 되는 것이 일반적이고 높음과 낮음과 같이 범주형 변수로 측정되기도 한다. 조절변수는 다양한 것들이 사용될 수 있는데 심리적 저항감(psychological reactance)[3] 같은 것이 사용되기도 한다. 이 경우 TV 노출 정도가 사회에 대한 불신에 미치는 영향의 크기는 심리적 저항감의 크기에 영향을 받는다는 조절효과 모형을 제시할 수 있다.[4]

[표 4-1] 사회불신감에 대한 가상자료

```
DATA CULTIVATE;
   DO N=1 TO 20;
   CALL STREAMINIT(12345);
   TV=RAND('NORMAL',0,1);
   IF RAND('NORMAL',0,1)<0.3 THEN REACTANCE=0;
   ELSE IF RAND('NORMAL',0,1)<0.6 THEN REACTANCE=1;
   ELSE REACTANCE=2;
   Y1=1+1.7*REACTANCE+0.3*TV+0.5;
   Y2=1+0.2*REACTANCE+0.3*TV-0.5*REACTANCE*TV;
   OUTPUT;
   END;
RUN;
```

3 심리적 저항감은 외부로부터 주입된 정보에 대해 이를 수긍하지 않고 비판적으로 받아들이려는 태도를 이야기한다.

4 예를 들면 Russell, C. A., Russell, D. W., Boland, W. A. & Grube, J. W. (2013). "Television's Cultivation of American Adolescents' Beliefs about Alcohol and the Moderating Role of Trait Reactance." *Journal of children and media*, 8(1): 5-22를 참고하라.

[표 4-1]은 REACTANCE, TV 그리고 조절효과가 없는 경우의 사회불신감(Y1), 조절효과가 있는 경우의 사회불신감(Y2)의 가상자료를 생성한 코드이다.

조절효과가 없는 모형의 경우에는 TV 노출 정도는 [그림 4-1]과 같은 관계를 갖는다. [그림 4-1]에서는 두 가지 특징을 확인할 수 있다. 첫째, 조절변수인 심리적 저항감의 크기에 관계 없이 TV 노출 정도의 크기가 증가할 때 부정적인 사회인식이 증가하는 정도, 즉 기울기가 일정하다는 점이다. 둘째, 주어진 TV 노출 정도에 대해서 심리적 저항감이 높은 경우와 보통인 경우에서의 부정적 사회인식의 차이나 심리적 저항감이 보통인 경우와 낮은 경우에서의 부정적 사회인식의 차이는 동일하다는 것이다. 셋째, 주어진 TV 노출 정도에 대해서 심리적 저항감이 높은 경우와 보통인 경우 기울기 차이와, 심리적 저항감이 보통인 경우와 낮은 경우의 기울기 차이가 동일하다는 것이다.

[그림 4-1] TV 노출 정도와 사회불신감(조절효과가 없는 경우)

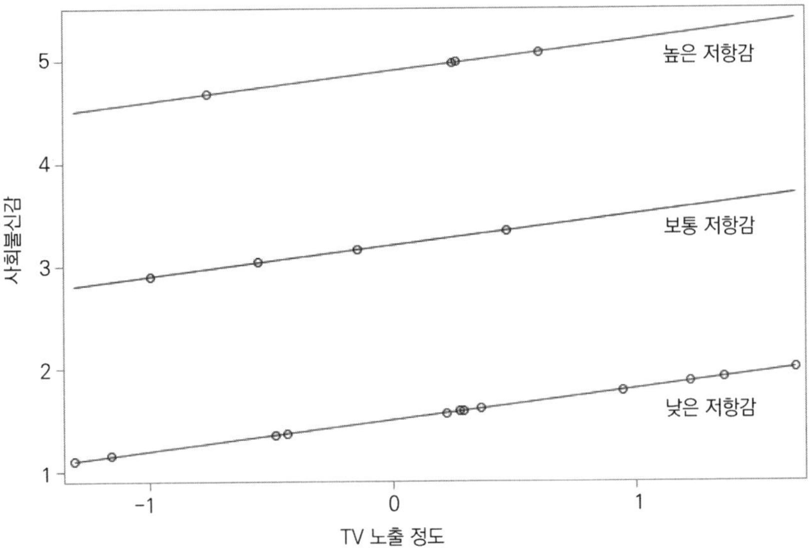

반면 조절효과가 존재하는 경우 TV 노출 정도와 사회불신감의 관계는 [그림 4-2]와 같다. 이 그림을 보면 심리적 저항감이 높으면 TV 노출 정도가 클수록 부정적 사회인식은 오히려 감소하지만, 심리적 저항감이 낮으면 TV 노출 정도가 클수록 부정적 사회인식은 증가하는 현상을 보인다.

[그림 4-2] TV 노출 정도와 사회불신감(조절효과가 있는 경우)

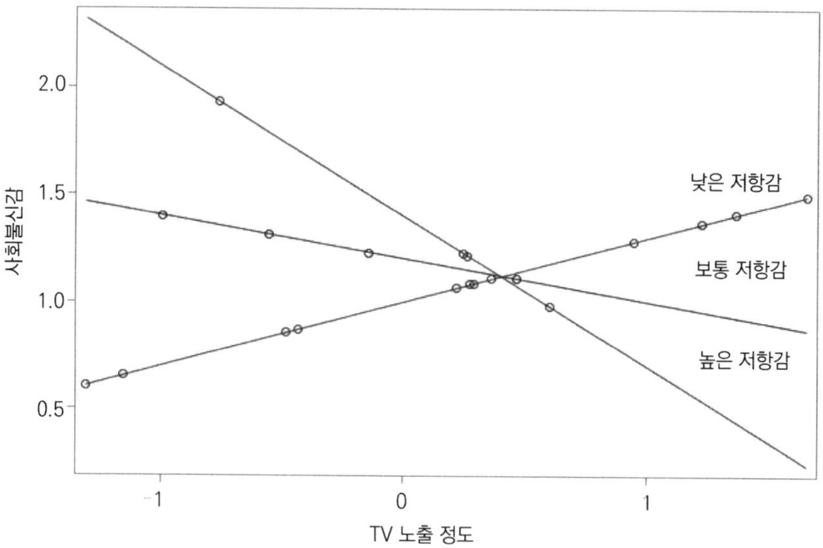

따라서, 조절효과가 있는 경우에는 원래 관심 있는 독립변수와 종속변수의 관계를 해석할 때 i) 조절효과 값에 따라 독립변수와 종속변수의 기울기의 크기가 어떻게 달라지는지, ii) 조질효과 변수 값에서 차이가 날 때 독립변수와 종속변수 관계의 기울기의 차이가 어떻게 달라지는지, iii) 독립변수 값이 주어졌을 때 조절효과 변수의 값의 차이에 따라 종속변

[그림 4-3] 조절효과가 존재하는 경우 세 변수의 관계

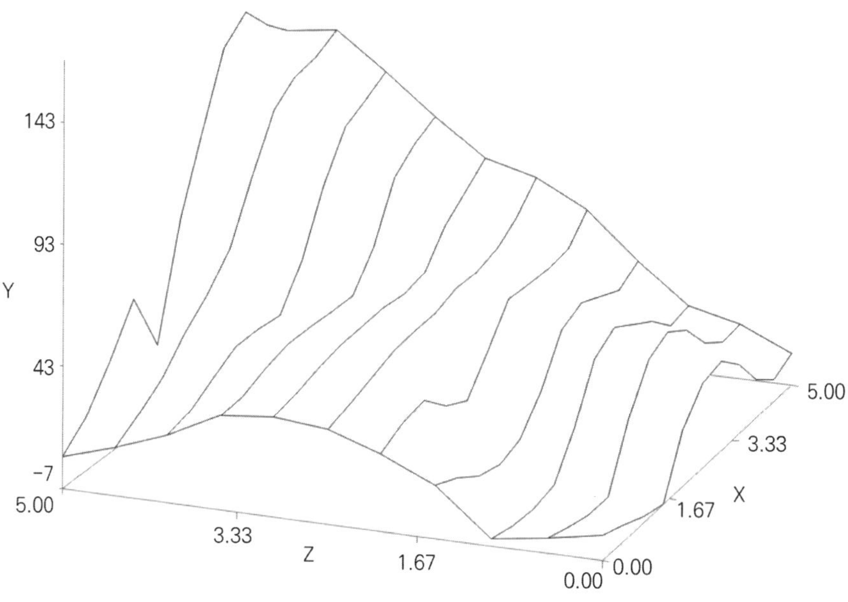

수 값이 얼마나 차이가 나는지 등의 문제를 다양하게 고민해 볼 수 있다.

조절효과의 의미는 3차원 그래프를 이용하여 이해할 수도 있다. 독립변수를 X, 종속변수를 Y, 조절변수를 Z라고 가정할 때 조절효과가 존재하는 경우 이 세 변수의 관계는 [그림 4-3]과 같이 나타내질 수 있다. 이 그림에서 확인해 볼 수 있듯이 Z값이 5에 가까워질수록 X와 Y의 선형관계의 기울기는 더욱 가파르게 변하고 있음을 알 수 있다. 즉 Z값이 커짐에 따라 X가 한 단위 변할 때 Y가 변하는 양의 크기 역시 커짐을 알 수 있다. 이처럼 관심 있는 두 변수의 관계의 크기가 제3의 변수의 크기에 영향을 받을 때 조절효과가 존재할 수 있음을 의심할 수 있다.

조절효과의 유무는 다중회귀모형에 상호작용항을 포함함으로써 간단하게 판별할 수 있다. 우리가 인과관계에 관심 있는 원인변수를 X, 결과변수를 Y라고 하고 조절변수를 Z라고 해보자. 조절효과의 크기를 측정하기 위한 모집단의 회귀모형은 다음과 같이 나타낸다.

$$Y_i = \beta_0 + \beta_1 X_i + \beta_2 Z_i + \beta_3 X_i Z_i + \epsilon_i$$

(단, $X_i Z_i$는 상호작용항(interaction term))

위 식을 다시 정리하면 다음과 같다.

$$Y_i = \beta_0 + \beta_1 X_i + \beta_3 X_i Z_i + \beta_2 Z_i + \epsilon_i = \beta_0 + (\beta_1 + \beta_3 Z_i) X_i + \beta_2 Z_i + \epsilon_i$$

조절효과 모형에서 연구자는 조절변수 Z가 특정한 값을 가질 때 X가 Y에 영향을 미치는 크기가 얼마인지에 관심을 둔다. 만일 Z가 갖는 특정한 값을 z라고 가정을 한다면 위 식에서 X가 한 단위 변할 때 Y는 $\beta_1 + \beta_3 z$만큼 변한다는 것을 알 수 있다. 따라서 X의 변화가 Y의 변화에 미치는 효과는 z의 값에 따라 달라질 수 있음을 알 수 있다.

조절효과 모형의 해석에서 용어상의 혼란은 매우 심각하다. 원래 조절효과 모형은 ANOVA와 같은 실험설계(experimental design) 분야의 분석방법론과 밀접하게 연관되어서 해석되는 경향이 존재했기 때문에 주효과(main effect)와 상호작용효과(interaction effect)라는 용어를 사용해왔다. 원래 효과(effect)라는 것은 실험에서 변수의 조작에 따라 발생된 인과효과의 크기라는 의미를 내포하고 있어서 관찰연구에서 사용하는 것은 적절한 단어라고 보기는 어렵다(Irwin & McClelland, 2001).[5]

5 Irwin, J. R. & McClelland, G. H. (2001). Misleading heuristics and moderated multiple regression models. *Journal of Marketing*, 38: 100-109.

원래 X의 주효과라는 것은 다른 변수 Z의 값이 어떠한 수준으로 고정되어 있든 관계없이 X와 Y 간의 부분적 관계(partial relationship)의 평균값이다. 즉 다른 변수를 통제했을 때 조작변수의 변화가 종속변수에 평균적으로 미치는 영향의 크기를 주효과로 부를 수 있다. 그러나 위 식에서 β_1은 다른 변수가 어떤 값에 상관없이 통제되었을 때의 평균효과가 아니라 Z가 0으로 통제된 경우에 X가 Y에 미치는 효과의 크기를 나타낸 것이다. 즉 β_1은 $Z=0$일 때 X와 Y의 조건부 관계(conditional relationship)를 나타내는 것이지 주효과라고 부르는 것은 타당하지 않고 오히려 단순효과(simple effect)라는 용어가 적절하다.[6] 실제로 조절효과 모형에서는 주효과에 관심이 있는 것이 아니라 조건부 관계에 관심이 있기 때문에 주효과라는 용어는 피해야 할 것이다.

또 하나의 쟁점이 되는 것은 독립변수의 평균변환(mean-centering)을 사용한 조절효과 모형을 사용할 것인지 여부이다. 이 평균변환을 다중공선성 문제를 해결하기 위해 사용한다는 것은 잘못된 접근 방식임은 많은 연구자가 지적을 하고 있다(고길곤, 2018; Hayes, 2013: 289).[7] 평균변환은 독립변수들이 평균값을 갖고 있을 때 독립변수 X의 변화가 종속변수 Y에 미치는 조건부 관계 크기(conditional slope)가 β_1이라는 의미로 해석할 수 있다는 점에서는 유용하다. 하지만 다중공선성을 해결하기 위한 방법으로 평균변환을 사용해서는 안 된다. 왜냐하면 조절효과 모형에서는 회귀계수 추정량의 분산이 과대추정되는 다중공선성 문제가 실제로는 발생하지 않기 때문이다.

조절효과에서 X와 Z의 시간적 선후관계가 문제가 될 수 있다. 조절변수 Z는 X 이전에 측정되는 것이 바람직하다. 만일 Z가 X가 발생한 이후에 측정되게 되면 $X \rightarrow Z$의 관계를 갖는 가능성이 있기 때문에 이 경우 Z를 매개변수로 간주할 가능성도 존재하기 때문이다.[8] 즉, 조절변수가 독립변수보다 후행하는 경우에는 독립변수가 조절변수에 영향을 미치는지 여부를 판단해야 하며, 만일 영향을 미친다면 조절변수는 매개변수로 간주할 수 있기 때문에 이를 검토한 후 모형을 확정해야 한다.

---

6 McClelland, G. H., Irwin, J. R., Disatnik, D. et al. (2017). "Multicollinearity is a red herring in the search for moderator variables: A guide to interpreting moderated multiple regression models and a critique of Iacobucci, Schneider, Popovich, and Bakamitsos(2016)." *Behavioral Research Methods*. 49(1): 394-402.

7 Hayes, A. F. (2013). *Introduction to mediation, moderation, and conditional process analysis: A regression-based approach.* The Guildford Press.

8 Kraemer, H. C. (2001). "How Do Risk Factors Work Together? Mediators, Moderators, and Independent, Overlapping, and Proxy Risk Factors." *American Journal of Psychiatry* 158(6): 848-856 혹은 http://davidakenny.net/cm/moderation.htm을 참고하라.

마지막으로 불필요한 위계적 검정의 문제이다. 위계적 회귀분석에서는 상호작용항이 통계적으로 유의미한지 여부를 판단하기 위해 1단계에서는 독립변수와 조절변수 X, Z를 모형에 포함을 시키고 2단계에서는 상호작용항 XZ를 포함시켜 1단계와 2단계 모형의 결정계수의 차이 즉 ΔR^2값에 대한 F 검정을 실시하여 XZ의 회귀계수의 통계적 유의미성을 검정한다. 하지만 이러한 검정은 불필요하다. ΔR^2을 검정하기 위한 F 통계량은 상호작용항의 회귀계수의 t 검정 통계량을 제곱한 값과 동일하기 때문에 굳이 위계적 검정이 필요없기 때문이다.[9]

2. 조절효과 유무의 판단과 크기의 측정

조절효과의 유무는 위 회귀식에서 상호작용항의 회귀계수 즉 β_3가 통계적으로 유의미한지 아닌지를 이용하여 판단할 수 있다. 즉 $\beta_3 = 0$이면 Z가 어떤 값을 가져도 X가 Y에 미치는 영향의 크기나 방향은 β_1으로 일정함을 알 수 있다. 따라서 $\beta_3 = 0$이면 Z의 조절효과는 존재하지 않는다고 할 수 있다.

예제를 이용해서 이를 살펴보도록 하자. [표 4-2]의 ① 코드는 다음과 같은 관계를 갖는 관찰점을 500개 생성하도록 하는 것이다.

$$Y = 2 \times X_i + 3 \times Z_i + 4 \times X_i Z_i + \epsilon_i$$
$$(\text{단},\ X \sim N(10, 10^2),\ \ Y \sim N(10, 10^2),\ \ \epsilon \sim (0, 10^2))$$

②와 ③은 X, Z, Y 간의 관계를 3차원 그래프로 표현하기 위한 코드로 이 그림의 출력은 [그림 4-3]에 나타나 있다.

④는 조절효과를 반영한 회귀모형 결과를 얻고자 한 것이며 MODEL 명령문에서 $X*Z$로 표현된 것은 X와 Z의 상호작용을 나타낸 것으로 두 변수를 곱한 변수를 의미한다. 한편 SOLUTION 옵션은 회귀계수 추정값을 나타내도록 한 것이다. ④에서 STORE라는 명령문이 사용되는데 이 명령문은 회귀분석 추정 결과를 저장하도록 하는 것인데, 이 결과를 ⑤의 PLM 프로시저와 결합하여 사용하면 제3의 변수의 값이 변함에 따라 X, Y 관계가 어떻게 변하는지를 보여준다.

---

9 이형권. (2018). Mplus를 이용한 매개효과와 조절효과 및 조절된 매개효과 분석, 신영사, 400-401.

[표 4-2] 조절효과 분석을 위한 SAS 코드

```
DATA sim;/*①*/
   call streaminit(123);
   DO i=1 to 500;
       x=RAND('normal',10,10);
       z=RAND('normal',10,10);
       y=2*x+3*z+4*x*z+rand('normal',0,10);
        OUTPUT;
   END;
RUN;
PROC G3GRID data=sim out=default;/*②*/
  GRID Z*X=y / axis1=0 to 5 by .5 axis2=0 to 5 by .5;
RUN;
QUIT;
PROC G3D data=default ;/*③*/
PLOT  Z*X=Y/XYTYPE=1;
RUN;
PROC GLM DATA=SIM PLOTS=ALL;/*④*/
   MODEL Y=X Z X*Z/SOLUTION;
   ESTIMATE "B1+3*B3*X" X 1 X*Z 3;
   STORE OUT=WORK.PARM5;
RUN;
PROC PLM SOURCE=PARM5;/*⑤ */
   EFFECTPLOT FIT(X=X PLOTBY=Z=-3 10 15);
RUN;
```

④의 GLM 프로시저에 따라 회귀분석을 수행한 결과는 [표 4-3]에 나타나고 있다. 이 표에서 확인할 수 있듯이 X, Z의 상호작용항 즉 $X*Z$의 회귀계수는 4.003으로 추정되었고 p-Value 값도 0.001보다 작은 것으로 나타나 두 변수 간에 상호작용이 존재함을 알 수 있다.

[표 4-3] 회귀분석 결과

Parameter	Estimate	Standard Error	t-Value	Pr > |t|
Intercept	1.299596327	0.93070514	1.40	0.1632
x	1.993710323	0.06598573	30.21	<.0001
z	2.912070795	0.06150098	47.35	<.0001
x*z	4.002844589	0.00428724	933.67	<.0001

상호작용의 존재는 등고그림을 이용해서 판단할 수 있다. [그림 4-4]에서 확인할 수 있듯이 상호작용이 존재하는 경우 등고그림에서의 선은 평행인 직선이 아니라 곡선이 됨을 알 수 있다. 독자들은 앞에서 제시된 SAS 코드에서 $X*Z$의 계수를 4가 아닌 0으로 바꾸면 [그림 4-5]와 같이 등고선이 평행이 됨을 확인할 수 있다.[10]

[그림 4-4] 등고그림(contour plot)을 이용한 상호작용(조절효과)의 정도 분석

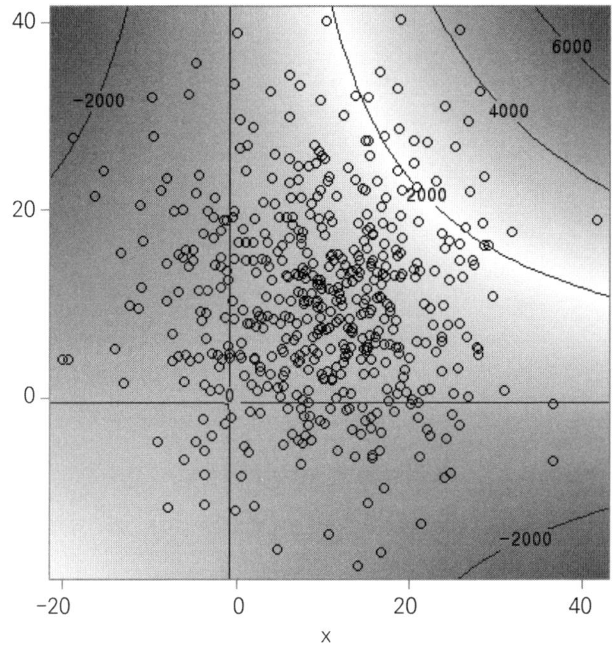

등고그림은 연속형인 두 개의 독립변수 간의 상호작용을 나타내는 데 유용하지만 독립변수가 하나는 연속형 변수이고 다른 하나는 범주형 변수인 경우에는 이를 나타내기 쉽지 않다. 이 경우에는 범주형 변수의 범주에 따라 다른 연속형 변수와 종속변수의 회귀직선의 기울기 차이를 시각화하여 보여줄 수 있다.

한편 조절효과가 존재할 때 중요한 해석상의 문제 중의 하나는 독립변수 X가 종속변수 Y에 미치는 영향이 통계적으로 유의미한지에 대한 판단이다.[11] 직관적으로는 $\widehat{\beta_1}$값이 통계적으로 유의미하면 X가 통계적으로 유의미하다고 판단할 수 있지만, 이는 부적절한 판단이다. X의 회귀계수는 조절변수 Z의 크기가 포함된 $\beta_1 + \beta_3 Z$이기 때문에 $\beta_1 = 0$이

10 모형에 상호작용항을 포함시키지 않는 경우에도 등고그림은 평행으로 나타남을 확인해보기 바란다.

11 통계적으로 유의미하다는 것은 X의 모회귀계수 값이 0이 아니라는 것을 의미한다.

[그림 4-5] 상호작용이 존재하지 않는 경우 등고그림의 형태

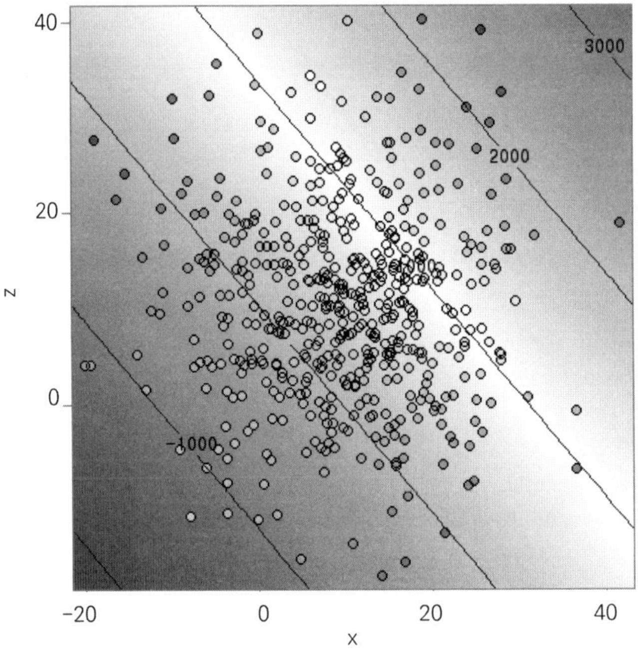

라는 귀무가설 검정만으로는 불완전하기 때문이다. 따라서 우리가 검정해야 하는 것은 다음과 같은 귀무가설이다.

$$H_0 : \beta_1 + \beta_3 Z = 0$$

위 귀무가설의 검정통계량은 회귀계수의 추정량(estimator) $\widehat{\beta_1} + \widehat{\beta_3} Z$을 이용하여 계산할 수 있다. 이 추정량에서 추정된 회귀계수는 정규분포를 따르는 확률변수이기 때문에 정규분포를 따른다. 또한, 이 추정량의 표준오차(standard error)는 다음과 같이 계산된다.

$$SE = \sqrt{Var(\widehat{\beta_1}) + 2ZCov(\widehat{\beta_1}, \widehat{\beta_3}) + Z^2 Var(\widehat{\beta_3})}$$

따라서 위 귀무가설이 참이라는 가정하에 다음과 같은 $t-$분포를 따르는 검정통계량을 얻을 수 있다.

$$t = \frac{\widehat{\beta_1} + \widehat{\beta_3} Z}{SE} \sim t_{n-k-1}$$

(단, k는 회귀모형에 포함된 독립변수의 수)

위 검정은 다음과 같이 간단한 변수변환 절차를 통해 수행할 수 있다. $Z = z$로 주어졌을 때 X가 Y에 미치는 영향이 통계적으로 유의미한지를 판단하기 위해서는 i) $Z' = Z - z$로 변환을 한 후, ii) X, Z', XZ'을 독립변수로 하는 회귀모형을 추정한 후, iii) X의 회귀계수가 통계적으로 유의미한지를 판단하면 된다. 만일 회귀계수가 통계적으로 유의미하면 $Z = z$일 때 X의 회귀계수 $\hat{\beta}_1 + \hat{\beta}_3 z$는 0이 아니라고 결론을 내릴 수 있다(Aiken & West, 1991: 18).

예를 들어 우리 예제에서 만일 $z = 3$일 때 X가 Y에 미치는 영향은 $\hat{\beta}_1 + 3 \times \hat{\beta}_3$ 즉 $14.00 \approx 1.99 + 3 \times 4.00$이며 이것이 통계적으로 유의미한지를 판단하기 위해서는 ④와 같이 ESTIMATE 명령문을 사용하면 된다.[12]

[표 4-4] 조절변수 값이 주어졌을 때 독립변수의 회귀계수의 유의미성 검정

Parameter	Estimate	Standard Error	t-Value	Pr > |t|
B1+3*B3*X	14.0022441	0.05745156	243.72	<.0001

[그림 4-6] 조절변수 값에 따른 X, Y 관계의 변화 그림(효과그림)

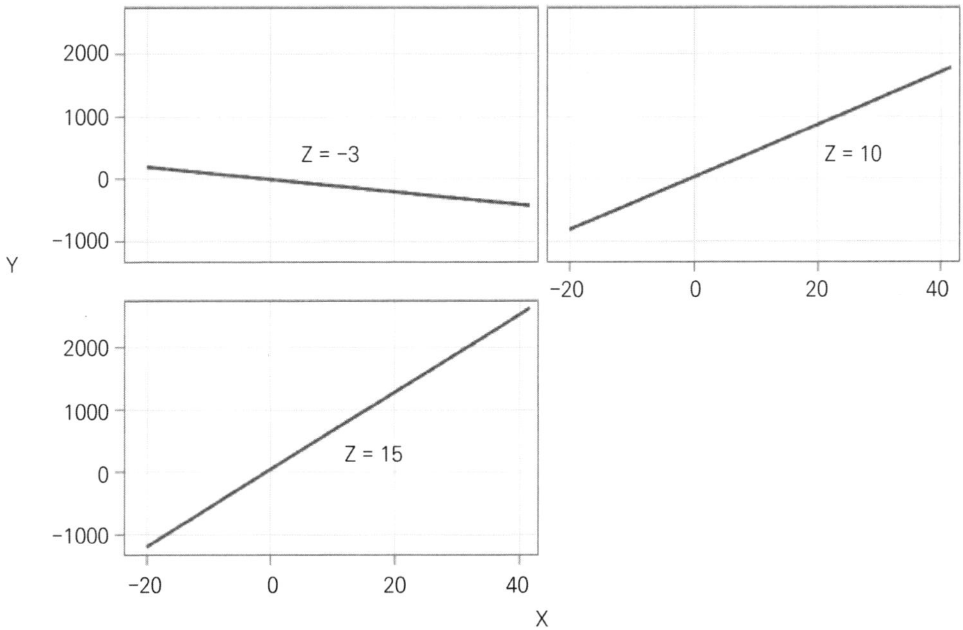

12 ESTIMATE 명령문 결과가 공식과 같은지 확인하기 바란다.

한편 조절효과를 나타내기 위해 조절변수 값이 특정 값을 가질 때 X, Y의 관계가 어떻게 달라지는지를 효과그림(effect plot)을 이용하여 [그림 4-6]과 같이 나타낼 수 있다. 효과그림을 그리기 위해서는 ⑤와 같이 PLM 프로시저를 사용하여 독립변수는 "X="에 지정을 해주고 "PLOTBY="에 조절변수를 지정한 후 "=" 이하에 조절변수 값(예: −3, 10, 15)을 입력하면 [그림 4-6]과 같은 효과그림을 얻을 수 있다. 이 그림에서 확인할 수 있듯이 Z 변수의 값이 변할 때마다 X, Y의 관계도 변하고 기울기의 정도도 달라짐을 알 수 있다.

3. 조절효과의 시각화 방법

조절효과의 시각화 방법은 관심 있는 독립변수와 종속변수의 관계가 조절변수에 따라 어떻게 달라지는지는 시각적으로 표현하는 방법이다. SAS에서는 독립변수와 추정된 종속변수의 관계 시각화를 효과그림(effect plot)을 통해 구현한다. 현재 효과그림을 직접 지원하는 프로시저는 GENMOD, LOGISTIC, ORTHOREG 등이 있다. 또 다른 방법은 PLM 프로시저를 이용하는 방법이다. PLM 프로시저는 사후적합 통계분석(postfitting statistical analysis)을 수행하기 위한 프로시저이다. PLM은 다른 SAS 프로시저에서 STORE 명령문을 통해 저장된 정보를 이용하여 가설검정, 신뢰구간 계산, 예측 및 적합 그림 그리기, 새로운 데이터셋의 값 계산 등을 수행할 수 있다. PLM 프로시저에 필요한 정보를 저장할 수 있는 STORE 명령문을 제공하는 프로시저는 GENMOD, GLIMMIX, GLM, GLMSELECT, LIFEREG, LOGISTIC, MIXED, ORTHOREG, PHREG, PROBIT, SURVEYLOGISTIC, SURVEYPHREG, SURVEYREG 등이 있다. PLM 프로시저는 효과그림을 구현할 수 있는 EFFECTPLOT이라는 명령문을 제공하기 때문에 이를 이용하면 효과그림을 그릴 수 있다. 조절효과의 시각화는 효과그림을 적절히 이용하면 어렵지 않게 구현할 수 있다.

효과크기를 나타내는 각종 그림들은 [표 4-5]와 같다. 각 그림들 중 독립변수가 연속형 변수일 때 사용하는 것은 CONTOUR, FIT, SLICEFIT 그림이며, BOX, INTERACTION, MOSAIC 등은 범주형 변수인 경우에 사용한다.

조절효과의 경우에는 SLICEBY= 혹은 PANELBY= 옵션에 조절효과 변수를 지정하고, X 및 Y 변수에 독립변수와 종속변수를 지정해주면 조절효과 변수의 값에 따라 X, Y 변수의 관계가 어떻게 변화하는지를 시각적으로 표현해 줄 수 있다.

[표 4-5] 효과크기를 나타내는 각종 그림과 옵션들

효과크기 표현방법	옵션들
BOX	연속형 종속변수 Y의 예측값이 범주형 변수인 X의 범주에 따라 갖는 분포를 상자그림으로 나타낸 것으로 PLOTBY= 옵션과 X=범주형 변수 지정을 하여 계산을 한다.
CONTOUR	등고 그림을 그리는 것으로 X=연속형 변수, Y=연속형 변수를 지정한다. PLOTBY= 옵션 지정을 하면 지정된 값에 따라 그림을 따로 그려준다.
FIT	종속변수의 예측값을 연속형 변수 X값에 따라 그림을 그려준다. X=연속형 변수를 지정과 PLOTBY= 옵션을 지정할 수 있다.
INTERACTION	Y의 예측된 값과 (오차 선을 포함도 가능) 범주형 변수인 X의 관계를 나타내는 것으로 예측된 값들을 선으로 연결한다. X=범주형 변수를 지정해주며, SLICEBY= 옵션을 이용하여 각 범주 혹은 지정한 연속형 변수의 값의 수준에 따라 그림을 지정해준다. 또한, PLOYBY= 옵션을 사용하여 그림을 각 지정된 값에 따라 따로 그려준다.
MOSAIC	종속변수의 예측값을 이용하여 모자이크 그림을 그려주며 X=범주형 변수, PLOTBY= 옵션을 사용할 수 있다.
SLICEFIT	종속변수의 예측값의 그림을 연속형 독립변수 X에 대비하여 그림을 그린다. SLICEBY= 및 PLOTBY= 옵션을 사용할 수 있다. 이때 SLICEBY=에서 지정된 값에 따라 하나의 그림 위에 X, Y의 그림이 그려진다.

또한, 위 그림 유형별로 추가적인 옵션을 "/" 기호 이후에 부과할 수 있다. 신뢰수준을 지정하거나 신뢰구간을 나타내고, 그림들을 범주별로 구분하는 등 다양한 형태의 옵션이 제공된다. 각 그림별로 사용되는 옵션은 [표 4-6]과 같다.

[표 4-6] 효과그림별로 사용 가능한 옵션들

효과크기 표현방법	옵션들
BOX	CLUSTER, CONNECT, NOCLUSTER, NOCONNECT, YRANGE=
CONTOUR	EXTEND=, GRIDSIZE=
FIT	ALPHA=, EXTEND=, GRIDSIZE=, NOCLI, NOCLM, NOLIMITS, SMOOTH, YRANGE=
INTERACTION	ALPHA=, CLI, CLM, CLUSTER, CONNECT, LIMITS, NOCLUSTER, NOCONNECT, POLYBAR, YRANGE=
MOSAIC	ADDCELL, BIN, EQUAL, NOBORDER, TYPE=
SLICEFIT	ALPHA=, CLI, CLM, EXTEND=, GRIDSIZE=, LIMITS, YRANGE=

연속형 변수가 독립변수와 조절변수로 사용된 경우에 조절효과가 통계적으로 유의미한지를 검증하기 위해서는 TEST 명령문을 [표 4-7]과 같이 사용할 수 있다.[13]

[표 4-7] TEST 명령문

```
PROC PLM SOURCE=PARM5;/*①*/
   SHOW FIT PARMS;/*②*/
   TEST X*Z;/*③*/
RUN;
```

②는 PLM에 저장된 모형적합도(FIT)과 모수 추정량(PARMS)를 출력하도록 하고 있다. 모수 추정량이 출력된 것을 살펴보면 [표 4-8]과 같다.

[표 4-8] SHOW 명령문의 PARMS 옵션에 따라 출력된 모수 추정량

Parameter Estimates		
Effect	Estimate	Standard Error
Intercept	1.2996	0.9307
x	1.9937	0.06599
z	2.9121	0.06150
x*z	4.0028	0.004287

③은 선형모형에서 조절효과 즉 $X \times Z$가 통계적으로 유의미한지를 검정하는 것이다. 물론 GLM 프로시저를 이용하면 당연히 이를 검정할 수 있지만, PLM 프로시저에서도 이를 검정할 수 있다.

[표 4-9] $X \times Z$ 검정결과

Type III Tests of Model Effects				
Effect	Num DF	Den DF	F-Value	Pr > F
x*z	1	496	871731	<.0001

PLM 프로시저에서 유용하게 사용할 수 있는 명령문 중의 하나는 ESTIMATE 명령문이다. 예를 들어 [표 4-10]의 명령문을 사용해보도록 하자. 여기서 "BETA1"이라는 것은

13 이 코드에 사용된 데이터셋은 위 예제에서 만들어진 PARM5 자료이다.

추정하고자 하는 회귀계수식에 이름을 부여한 것이다. 그리고 "X 1"이라는 것은 X의 값이 1이라는 것을 지정한 것이다. 다른 변수들은 지정하지 않았으므로 모형 $Y_i = \beta_0 + \beta_1 X_i + \beta_2 Z_i + \beta_3 X_i Z_i + \epsilon_i$의 절편항을 비롯하여 다른 독립변수 값은 모두 0이라고 가정된 것이다. 그렇다면 추정하는 값은 β_1이 된다.

[표 4-10] 하나의 독립변수의 회귀계수에 대한 통계적 가설검정을 하는 방법

```
PROC PLM SOURCE=PARM5;
   SHOW FIT PARMS;
   ESTIMATE "BETA1" X 1/E ;
RUN;
```

ESTIMATE 명령문에서 E 옵션을 지정하면 독립변수들의 값의 크기에 대한 정보를 나타내주는 열 벡터 $\boldsymbol{L}$을 얻을 수 있는데 [표 4-11]은 이러한 정보를 보여준다. 즉 $\boldsymbol{L}' = [$절편, $X,\ Z,\ XZ] = [0\ 1\ 0\ 0]$임을 알 수 있다. 이 벡터값에 독립변수의 추정된 회귀계수 벡터 $\boldsymbol{\beta}$를 곱하게 되면 추정치를 얻게 된다.

[표 4-11] 지정된 독립변수의 크기 벡터

Estimate Coefficients	
Effect	Row1
Intercept	
x	1
z	
x*z	

독립변수의 추정된 회귀계수 열 벡터 $\hat{\boldsymbol{\beta}}$는 [표 4-12]와 같다.

즉, $\hat{\boldsymbol{\beta}}' = [\beta_0\ \beta_1\ \beta_2\ \beta_3] = [1.2996\ 1.9937\ 2.9121\ 4.0028]$임을 알 수 있다.

[표 4-12] 독립변수의 추정된 회귀계수 벡터

Parameter Estimates		
Effect	Estimate	Standard Error
Intercept	1.2996	0.9307

Parameter Estimates		
x	1.9937	0.06599
z	2.9121	0.06150
x*z	4.0028	0.004287

ESTIMATE 명령문을 이용하면 독립변수 값의 열 벡터 $\boldsymbol{L}$의 전치행렬과 추정된 회귀계수의 곱 즉 $\boldsymbol{L}'\hat{\boldsymbol{\beta}}$을 계산할 수 있다. 앞에서 지정된 독립변수의 크기 벡터 $\boldsymbol{L}'=[\text{절편}, X, Z, XZ] = [0\,1\,0\,0]$로 주어지면 $\boldsymbol{L}'\hat{\boldsymbol{\beta}}$은 [표 4-13]과 같이 1.9937로 나타남을 알 수 있고 이 값은 회귀분석을 이용해서 구한 X의 회귀계수와 표준오차와 동일함을 알 수 있다.

[표 4-13] ESTIMATE 명령문을 이용해서 얻은 결과

Estimate					
Label	Estimate	Standard Error	DF	t-Value	Pr > |t|
BETA1	1.9937	0.06599	496	30.21	<.0001

ESTIMATE 명령문은 조절변수의 크기가 주어졌을 때 주변수가 통계적으로 유의미한지를 판단하는 데 유용하다. 조절효과 모형에서는 연구자가 관심 있는 주변수가 통계적으로 유의미한지 여부는 주변수의 회귀계수만을 가지고는 판단해서는 안 되며, 조절효과 값과 조절효과의 회귀계수 값을 모두 고려하여서 판단해야 한다.

예를 들어 $Z=3$으로 주어졌을 때 X가 한 단위 변할 때 Y가 변화는 양이 통계적으로 유의미한지를 살펴보자. 이것은 $Y=\beta_0+(\beta_1+\beta_3 Z)X+\beta_2 Z+\epsilon$이기 때문에 회귀계수 추정량 $\widehat{\beta_1}\times 1+\widehat{\beta_3}\times 3$이 통계적으로 유의미한지를 검정하는 문제와 동일하다. 따라서 [표 4-14]의 프로그램과 같이 나타낼 수 있다. 여기서 ESTIMATE 명령문에서 "BETA1+3 BETA3"은 검정하고자 하는 가설의 이름을 지정한 것이며 그 뒤에 나오는 X는 변수 X의 회귀계수 추정량을 의미한다. 즉 $\widehat{\beta_1}$의 값을 의미하는 것이다. 또한 XZ는 XZ 변수의 회귀계수의 추정량 즉 $\widehat{\beta_3}$을 의미한다. "X 1", "X*Z 3"은 $\widehat{\beta_1}\times 1+\widehat{\beta_3}\times 3$의 값을 추정하고 가설을 검정하라는 의미이다.[14]

14 여기서는 X, Z 변수 모두가 연속형 변수이다. 만일 연속형 변수가 아니면 이 관계가 성립하지 않는다.

[표 4-14] X 한 단위 변화에 대한 Y 변화량의 유의미성 검정

```
PROC PLM SOURCE=PARM5;
   SHOW FIT PARMS;
   ESTIMATE "BETA1+3 BETA3" X 1 X*Z 3 / E ;
RUN;
```

이 프로그램을 실행하면 독립변수 크기 벡터 $\boldsymbol{L}$은 다음과 같이 얻어진다.

[표 4-15] 독립변수의 값

Estimate Coefficients	
Effect	Row1
Intercept	
x	1
z	
x*z	3

[표 4-16]에서 $\widehat{\beta_1} \times 1 + \widehat{\beta_3} \times 3$ 검정결과는 p-Value를 살펴보면 유의수준 0.05보다 작기 때문에 $\widehat{\beta_1} \times 1 + \widehat{\beta_3} \times 3 = 0$이라는 귀무가설을 기각하게 된다. 실제로 $\widehat{\beta_1} \times 1 + \widehat{\beta_3} \times 3$의 검정된 값은 14.0022로 나타나고 있어 상당히 큰 값임을 알 수 있다. 이 회귀계수의 의미는 Z가 3의 값을 가질 때 X가 한 단위 증가하면 Y는 14.0022만큼 증가한다고 해석할 수 있다.

[표 4-16] $\widehat{\beta_1} \times 1 + \widehat{\beta_3} \times 3$ 검정결과

Estimate					
Label	Estimate	Standard Error	DF	t-Value	Pr > |t|
BETA1+3 BETA3	14.0022	0.05745	496	243.72	<.0001

한편 $Z = -0.5$로 고정했을 때 X가 한 단위 변할 때 Y가 한 단위 변화하는 양의 크기가 통계적으로 유의미한지 살펴보자. [표 4-17]의 코드를 실행시키면 [표 4-18]의 결과를 얻을 수 있다.

[표 4-17] 조절변수를 고정했을 때 X, Y의 관계 추정

```
PROC PLM SOURCE=PARM5;
   SHOW FIT PARMS;
   ESTIMATE "BETA1-0.5 BETA3" X 1 X*Z -0.5 / E ;
RUN;
```

[표 4-18]은 $\widehat{\beta}_1 \times 1 - \widehat{\beta}_3 \times 0.5$의 값에 대한 추정과 검정을 한 결과이다. 이 결과를 살펴보면 $Z=-0.5$로 주어졌을 때 X가 한 단위 증가할 때 Y가 증가하는 크기 즉 $\widehat{\beta}_1 \times 1 - \widehat{\beta}_3 \times 0.5$값은 −0.00771밖에 되지 않는 것으로 나타나고 있다. 또 이 값은 p-Value를 살펴보면 0.9091로 통계적으로 유의미하지 않음을 알 수 있다.

이처럼 모형에 조절효과가 존재할 때 X, Y의 관계는 Z값이 얼마인지에 따라 크게 달라질 수 있다.

[표 4-18] $\widehat{\beta}_1 \times 1 - \widehat{\beta}_3 \times 0.5$ 검정결과

Estimate					
Label	Estimate	Standard Error	DF	t-Value	Pr > |t|
BETA1−0.5 BETA3	−0.00771	0.06754	496	−0.11	0.9091

조절효과의 값을 하나씩 지정하기보다는 여러 개를 한꺼번에 지정하여 X, Y의 관계 변화를 살펴볼 수도 있다. [표 4-19]는 Z값이 각각 −0.5, 10, 15로 변할 때 X, Y의 관계가 어떻게 변하는지를 서로 독립된 패널에 그림으로 출력하기 위한 프로그램이다.

[표 4-19] 조절변수 값을 변화시키면서 X, Y의 관계의 시각화

```
PROC PLM SOURCE=PARM5;
   SHOW FIT PARMS;
   EFFECTPLOT FIT(X=X PLOTBY=Z=-0.5 10 15)/ALPHA=0.1;
RUN;
```

[그림 4-7]에서 확인할 수 있듯이 $Z=-0.5$일 때는 X, Y 관계가 거의 없는 것으로 나타나지만 $Z=10$, $Z=15$일 때는 뚜렷하게 양의 상관관계가 있는 것으로 나타나고 있다.

[그림 4-7] *Z*값의 변화에 따른 *X*, *Y* 관계의 변화(FIT 그림)

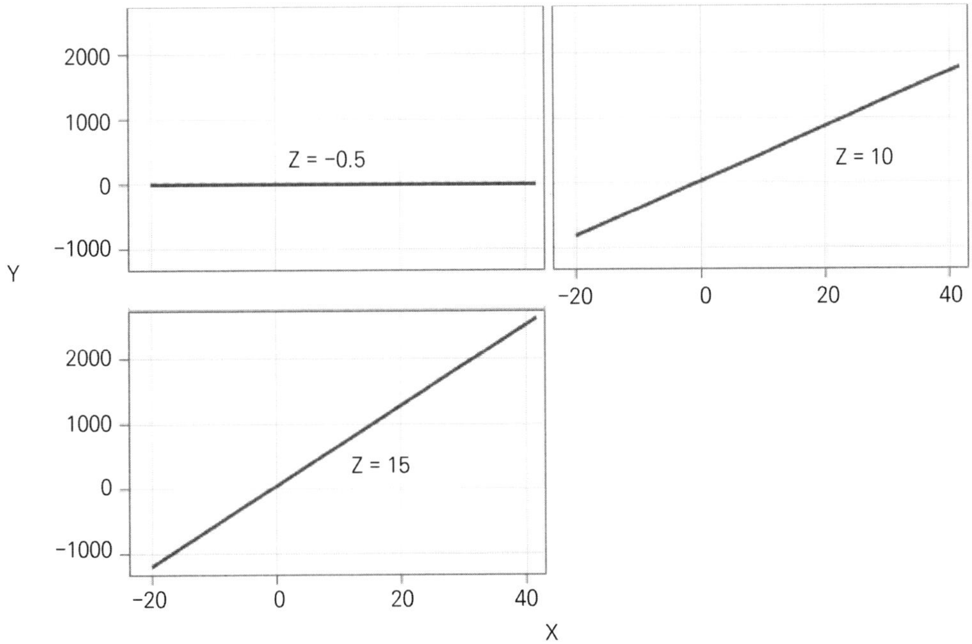

경우에 따라서는 효과그림을 패널별로 나누어 그리기보다는 하나의 그림 위에 나타내는 것이 유용한 경우가 많다. [표 4-20]은 SLICEFIT 옵션을 이용하여 하나의 그림 위에 *Z*값의 변화에 따라 *X*, *Y*의 관계가 어떻게 달라지는지를 나타내주고 있다.

[표 4-20] SLICEFIT 옵션을 이용한 시각화 코드

```
PROC PLM SOURCE=PARM5;
   SHOW FIT PARMS;
   EFFECTPLOT SLICEFIT(X=X SLICEBY=Z=-0.5 10 15)/CLM ALPHA=0.2;
RUN;
```

이 프로그램을 실행하면 [그림 4-8]과 같은 결과를 얻게 되며 *X*의 변화에 따라서 *Y*가 변화하는 양이 서로 다름을 알 수 있다.

[그림 4-8] Z값의 변화에 따른 X, Y 관계의 변화(SLICEFIT 그림)

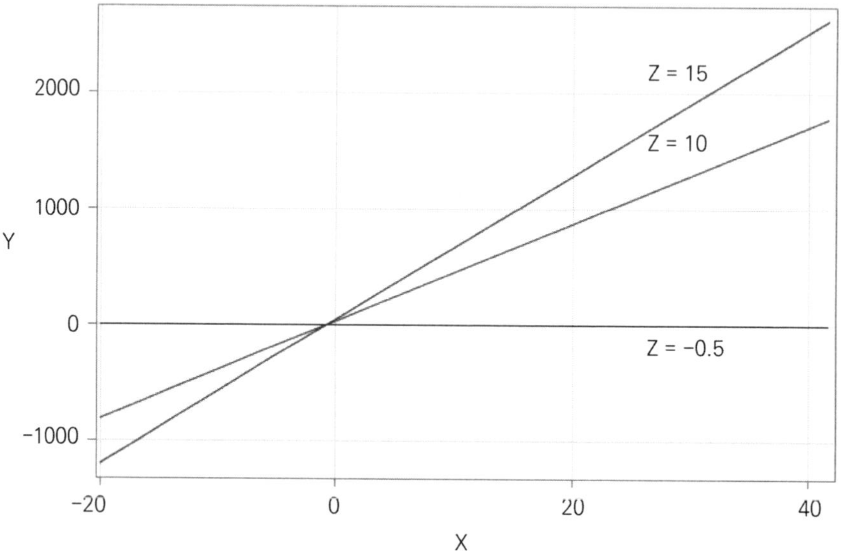

생각해보기

조절효과 모형에서 조절변수의 값에 따라 독립변수 X가 Y에 미치는 영향의 크기는 달라진다. 그렇다면 조절효과 값의 차이가 다를 때 회귀계수의 차이도 통계적으로 유의미할까? 예를 들어 "조절변수의 값이 -0.5일 때와 10일 때 X의 회귀계수의 차이는 통계적으로 유의미하지만 10과 15일 때 X의 회귀계수는 통계적으로 유의미하지 않을 수 있다."라고 주장하는 것이다. 하지만 이 주장은 타당하지 않다. 상호작용항이 통계적으로 유의미해서 조절효과가 존재하는 경우에는 조절변수 값이 어떻게 변하더라도 두 회귀식에서 X의 회귀계수의 차이는 항상 통계적으로 유의미하다.

예를 들어 조절변수가 조직 공정성이라고 한다면 조직 공정성이 높은 경우(z_H)와 조직 공정성이 낮은 경우(z_L)를 비교한다고 가정해보자. 그렇다면 X가 Y에 미치는 영향은 Z의 값에 따라 다음과 같은 두 개의 회귀 추정식을 이용해서 나타낼 수 있다.

$$\hat{Y_i} = \hat{\beta_0} + \hat{\beta_2} z_H + (\hat{\beta_1} + \hat{\beta_3} z_H) X_i$$
$$\hat{Y_i} = \hat{\beta_0} + \hat{\beta_2} z_L + (\hat{\beta_1} + \hat{\beta_3} z_L) X_i$$

위 회귀 추정식에서 살펴볼 수 있듯이 조절변수 Z의 값은 X와 Y의 회귀식에서 절편과 X의 회귀계수에 영향을 줌을 알 수 있다. 조절변수가 각각 z_H와 z_L 값을 가질 때 두 회귀식의 절편 차이는 $\hat{\beta_2}(z_H - z_L)$로 나타낼 수 있다. 또한, 회귀계수의 차이는 $\hat{\beta_3}(z_H - z_L)$로 나타낼 수 있다.

조절변수가 z_H로 주어졌을 때와 z_L로 주어졌을 때 두 회귀식의 독립변수 X의 회귀계수 차이 즉 $\hat{\beta_3}(z_H - z_L)$가 통계적으로 유의미한지를 검정할 수 있다. 이 검정을 위한 귀무가설과 검정 통계량은 각각 다음과 같다.

$$H_0 : \beta_3 (Z_H - Z_L) = 0$$

$$t = \frac{\widehat{\beta_3}(Z_H - Z_L)}{\sqrt{Var(\widehat{\beta_3})((Z_H - Z_L)^2}} = \frac{\widehat{\beta_3}}{SE_{\widehat{\beta_3}}}$$

이 검정 통계량은 $\beta_3 = 0$이라는 귀무가설에 대한 검정 통계량과 같음을 알 수 있다. 즉 조절효과가 존재한다고 한다면 조절변수의 값 z_h와 z_L이 어느 값을 갖더라도 서로 다른 조절변수 값에 따른 독립변수 X의 회귀계수 차이는 항상 통계적으로 유의미하다고 해석할 수 있다(Aiken & West, 1991: 20-21).

위의 예제에서는 독립변수와 조절변수가 모두 연속형 변수인 경우를 다루었다. 하지만 독립변수나 조절변수가 범주형 변수일 때는 ESTIMATE 명령문을 사용하는 방식이 조금씩 달라지게 된다. 그 이유는 독립변수들의 값의 크기에 대한 정보를 나타내주는 열 벡터 $\boldsymbol{L}$에서 범주형 변수는 가변수 처리를 해야 하기 때문에 가변수를 포함한 벡터가 되어야 하기 때문이다.

여기서는 조절변수가 범주형 변수인 경우를 먼저 살펴보도록 하자. 여기서는 SASHELP 라이브러리에 기본값으로 제공되는 나이(AGE), 키(HEIGHT), 성별(SEX) 변수가 포함된 CLASS라는 자료를 사용하고자 한다. 종속변수는 HEIGHT이고 독립변수는 AGE 그리고 SEX를 조절변수로 가정을 해보자.[15]

[표 4-21]의 ①은 다음과 같은 조절변수가 포함된 회귀식을 추정하기 위한 GLM 프로시저이다.

$$HEIGHT = \beta_0 + \beta_1 AGE + \beta_2 SEX + \beta_3 SEX \times AGE + \epsilon$$

[표 4-21] **조절변수가 범주형 변수인 경우의 예제**

```
PROC GLM DATA=SASHELP.CLASS;/*①*/
   CLASS SEX;
   MODEL HEIGHT=AGE SEX SEX*AGE/SOLUTION E;
   STORE OUT=PARM2;
RUN;
```

15 주의 깊은 독자들은 인지하겠지만 SEX라는 조절변수는 독립변수보다 선행한다. 따라서 조절변수가 독립변수보다 시간적으로 선행해야 된다는 가정에 위배된다. 하지만 효과그림을 표현하기 위해서 임의로 조절변수라고 가정을 하고자 한다.

```
PROC PLM SOURCE=PARM2;
   SHOW FIT PARMS;
   TEST SEX SEX*AGE;
      ESTIMATE "AGE AT SEX=1" AGE 1 SEX*AGE 1 0/E;/*②*/
      ESTIMATE "AGE AT SEX=0" AGE 1 SEX*AGE 0 1/E;/*③*/
      ESTIMATE "SEX DIFF" SEX*AGE 1 -1 /E;/*④*/
      LSMEANS SEX/DIFF;/*⑤*/
      EFFECTPLOT SLICEFIT(X=AGE SLICEBY=SEX)/ALPHA=0.05 CLM;/*⑥*/
      SCORE DATA=SASHELP.CLASS OUT=PRED PREDICTED;
RUN;
```

①을 이용해 회귀모형을 추정한 결과는 [표 4-22]와 같다. 이 결과를 보면 상호작용항의 회귀계수가 −0.29로 음의 관계가 나타나고 있으나 p-Value값은 0.7559로 통계적으로 유의미하지 않음을 알 수 있다.

[표 4-22] GLM을 이용한 조절효과 모형 추정결과

Parameter	Estimate		Standard Error	t-Value	Pr > |t|
Intercept	22.15000000	B	9.64093333	2.30	0.0364
Age	2.90714286	B	0.72556844	4.01	0.0011
Sex 남	6.74426230	B	12.41092614	0.54	0.5948
Sex 여	0.00000000	B	.	.	.
Age*Sex 남	−0.29402810	B	0.92847894	−0.32	0.7559
Age*Sex 여	0.00000000	B	.	.	.

조절효과의 크기는 효과그림을 이용해서도 살펴볼 수 있다. [그림 4-9]와 같이 성별에 따른 나이와 키의 관계의 효과그림을 보면 남성보다 여성이 나이가 커질수록 키가 커지는 관계가 더욱 가파른 것으로 나타나고 있어 성별이 미약한 조절효과가 있음을 알 수 있다. 물론 이 효과의 크기는 통계적으로 유의미한 것은 아니다.

[그림 4-9] 성별에 따른 나이와 키의 관계의 효과그림

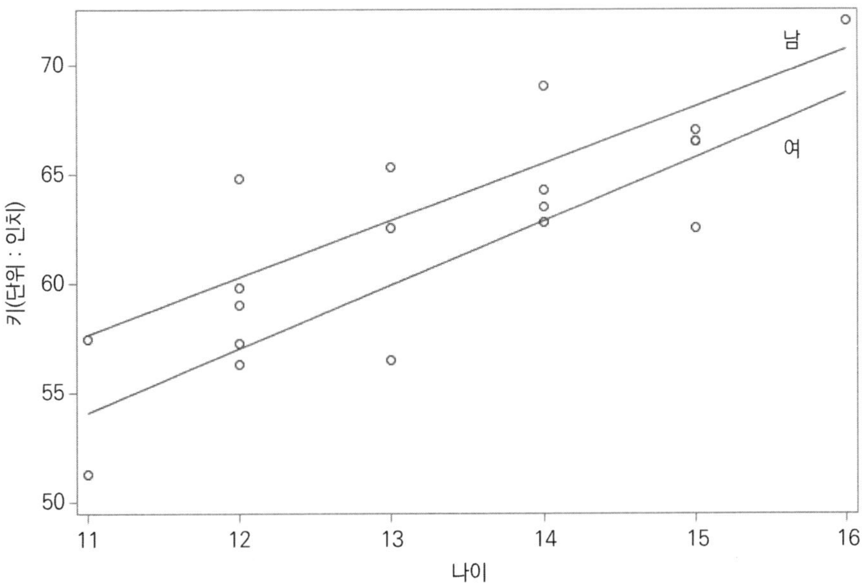

②는 조절변수인 SEX가 남성일 때 독립변수인 AGE가 통계적으로 유의미한 변수인지를 가설검정한 결과이다. 앞에서 제시한 회귀식에서 SEX=1인 경우이므로 AGE의 회귀계수, 즉, $(\beta_1+\beta_3\times 1)$ 값을 추정하기 위한 것이다. 앞의 [표 4-22]에서 $\widehat{\beta_1}$은 2.9071, $\widehat{\beta_3}$는 -0.2940이므로 $(\beta_1+\beta_3\times 1)$ 값은 2.6131이 된다. 이렇게 손으로 계산할 수도 있지만 ②의 ESTIMATE 명령문을 이용하여도 결과를 얻을 수 있다. 이때 주의를 해야 할 것은 ESTIMATE에서 계수 값을 지정해주는 방식이다. AGE는 $\widehat{\beta_1}$이므로 1의 값을 지정해주었지만 SEX*AGE의 경우 1 0의 값을 지정해주었다. 이렇게 값을 지정해 준 것은 SEX 값이 남자와 여자의 범주를 갖게 되는데 남자가 첫 번째, 여자가 두 번째 범주로 지정되어 있다. 이 순서를 확인하기 위해 사용한 옵션이 "/E"로 나타나 있다. 이 옵션을 지정하면 [표 4-24]와 같은 변수의 추정된 계수 값이 나타나는데 이것은 각 효과의 계수를 나타낸다. 예를 들어 SEX*AGE에서 남자의 ROW열의 값이 1로 나타나고 있는데 이것은 이 상호작용항에서 범주형 변수인 SEX가 남자인 경우를 1의 값을 부여했다는 의미이다. 따라서 독립변수 값의 벡터는 `ESTIMATE "AGE AT SEX=1" AGE 1 SEX*AGE 1 0/E;`이라는 명령문을 사용하면 다음과 같이 나타낼 수 있으며 [표 4-23]은 이 행렬을 나타낸다.

$$\boldsymbol{L'} = [\text{절편},\ AGE,\ SEX\text{남},\ SEX\text{여},\ AGE^{*}SEX\text{남},\ AGE^{*}SEX\text{여}]$$
$$= [0,\ 1,\ 0,\ 0,\ 1,\ 0]$$

[표 4-23] 독립변수 벡터(SEX*AGE 1 0의 경우)

Estimate Coefficients		
Effect	성별	Row1
Intercept		
Age		1
Sex	남	
Sex	여	
Age*Sex	남	1
Age*Sex	여	

[표 4-24]는 $(\beta_1 + \beta_3 \times 1)$의 추정치 값을 제공해주고 있는데 앞에서 손으로 계산한 것과 동일함을 알 수 있다. p-Value 값을 고려한다면 남성인 경우 나이가 키에 미치는 영향은 통계적으로 유의미하며 나이가 한 단위 증가하면 키는 2.6131 단위만큼 증가한다고 해석할 수 있다.

[표 4-24] SEX=1일 때 AGE가 HEIGHT에 미치는 영향

Estimate					
Label	Estimate	Standard Error	DF	t-Value	Pr > |t|
AGE AT SEX=1	2.6131	0.5793	15	4.51	0.0004

만일 조절변수가 여성인 경우에는 SEX=0의 값을 갖기 때문에 독립변수 벡터는 ③과 같이 `ESTIMATE "AGE AT SEX=0" AGE 1 SEX*AGE 0 1/E;` 명령문을 이용해서 나타낼 수 있고, 그 결과는 [표 4-25]와 같이 된다.

[표 4-25] 독립변수 벡터(SEX*AGE 0 1의 경우)

Estimate Coefficients		
Effect	성별	Row1
Intercept		
Age		1
Sex	남	
Sex	여	
Age*Sex	남	
Age*Sex	여	1

따라서, 여성인 경우 AGE가 한 단위 증가할 때 HEIGHT의 증가하는 크기는 (β_1)이 되고 그 추정값은 [표 4-26]과 같이 계산이 된다. 이를 살펴보면 회귀계수가 2.9071로 나타나고 있는데 남성인 경우의 회귀계수 2.6131보다 더 큼을 알 수 있다. 즉 여성이 남성보다 나이가 들수록 키가 커지는 정도가 더 빠르다는 것을 확인할 수 있다.

[표 4-26] SEX=0일 때 AGE가 HEIGHT에 미치는 영향

Estimate					
Label	Estimate	Standard Error	DF	t-Value	Pr > |t|
AGE AT SEX=0	2.9071	0.7256	15	4.01	0.0011

그렇다면 남자일 때 AGE가 HEIGHT에 미치는 영향의 크기와 여자일 때 AGE가 HEIGHT에 미치는 크기가 통계적으로 유의미한 차이를 보인다고 할 수 있을까? 즉 남자 집단에서 AGE가 HEIGHT에 미치는 효과나 여자 집단에서 AGE가 HEIGHT에 미치는 영향의 크기가 차이가 있을까? 위 분석에서 보면 두 집단의 차이는 −0.2940(=2.6131−2.9071)이다. 이를 검증하기 위한 것이 ④ 명령문이며 그 결과는 [표 4-27]과 같이 나타나고 있다. 이 결과는 GLM 프로시저에서 상호작용 항의 회귀계수에 대한 가설검정 결과와 동일함을 알 수 있다.

[표 4-27] 남성과 여성의 AGE가 HEIGHT에 미치는 영향 차이 검정

Estimate					
Label	Estimate	Standard Error	DF	t-Value	Pr > |t|
SEX DIFF	−0.2940	0.9285	15	−0.32	0.7559

한편 집단 간의 평균 차이가 통계적으로 유의미한지도 중요한 연구문제가 될 수 있다. 즉 남자와 여자가 HEIGHT의 크기에서 차이가 존재하는지를 검정하는 경우이다. 이때 사용할 수 있는 것은 LSMEANS 명령문이다. ⑤는 이를 검정하기 위한 명령문이며 [표 4-28]의 결과처럼 남자는 여자에 비해 HEIGH가 2.829만큼 큰 것으로 나타나고 있으며, 이 차이는 통계적으로 유의미한 것으로 나타나고 있다.

[표 4-28] 성별 간의 종속변수의 최소제곱차이 검정

Differences of Sex Least Squares Means						
성별	성별	Estimate	Standard Error	DF	t-Value	Pr > |t|
남	여	2.8290	1.3175	15	2.15	0.0485

그러나 성별 간의 차이는 평균차이일 뿐 나이를 통제한 상황에서도 차이가 있다고 판단할 수 없다. 모든 나이를 수준에서 이를 검증하기 어렵기 때문에 나이가 평균값을 가질 때의 상황을 가정하는 경우가 일반적이다. 나이가 평균값을 가질 때, 즉 13.32일 때 남자와 여자의 차이에 대해 SEX의 총 회귀계수 $\beta_2 + 13.23\beta_3$가 통계적으로 유의미한지를 검정해야 한다. 이를 검증하는 방법은 AGE=13.23일 때 남자와 여자의 HEIGHT 값을 각각 추정하여 이 차이가 통계적으로 유의미한지를 살펴볼 수 있다. 아래 식을 살펴보면 이 차이 값이 2.855가 됨을 알 수 있다.

모형식: $HEIGHT = \beta_0 + \beta_1 AGE + \beta_2 SEX + \beta_3 SEX \times AGE + \epsilon$

남: $\widehat{HEIGHT} = 22.15 + 2.9071 \times 13.23 + 6.7443 \times 1 - 0.2904 \times 1 \times 13.23 \approx 60.611$

여: $\widehat{HEIGHT} = 22.15 + 2.9071 \times 13.23 \approx 2.855$

PLM 프로시저의 ESTIMATE 명령문을 이용하여 이 값을 계산할 수 있는데 이때 독립변수 벡터와 독립변수 값의 벡터를 다음과 같이 지정할 수 있다.

```
ESTIMATE SEX 1 -1 SEX*AGE [1, 13.23 1] [-1,13.23 2]/E;
```

여기서 SEX 변수는 범주형 변수인데 남자인 경우와 여자인 경우의 차이를 비교하기 위한 것이기 때문에 1 -1로 지정을 하였다. 한편 상호작용항인 SEX*AGE의 경우는 남자인 경우와 여자인 경우가 있기 때문에 각 범주의 독립변수 값을 [ ] 기호를 이용하여 지정할 수 있다. 먼저 남자인 경우 SEX*AGE의 독립변수 값의 벡터는 SEX의 범주를 1로 지정한 후 콤마로 구분한 후 AGE의 값과 범주의 순서를 지정한다. 남자는 1, 여자는 2로 지정되어 있으므로 위와 값이 지정한다. 이 명령문을 실행하면 [표 4-29]와 같은 결과를 얻게 되는데 그 값이 앞에서 구한 값과 동일함을 알 수 있다.[16] 또한 남자와 여자의 키의 차이는 통계적으로 유의미함을 알 수 있다.

16 소숫점 차이 때문에 차이가 나는 것 같이 보이지만 실제로는 동일한 값이다.

[표 4-29] 나이가 평균값을 가질 때 남자와 여자의 키의 차이

Estimate					
Label	Estimate	Standard Error	DF	t-Value	Pr > |t|
Row 1	2.8543	1.3185	15	2.16	0.0469

AGE의 변화에 따라 키가 변화하는 것이 남자와 여자 사이에 어떻게 달라지는지를 달라지는지는 ⑥의 SLICEFIT 효과그림을 이용하면 된다. 이때 SLICEBY= 옵션에 조절변수인 SEX를 지정해주면 [그림 4-10]과 같은 결과를 얻게 된다. 그림에서 신뢰구간은 성별이 각각 남자와 여자로 주어지고 나이가 주어졌을 때 HEIGHT의 신뢰구간이다.[17]

[그림 4-10] 조절변수에 따라 나이와 키 관계의 변화

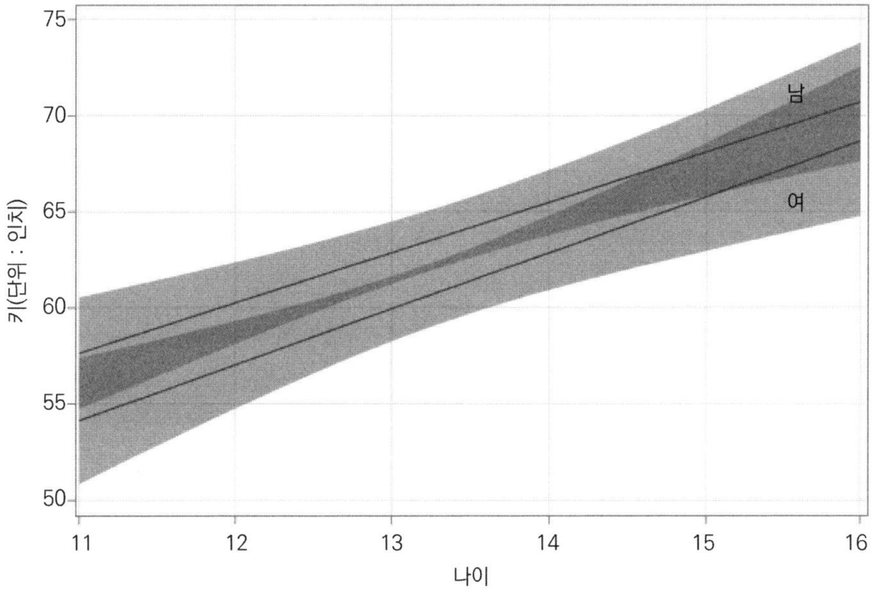

생각해보기

앞에서 나이가 평균값인 13.23을 가질 때 남자와 여자의 키의 차이는 통계적으로 유의미한 것으로 나타나고 있다(p-value = 0.0469). 하지만 SLICEFIT 명령문을 이용하여 그림을 그린 경우에는 나이의 값에 관계없이 남자와 여자의 키의 신뢰구간이 겹치기 때문에 남자와 여자의 키가 통계적으로 유의미한 차이가 없다고 해석을

17 조절효과에 관한 다양한 시각화 방법에 대해서는 다음 웹사이트를 참고하라.
https://stats.idre.ucla.edu/sas/seminars/analyzing-and-visualizing-interactions

할 수 있다. 왜 이런 차이가 발생하였을까?

먼저 SLICEFIT에서 계산된 신뢰구간은 남자와 여자의 신뢰구간을 각각 계산한 것이다. 이 신뢰구간은 아래 PLM 프로시저 코드에서 SCORE 명령문을 통해 구할 수 있다.

```
DATA TEMP;
   INPUT HEIGHT AGE SEX$;
   CARDS;
   . 13.23 남
   . 13.23 여
  ;
RUN;
PROC PLM SOURCE=PARM2;
    SCORE DATA=TEMP OUT=PRED PREDICTED STDERR UCL LCL;
    ESTIMATE "SEX DIFF AT AGE=13.23" SEX 1 -1 SEX*AGE [1, 13.23 1]
[-1,13.23 2]/E CL;
RUN;
PROC PRINT NOOBS;RUN;
```

앞의 코드를 실행하면 다음과 같은 결과를 얻게 되는데 AGE=13.23일 때 남자와 여자의 HEIGHT의 신뢰구간이 겹침을 알 수 있다. SLICEFIT 프로시저에서는 이 신뢰구간을 나타낸 것이다.

HEIGHT	AGE	SEX	Predicted	StdErr	LCL	UCL
.	13.23	남	63.4658	0.91029	57.0651	69.8665
.	13.23	여	60.6115	0.95391	54.1820	67.0410

반면 우리가 남자 집단과 여자 집단의 차이에 대한 통계적 가설검정은 집단 간 차이에 대한 검정을 수행하여 판단하는 것이다. 즉, 두 집단의 평균에 대한 t-검정의 문제로 이해해야 한다. 즉, 검정해야 하는 귀무가설은 다음과 같다.

$$H_0 : \mu_{\text{남}} = \mu_{\text{여}} \text{ at AGE=13.23}$$

이 경우 등분산 가정하에서 두 집단 평균차이의 표준오차는 다음과 같이 구할 수 있다.

$$\sqrt{SE_{\text{남}}^2 + SE_{\text{여}}^2} = \sqrt{0.91029^2 + 0.95391^2} = 1.318549$$

이 값은 두 집단 차이 검정의 표에서 나타난 통계량과 동일함을 알 수 있다.

Estimate								
Label	Estimate	Standard Error	DF	t-Value	Pr > |t|	Alpha	Lower	Upper
SEX DIFF AT AGE=13.23	2.8543	1.3185	15	2.16	0.0469	0.05	0.04385	5.6647

따라서, 조절효과가 존재하는 경우에는 두 집단의 평균의 차이에 대한 통계적 검정과 조절변수의 값이 주어진 경우의 두 집단의 차이에 대한 통계적 검정이 동일하지 않다는 사실에 유의해야 한다.

이렇게 조절변수의 크기에 따라 독립변수와 종속변수의 관계의 크기와 방향이 변한다는 것이 현실적으로는 어떤 의미일까? 정책분야에서는 정책을 독립변수, 정책효과를 종속변수, 국민의 지지를 조절변수라고 할 때 일정한 수준 이상의 국민의 지지가 있어야 비로소 정책의 효과가 발생하는 경우가 있다. 따라서 단순히 정책과 정책효과 간의 관계만을 측정하는 것이 아니라 국민의 지지 수준을 고려한 후에 양자 간의 관계의 크기를 측정해야 하는 것이다.

4. 로지스틱 회귀분석에서의 조절효과

로지스틱 회귀분석에서의 조절효과를 이해하기 위해서는 로지스틱 회귀분석에서 사용되는 오즈, 로짓, 오즈비 등의 개념을 충분히 이해하고 있어야 한다.[18] 이하에서는 로지스틱 회귀분석의 기초를 이해하고 있다는 것을 전제로 로지스틱 회귀분석의 상호작용 효과를 설명하고자 한다.

분석에 사용하고자 하는 예제 자료는 neuralzia 자료이다. 이 자료는 60개의 관찰점으로 구성되어 있으며, 로지스틱 회귀모형의 독립변수는 3개의 범주(A, B, P)를 갖는 치료방법(Treatment)이라는 변수와 2개의 범주를 갖는 성별(Sex)이라는 변수, 치료 전에 증상의 지속된 개월수(Duration)라는 연속형 변수, 그리고 치료방법과 통증 지속기간 간의 상호작용항으로 구성되어 있다. 종속변수는 신경통이 없어질 확률을 π_i로 하는 로짓이다. 이 로짓함수는 기준코딩을 사용하는 경우 아래 식과 같이 나타낼 수 있다.

---

18 이에 대해서는 고길곤. (2018). 범주형 자료 분석, 문우사를 참고하기 바란다.

$$\ln\left(\frac{\pi_i}{1-\pi_i}\right) = \beta_0 + \beta_1 TRT_A + \beta_2 TRT_B + \beta_3 Sex_F + \beta_4 Age$$
$$+ \beta_5 Duration + \beta_6 Duration^* \, Trt_A + \beta_7 Duration^* \, Trt_B$$

분석에 사용된 자료는 [표 4-30]과 같다.

[표 4-30] 통증 예제 자료

```
Data Neuralgia;
   INPUT Treatment $ Sex $ Age Duration Pain $ @@;
   CARDS;
        P  F  68   1  No   B  M  74  16  No   P  F  67  30  No
        P  M  66  26  Yes  B  F  67  28  No   B  F  77  16  No
        A  F  71  12  No   B  F  72  50  No   B  F  76   9  Yes
        A  M  71  17  Yes  A  F  63  27  No   A  F  69  18  Yes
        B  F  66  12  No   A  M  62  42  No   P  F  64   1  Yes
        A  F  64  17  No   P  M  74   4  No   A  F  72  25  No
        P  M  70   1  Yes  B  M  66  19  No   B  M  59  29  No
        A  F  64  30  No   A  M  70  28  No   A  M  69   1  No
        B  F  78   1  No   P  M  83   1  Yes B  F  69  42  No
        B  M  75  30  Yes  P  M  77  29  Yes P  F  79  20  Yes
        A  M  70  12  No   A  F  69  12  No   B  F  65  14  No
        B  M  70   1  No   B  M  67  23  No   A  M  76  25  Yes
        P  M  78  12  Yes  B  M  77   1  Yes B  F  69  24  No
        P  M  66   4  Yes  P  F  65  29  No   P  M  60  26  Yes
        A  M  78  15  Yes  B  M  75  21  Yes A  F  67  11  No
        P  F  72  27  No   P  F  70  13  Yes A  M  75   6  Yes
        B  F  65   7  No   P  F  68  27  Yes P  M  68  11  Yes
        P  M  67  17  Yes  B  M  70  22  No   A  M  65  15  No
        P  F  67   1  Yes  A  M  67  10  No   P  F  72  11  Yes
        A  F  74   1  No   B  M  80  21  Yes A  F  69   3  No
   ;
RUN;
```

먼저 범주형 독립변수의 값이 주어졌을 때 연속형 독립변수가 변할 때 종속변수가 얼마나 변하는지를 살펴보도록 하자. 예제 자료에서는 Treatment=A일 때 Duration이 변할 때 통증의 로짓이 얼마나 변하는지를 살펴보는 문제라고 이해할 수 있다. 먼저 로지스틱 회귀모형을 추정을 위해 [표 4-31]과 같은 PROC LOGISTIC 프로시저를 사용할 수 있다.

[표 4-31] PROC LOGISTIC 프로시저를 이용한 회귀계수의 추정

```
PROC LOGISTIC DATA=Neuralgia SIMPLE;
   CLASS TREATMENT SEX / PARAM=REF ;
   MODEL  Pain= Treatment  SEX  AGE DURATION TREATMENT*DURATION/EXPB;
   ODDSRATIO DURATION / AT (TREATMENT=ALL);
   STORE RESULT;
RUN;
```

[표 4-31]의 프로그램을 실행하면 [표 4-32]와 같은 결과를 얻을 수 있다. 이 결과를 보면 상호작용항의 회귀계수가 통계적으로 유의미하지 않기 때문에 상호작용이 존재하지 않는다고 결론을 내릴 수 있다. 즉, TREATMENT 값이 달라지더라도 DURATION이 로짓의 크기에 미치는 영향의 크기가 달라지는 것은 통계적으로 유의미하지 않음을 알 수 있다.

[표 4-32] 추정된 회귀계수

Analysis of Maximum Likelihood Estimates							
Parameter		DF	Estimate	Standard Error	Wald Chi-Square	Pr > ChiSq	Exp(Est)
Intercept (β_0)		1	15.4871	6.5864	5.5289	0.0187	5320726
Treatment (β_1)	A	1	4.0758	1.6818	5.8730	0.0154	58.899
Treatment (β_2)	B	1	4.2510	1.7422	5.9533	0.0147	70.173
Sex (β_3)	F	1	1.8279	0.8040	5.1682	0.0230	6.221
Age (β_4)		1	−0.2669	0.0973	7.5247	0.0061	0.766
Duration (β_5)		1	0.0311	0.0522	0.3557	0.5509	1.032
Duration*Treatment (β_6)	A	1	−0.0567	0.0814	0.4849	0.4862	0.945
Duration*Treatment (β_7)	B	1	−0.0315	0.0750	0.1765	0.6744	0.969

Treatment 변수가 주어진 상황에서 Duration 변수의 회귀계수를 해석하기 위해서는 다음과 같이 로짓모형을 Duration에 대한 식으로 간단하게 나타내볼 수 있다.

$$\ln\left(\frac{\pi_i}{1-\pi_i}\right) = \beta_0 + \beta_1 TRT_A + \beta_2 TRT_B + \beta_3 Sex_F + \beta_4 Age$$
$$+ (\beta_5 + \beta_6{}^{*}\, Trt_A + \beta_7 Trt_B) Duration$$

이 식을 이용하여 Treatment=A로 주어졌을 때 Duration이 한 단위 변할 때 로짓의 변화 크기를 구해보면 $\beta_5 + \beta_6$ 즉 −0.0256(=0.0311−0.0567)임을 알 수 있다. 이 값을 오즈비로 변환해보면 0.975($= e^{-0.0256(=0.0311-0.0567)}$)로 계산된다. 이것은 치료 이전에 통증 증상이 오래될수록 Treatment=A 치료를 하면 통증이 없어질 확률이 더 낮아짐을 의미한다. 이와 유사한 방법으로 Treatment=B일 때 Duration의 오즈비는 1.00, Treatment=P일 때의 오즈비는 1.032임을 알 수 있다.

이렇게 상호작용항이 있는 로지스틱 회귀모형에서 범주형 변숫값이 주어졌을 때 다른 연속형 변수의 회귀계수를 구하기 위해 추정된 회귀계수를 히나씩 계산을 할 수도 있지만 [표 4-33]의 프로그램과 같이 ODDSRATIO DURATION / AT (TREATMENT=ALL); 라는 명령문을 사용할 수 있다. 이 명령문에서 AT라는 옵션을 사용하면 상호작용항에서 통제하고자 하는 변수의 값을 지정할 수 있고 괄호 안에 통제할 변수와 그 값을 지정하면 된다. Treatment=ALL을 지정하면 Treatment의 각 범주가 주어졌을 때의 Duration의 오즈비를 계산해준다. [표 4-33]의 계산결과는 오즈비를 계산한 결과를 보여주고 있으며 이는 회귀계수를 이용하여 직접 계산한 결과와 동일함을 알 수 있다. 신뢰구간을 보면 모두 1의 값을 포함하고 있는데 이것은 Duration이 한 단위 변할 때 변화하는 오즈비의 크기가 통계적으로 유의미하지 않다는 것을 의미한다.[19]

[표 4-33] ODDSRATIO 명령문을 이용한 계산

Odds Ratio Estimates and Wald Confidence Intervals			
Odds Ratio	Estimate	95% Confidence Limits	
Duration at Treatment=A	0.975	0.862	1.103
Duration at Treatment=B	1.000	0.899	1.112
Duration at Treatment=P	1.032	0.931	1.143

19 관심 있는 학생은 오즈비의 신뢰구간을 구할 때 사용된 오즈비의 표준오차 값이 어떻게 계산되는지를 한번 살펴보면 좋을 것이다.

[그림 4-11] 오즈비의 시각화

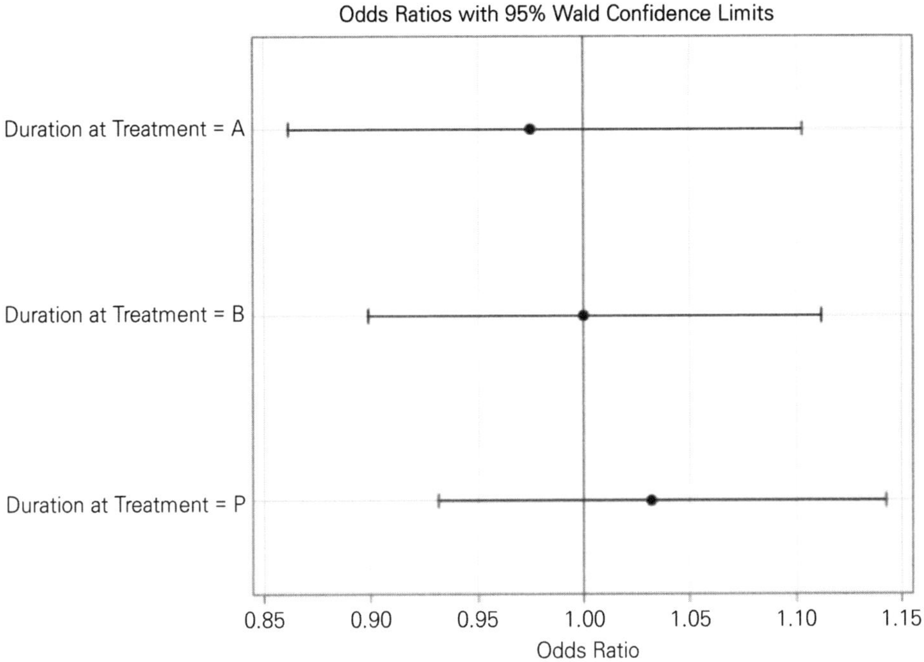

[표 4-33]의 분석결과는 시각화를 통해 훨씬 더 명확하게 나타낼 수 있는데 그 결과는 [그림 4-11]과 같다. 이 시각화 결과를 보면 Treatment의 범주값이 A, B, P인 경우 모두 Duration의 변화에 따라 오즈가 변하는 크기는 통계적으로 유의미하지 않음을 알 수 있다.

한편 동일한 결과를 PROC PLM 프로시저를 이용해서도 구할 수 있다. [표 4-34]는 PROC PLM 프로시저의 ESTIMATE 명령문을 이용하여 범주형 독립변수의 범주가 주어졌을 때 상호작용항의 다른 연속형 독립변수 값의 변화에 따라 변하는 오즈비를 나타내주고 있다.

[표 4-34] PLM 프로시저를 이용한 오즈비의 계산

```
PROC PLM RESTORE=RESULT;
  ESTIMATE "DURATION AT TREATMENT=A" DURATION 1 DURATION*TREATMENT 1 0,
           "DURATION AT TREATMENT=B" DURATION 1 DURATION*TREATMENT 0 1,
           "DURATION AT TREATMENT=P" DURATION 1 DURATION*TREATMENT 0 0/E EXP CL;
  EFFECTPLOT SLICEFIT (X=DURATION SLICEBY=TREATMENT)/ CLM;
RUN;
```

ESTIMATE 명령문에서 첫 번째 독립변수 값 계수 벡터는 DURATION 1 DURATION* TREATMENT 1 0으로 지정되어 있으며 이는 [표 4-35]의 Row1에 나타나 있다. 이와 유사하게 TREATMENT=B 인 경우와 TREATMENT=P인 경우에 Duration의 회귀계수를 계산하기 위한 독립변수 값의 벡터는 Row2 및 Row3에 제시되었다. 주의해야 할 것은 PROC LOGISTIC 프로시저에서 가변수 코딩은 기준코딩으로 하였다는 점이다. 만일 기준 코딩이 아닌 다른 코딩 방식을 사용하는 경우 독립변수 벡터의 코딩 방식도 바뀔 수 있다.

한편 위 프로그램 코드에서 EXP 옵션을 사용하면 오즈비를 출력해준다. 이 옵션을 사용하지 않으면 로짓에 대한 회귀계수만을 출력해준다.

[표 4-35] 독립변수 값의 벡터

Estimate Coefficients					
Parameter	Treatment	Sex	Row1	Row2	Row3
Intercept: Pain=No					
Treatment A	A				
Treatment B	B				
Sex F		F			
Age					
Duration			1	1	1
Treatment A * Duration	A		1		
Treatment B * Duration	B			1	

[표 4-36]은 PLM 프로시저의 ESTIMATE 명령문을 이용한 결과의 일부를 제시하고 있다. 이 계산 결과를 보면 Estimate 열에는 로짓의 회귀계수가, Exponentiated 열에는 오즈비의 회귀계수가 제시되고 있음을 알 수 있고 이 결과는 앞에서 얻은 결과와 동일함을 알 수 있다.

한편, 주어진 TREATMENT 범주별로 DURATION 값의 변화에 따라 통증이 발생하지 않을 확률의 값의 변화는 EFFECTPLOT의 SLICEFIT 옵션을 이용하면 [그림 4-12]와 같은 결과를 얻을 수 있다. 이 결과는 개별 TREATMENT 범주별 신뢰구간을 구하기 때문에 범주 간 차이의 신뢰구간을 구하지 못하는 한계가 있지만, 신뢰구간이 상당히 겹치고 있기 때문에 범주 간의 차이가 통계적으로 유의미하지 않음을 알 수 있다. 이것은 상호작용항이 통계적으로 유의미하지 않다는 앞의 분석 결과에서도 확인할 수 있다.

[표 4-36] PLM 프로시저의 ESTIMATE 명령문을 이용한 오즈비 계산

Label	Estimate	Standard Error	Exponentiated	Exponentiated Lower	Exponentiated Upper
DURATION AT TREATMENT=A	−0.02560	0.06297	0.9747	0.8616	1.1028
DURATION AT TREATMENT=B	−0.00040	0.05426	0.9996	0.8988	1.1118
DURATION AT TREATMENT=P	0.03110	0.05215	1.0316	0.9314	1.1426

[그림 4-12] TREATMENT 범주별 DURATION 변화에 따른 확률의 변화

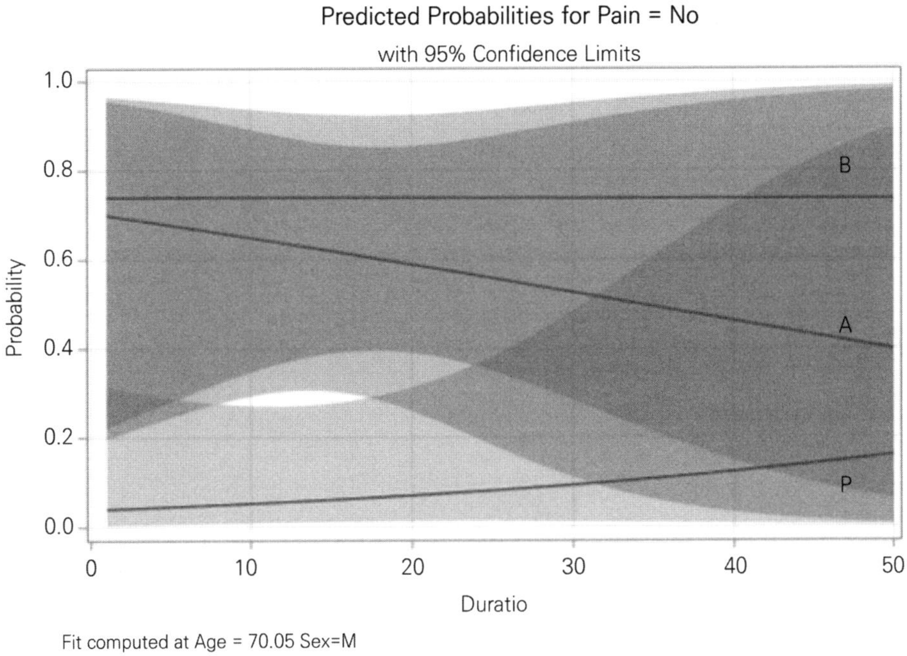

앞에서는 범주형 독립변수의 범주값이 다르게 주어졌을 때 연속형 독립변수가 로짓에 통계적으로 유의미한지를 살펴보았다. 만일 연속형 독립변수의 값이 주어졌을 때 범주형 독립변수가 로짓에 통계적으로 유의미한지를 살펴볼 필요가 있다. 이때 연속형 독립변수의 값을 어떻게 고정해야 할지가 문제가 되는데 흔히 평균과 평균±표준편차를 사용한다. DURATION 변수의 경우에는 16.73이 평균이고 표준편차는 11.61이므로 이를 사용하면

5.12, 16.73, 28.34로 DURATION 값이 고정되었을 때 TREATMENT 범주별 회귀계수를 구해볼 수 있다. 이를 계산해보기 위해서 PROC LOGISTIC 프로시저를 이용하면 다음과 같은 코드를 사용할 수 있다.

[표 4-37] 연속형 변수 값이 고정되었을 때 범주형 변수 변화에 따른 오즈비 계산

```
PROC LOGISTIC DATA=Neuralgia SIMPLE;
   CLASS TREATMENT SEX / PARAM=REF;
   MODEL  Pain= Treatment  SEX  AGE DURATION TREATMENT*DURATION/EXPB;
   ODDSRATIO TREATMENT / AT (DURATION=(5.12 16.73 28.34));
   STORE RESULT;
RUN;
```

연속형 변수가 주어졌을 때 범주형 변수의 변화에 따른 오즈비를 구하기 위해서는 [표 4-38]의 결과와 같이 TREATMENT 변수의 범주가 P일 때의 오즈 대비 A일 때의 오즈의 비율, P일 때의 오즈 대비 B일 때의 오즈의 비율, B일 때의 오즈 대비 A일 때의 오즈의 비율을 구하게 된다.

TREATMENT 변수의 범주가 P일 때의 오즈 대비 A일 때의 오즈의 비율은 다음과 같이 계산을 할 수 있다. 먼저 TREATMENT=A의 회귀계수는 P 범주에 대비한 A 범주의 로짓의 차이라는 점을 생각해보면 로짓 차이는 $3.785(=4.076+5.12\times(-0.057))$가 되고 오즈비는 44.057이 된다. 이것은 [표 4-38]의 결과와 동일함을 알 수 있다. 한편 TREATMENT 변수의 범주 B 대비 A의 오즈비는 어떻게 계산할 수 있을까? 이 두 범주의 로짓의 차이는 TREATMENT=A와 TREATMENT=B의 회귀계수의 차이와 상호작용항에서 TREATMENT=A인 경우의 상호작용항의 회귀계수와 TREATMENT=B의 상호작용의 회귀계수의 크기의 합으로 계산할 수 있다. 따라서 다음과 같이 A 범주와 B 범주의 로짓의 차이를 계산할 수 있다.

$$\text{A 범주의 로짓: } \ln\left(\frac{\pi_A}{1-\pi_A}\right)=\beta_0+\beta_1 TRT_A+\beta_3 Sex_F+\beta_4 Age \\ +(\beta_5+\beta_6)Duration$$

$$\text{B 범주의 로짓: } \ln\left(\frac{\pi_B}{1-\pi_B}\right)=\beta_0+\beta_2+\beta_3 Sex_F+\beta_4 Age \\ +(\beta_5+\beta_7)Duration$$

A 범주의 로짓 – B 범주의 로짓:

$$\ln\left(\frac{\pi_A}{1-\pi_A}\right) - \ln\left(\frac{\pi_B}{1-\pi_B}\right) = \beta_1 - \beta_2 - (\beta_6 - \beta_7) \times Duration$$

따라서 A 범주와 B 범주의 로짓의 차이는 다음과 같다.

$$(4.076 + 4.251) + 5.12 \times (-0.057 + 0.032) = -0.304$$

B 범주 대비 A 범주의 오즈비:

$$\frac{\pi_A}{1-\pi_A} / \frac{\pi_B}{1-\pi_B} = \exp[\beta_1 - \beta_2 - (\beta_6 - \beta_7) \times Duration]$$

따라서 B 범주의 오즈 대비 A 범주의 오즈는 0.738(= $e^{-0.304}$)이 된다.

DURATION 값이 다른 값으로 주어졌을 때의 TREATMENT 범주의 변화에 따른 오즈비는 같은 방식으로 구할 수 있고 [표 4-38]과 같은 결과를 얻을 수 있다.

[표 4-38] DURATION 값이 주어졌을 때 TREATMENT 범주의 변화에 따른 오즈비

Odds Ratio Estimates and Wald Confidence Intervals			
Odds Ratio	Estimate	95% Confidence Limits	
Treatment A vs B at Duration=5.12	0.738	0.058	9.356
Treatment A vs P at Duration=5.12	44.057	2.983	650.692
Treatment B vs P at Duration=5.12	59.719	3.318	> 999.999
Treatment A vs B at Duration=16.73	0.551	0.086	3.526
Treatment A vs P at Duration=16.73	22.809	3.088	168.445
Treatment B vs P at Duration=16.73	41.424	4.378	391.930
Treatment A vs B at Duration=28.34	0.411	0.027	6.245
Treatment A vs P at Duration=28.34	11.808	0.748	186.423
Treatment B vs P at Duration=28.34	28.733	1.834	450.269

위와 같이 [표 4-38]을 이용해서 결과를 제시하는 경우 해석이 쉽지 않을 수 있으므로 [그림 4-13]과 같이 시각화를 한 결과를 제시하는 것이 바람직할 수 있다.

[그림 4-13] DURATION 값이 주어졌을 때 TREATMENT 범주 변화에 따른 오즈비

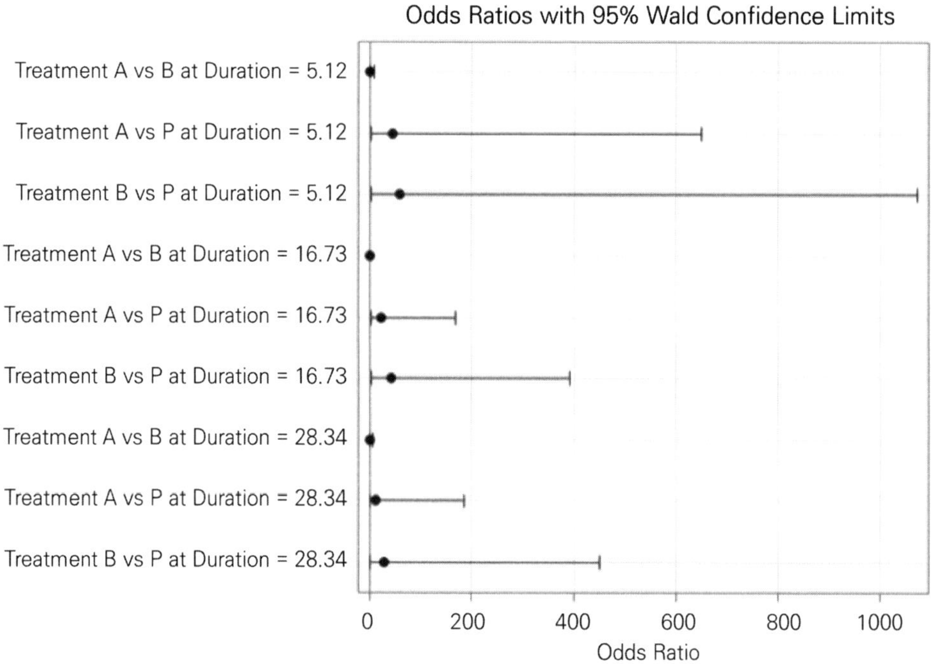

한편 PLM 프로시저를 이용해서도 동일한 값을 구할 수 있다. DURATION=5.12인 경우만을 구해보면 [표 4-39]와 같은 명령문을 사용할 수 있다.

[표 4-39] 주어진 연속형 변수 값에 대해 범주형 변수가 변함에 따른 오즈비 계산

```
PROC PLM RESTORE=RESULT;
   ESTIMATE "TRT=A/TRT=B AT DURATION=5.12/" TREATMENT 1 -1
DURATION*TREATMENT 5.12 -5.12,
             "TRT=A/TRT=P AT DURATION=5.12" TREATMENT 1
DURATION*TREATMENT 5.12 0 ,
             "TRT=A/TRT=P AT DURATION=5.12" TREATMENT 0 1
DURATION*TREATMENT 0 5.12 /E EXP CL;
  EFFECTPLOT INTERACTION (X=TREATMENT) /AT (DURATION= 5.12 16.73
28.34)CLM;
RUN;
```

이 프로그램을 실행시키면 독립변수 값의 벡터는 [표 4-40]과 같이 나타남을 알 수 있다.

[표 4-40] 지정된 독립변수 값의 벡터

Estimate Coefficients					
Parameter	Treatment	Sex	Row1	Row2	Row3
Intercept: Pain=No					
Treatment A	A		1	1	
Treatment B	B		−1		1
Sex F		F			
Age					
Duration					
Treatment A * Duration	A		5.12	5.12	
Treatment B * Duration	B		−5.12		5.12

[그림 4-14] DURATION 값이 주어졌을 때 범주형 독립변수의 범주 변화에 따른 사건 발생 확률

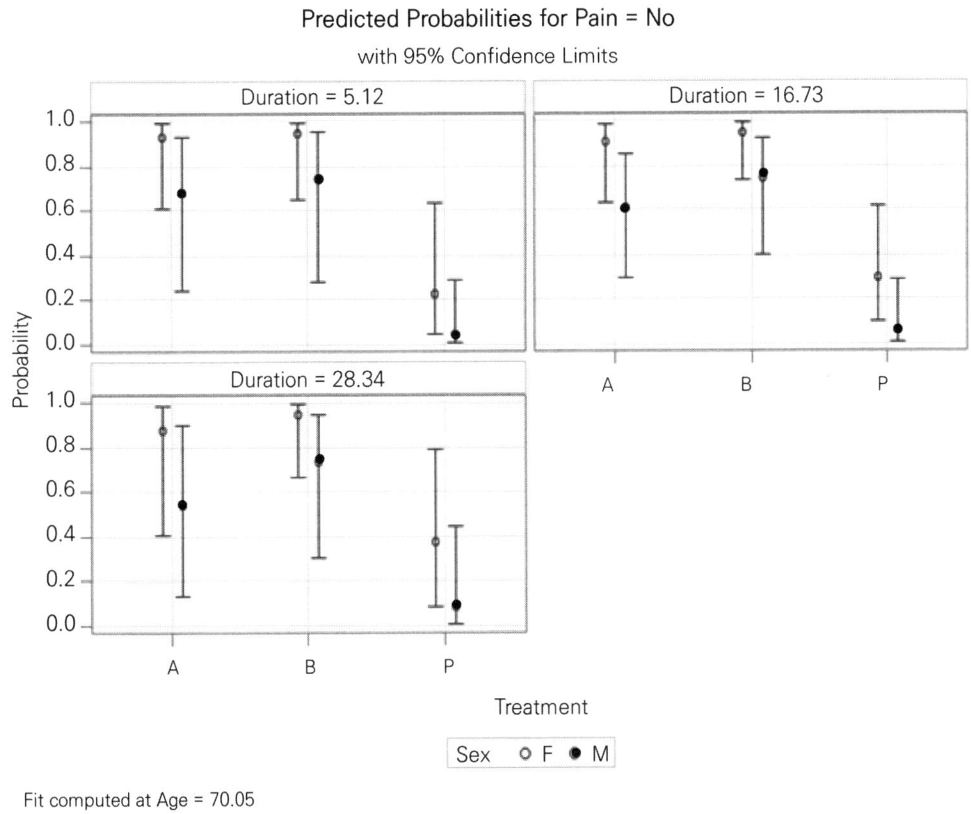

또한 EXP 옵션을 사용하면 오즈비 값과 그 신뢰구간도 얻을 수 있으며 EFFECTPLOT 명령문의 INTERACTION 옵션을 사용하면 [그림 4-14]와 같은 결과를 얻을 수 있다. 이

INTERACTION 옵션은 X축에 범주형 변수를 지정하는데 SLICEFIT 옵션에서 X축에 연속형 변수를 지정하는 것과 차이가 남을 기억할 필요가 있다.[20] 이 효과 차이를 계산할 때 상호작용항의 독립변수가 아닌 다른 독립변수는 AGE 변수의 경우에는 전체 평균값으로 고정을 하고 있음을 알 수 있다. 또한 SEX 변수의 경우에는 범주를 구분하여 효과 크기를 함께 나타내고 있음을 알 수 있다.

5. 조절효과는 유의미하지만 단순효과는 유의미하지 않은 경우

조절효과가 있는 모형에서 조절효과는 통계적으로 유의미하지만 단순효과는 통계적으로 유의미하지 않은 경우에 이 단순효과를 어떻게 해석할 것인지 문제가 발생한다. 즉 Z의 회귀계수는 유의미한데 X의 회귀효과는 유의미하지 않은 경우이다. 이러한 경우가 발생하는 경우는 흔히 조절변수(Z)에 따라 관심 있는 독립변수(X)가 종속변수에 미치는 영향이 서로 반대일 때 발생한다. X의 회귀계수 β_1가 0이라는 것은 조절변수 Z의 회귀계수가 0인 경우에 X가 한 단위 변할 때 Y는 β만큼 변한다는 의미이다. 만일 Z가 0이 아니면 X가 한 단위 변할 때 Y는 $\beta_3 Z$만큼 변하게 되는데 조절효과가 통계적으로 유의미하다면 Z의 부호가 양수일 때와 음수일 때 X와 Y의 상관관계는 반대방향이 된다.[21]

예를 들어 공동체 활동 참여 정도가 정부정책 지지에 미치는 영향에 관한 연구에서 소득수준이 높은 사람은 긍정적인 관계를 갖지만 소득수준이 낮은 사람은 부정적인 관계를 갖는다고 가정해보자. 이 관계를 나타내는 가상자료를 [표 4-41]과 같이 생산할 수 있다. 여기서 소득수준 변수 Z는 평균이 0이고 분산은 1인 정규분포를 따르고 0보다 큰 값을 가지면 높은 소득수준, 0보다 작은 값을 가지면 낮은 소득수준을 의미한다.

[표 4-41] 조절효과는 유의미하지만 조절변수는 유의미하지 않는 경우

```
DATA SIM;
   LABEL Y="정부 정책지지" X="공동체활동 참여도" Z="소득수준";
   DO I=1 TO 100;
      CALL STREAMINIT(12345);
      Z=RAND("NORMAL", 0, 1);
```

20 그림을 보면 수직축이 확률임을 알 수 있는데 TREATMENT 범주별 확률을 모두 더하면 1보다 큰 것 같이 나타나는데 왜 그런지 확인할 필요가 있다.

21 $Y=\beta_0+(\beta_1+\beta_3 Z)X+\beta_2 Z+\epsilon$ 식을 고민해보면 어렵지 않게 이해할 수 있다.

```
        X=RAND("NORMAL", 0, 1);
        IF Z>0 THEN
           DO;
              GROUP=1;
              Y=1+3*X -3*Z+ RAND('NORMAL', 0, 1);
           END;
        IF Z<0 THEN
           DO;
              GROUP=0;
              Y=1-3*X-3*Z+RAND('NORMAL', 0, 1);
           END;
        OUTPUT;
    END;
RUN;
PROC SGPLOT DATA=SIM;
    REG X=X Y=Y/GROUP=GROUP;
RUN;
```

[그림 4-15] 조절변수가 양수와 음수 값을 모두 가지면서 독립변수는 통계적으로 유의미하지 않고, 조절효과는 통계적으로 유의미한 경우의 상호작용 형태

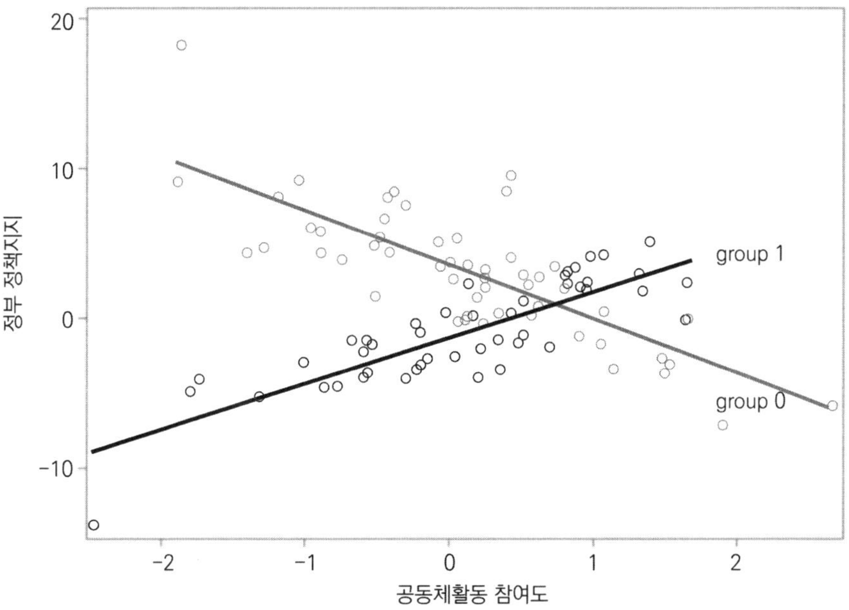

[그림 4-15]는 [표 4-41]의 코드를 이용하여 시뮬레이션을 통해 얻은 자료의 산점도를 나타낸다. 그림에서 확인할 수 있듯이 소득이 높은 집단(GROUP=1)은 공동체 활동 정도와 정부정책 지지가 양의 상관관계를, 소득이 낮은 집단(GROUP=0)은 음의 상관관계를 가짐을 알 수 있다.

자료를 이용해 회귀분석을 수행해보면 독립변수인 공동체 활동 참여도(X)의 단순효과의 회귀계수는 −0.088로 통계적으로 유의미하지 않은 것으로 나타나지만 상호작용항의 회귀계수는 1.84로 통계적으로 유의미한 것으로 나타나고 있다. 이때 단순히 공동체 참여활동도의 회귀계수를 보고 이것이 정책지지도에 영향을 미치지 않는다고 결론을 내려서는 안 된다. 상호작용항이 통계적으로 유의미하면 조절변수의 부호에 따라 독립변수가 종속변수에 미치는 영향이 반대로 나타날 수 있다. 따라서 이를 살펴보기 위해서는 추정된 회귀계수를 이용하여 독립변수, 조절변수, 그리고 종속변수의 관계를 시각화하여 변수 간의 관계를 살펴보는 것이 필요하다.

[표 4-42] 상호작용을 포함한 회귀분석 결과

Parameter	Estimate	Standard Error	t-Value	Pr > |t|
Intercept	0.843182442	0.20544689	4.10	<.0001
X	−0.088485673	0.22561534	−0.39	0.6958
Z	−2.679744249	0.18913959	−14.17	<.0001
X*Z	1.843752426	0.17968503	10.26	<.0001

[표 4-43]은 상호작용항이 포함된 회귀모형을 추정한 후 추정된 회귀계수를 이용하여 이들 간의 관계를 시각화하기 위한 코드이다. 이 코드를 사용하여 시각화를 한 결과는 [그림 4-16]과 같이 나타나는데 *Z*값이 음수인 경우와 양수인 경우에 독립변수인 공동체 활동 정도가 정부정책 지지에 미치는 영향이 반대로 나타나고 있음을 확인할 수 있다. 이를 교차(cross-over)관계가 발생했다고 부른다.

[표 4-43] 상호작용 효과의 시각화

```
PROC GLM DATA=SIM;
   MODEL Y=X Z X*Z /SOLUTION;
   OUTPUT OUT=RESULT PREDICTED=P;
   STORE OUT=WORK.PARM;
       RUN;
```

```
QUIT;
DATA TEMP;
   DO X=-4 TO 4;
   DO Z=-4 TO 4;
   OUTPUT;
   END;
   END;
RUN;
PROC PLM SOURCE=PARM;
   SCORE DATA=TEMP OUT=PRED PREDICTED;
RUN;
PROC G3GRID DATA=PRED OUT=DEFAULT ;/*②*/
   GRID Z*X=PREDICTED / AXIS1=-5 TO 5 BY .5 AXIS2=-5 TO 5 BY .5;
RUN;
QUIT;
PROC G3D DATA=DEFAULT ;/*③*/
   PLOT  Z*X=PREDICTED/XYTYPE=1 GRID ;
RUN;
PROC SGPLOT DATA=SIM;
   REG X=X Y=Y/GROUP=GROUP;
RUN;
```

[그림 4-16] 상호작용의 시각화 결과

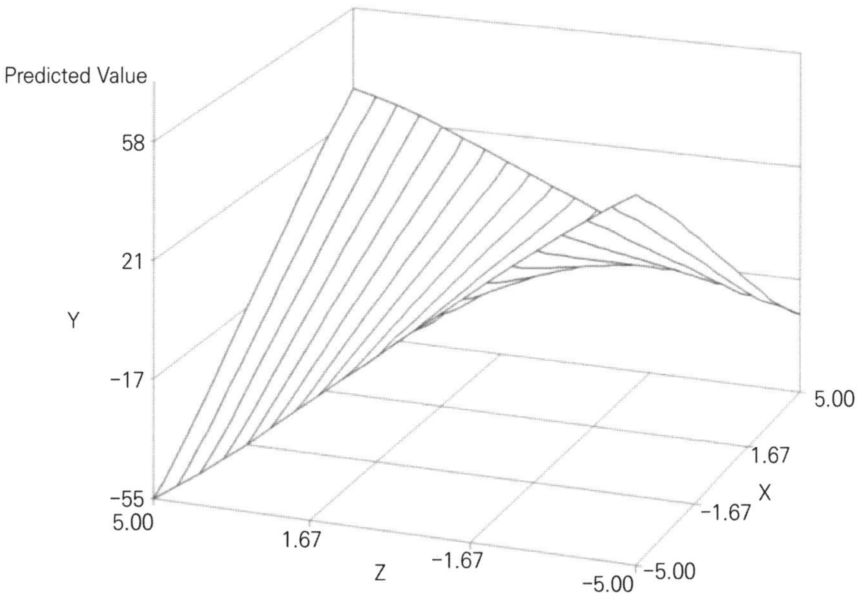

한편 Z의 부호가 양수 값 혹은 음수 값만을 갖는 경우에는 교차관계가 항상 발생하지는 않는다. 이 경우에는 독립변수는 통계적으로 유의미하지 않으면서도 상호작용은 유의미한 경우에 X가 한 단위 변할 때 Y값은 $\beta_3 Z$만큼 변하게 되는데 Z값이 작아질수록 Y의 변화량이 적어지는 관계를 갖게 된다. [표 4-44]는 이러한 관계를 갖는 자료와 분석을 위한 코드이며[22] [그림 4-17]은 그 결과를 보여주고 있다. 이 경우는 교차현상이 발생하지 않는 대신 Z값이 커질수록 기울기가 작아지는 현상을 확인할 수 있다.

[표 4-44] **조절효과 변수가 양의 부호만을 갖는 경우**

```
PROC GLM DATA=SIM;
   MODEL Y=X Z X*Z /SOLUTION;
   OUTPUT OUT=RESULT PREDICTED=P;
   STORE OUT=WORK.PARM;
RUN;
QUIT;
DATA TEMP;
   DO X=-4 TO 4;
   DO Z=4 TO 10;
   OUTPUT;
   END;
   END;
RUN;
PROC PLM SOURCE=PARM;
   SCORE DATA=TEMP OUT=PRED PREDICTED;
RUN;
PROC G3GRID DATA=PRED OUT=DEFAULT ;/*②*/
   GRID Z*X=PREDICTED / AXIS1=4 TO 10 BY .5 AXIS2=-5 TO 5 BY .5;
RUN;
QUIT;
PROC G3D DATA=DEFAULT ;/*③*/
   PLOT  X*Z=PREDICTED/XYTYPE=2 GRID ;
RUN;
```

22 코드에서 PROC G3GRID 프로시저의 PLOT 명령문의 옵션에서 XYTYPE=2가 지정이 되고 있는데 이 값을 변화시키면 X가 고정된 상황에서 Z의 변화에 따른 Y의 변화를 나타낼 수 있다.

[그림 4-17] 조절효과 변수가 양의 부호만을 갖는 경우

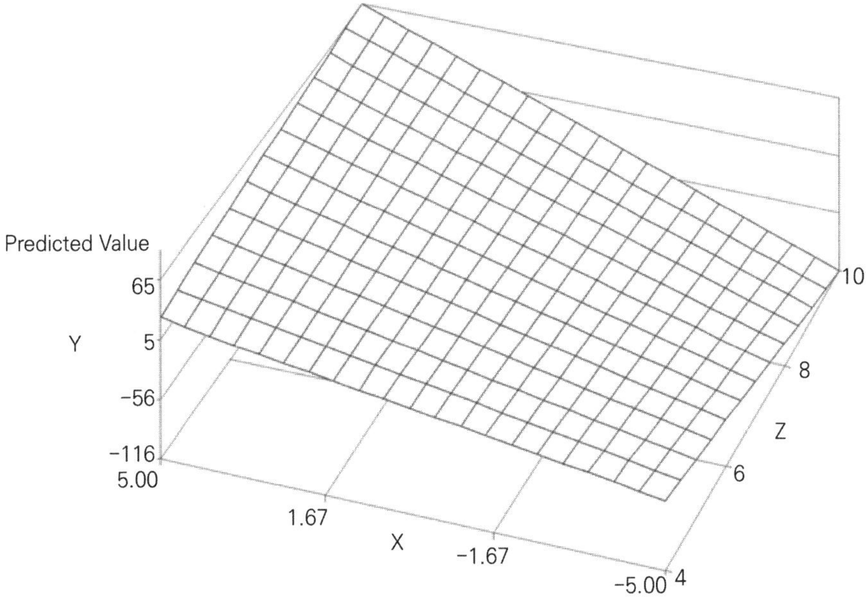

마지막으로 조절변수(Z)가 0 혹은 1의 값을 갖는 가변수(dummy variable)라면 독립변수의 단순효과가 통계적으로 유의미하지 않지만 상호작용항이 통계적으로 유의미하면 조절변수가 0일 때는 독립변수가 종속변수에 미치는 영향이 없고, 조절변수가 1인 경우에는 X가 한 단위 변하면 Y는 상호작용항의 회귀계수만큼 변하게 된다.

이처럼 상호작용항이 통계적으로 유의미하고 독립변수의 단순효과는 통계적으로 유의미하지 않는 상황에서는 조절변수의 부호와 크기에 따라 독립변수가 종속변수에 미치는 크기와 방향이 달라질 수 있기 때문에 해석상의 주의가 필요하다. 이러한 이유로 조절변수를 변화시켜 가면서 독립변수가 종속변수에 미치는 영향을 시각화하여 그 의미를 해석하는 것이 필요하다.

6. 평균변환과 경로분석을 이용한 조절효과 분석

조절변수의 평균변환은 조절변수에서 조절변수 평균을 뺀 값을 갖는 새로운 변수를 만들어 이를 모형에 반영하는 것이다. 평균변환한 새로운 조절변수를 Z'이라고 하고 다음과 같이 정의해보자.

$$Z' = Z_i - \overline{Z}$$

이 새로운 조절변수를 조절효과 모형에 반영하면 다음과 같은 식을 얻게 된다.

$$Y_i = \beta'_0 + \beta'_1 X_i + \beta'_2 (Z_i - \overline{Z}) + \beta'_3 X_i (Z_i - \overline{Z}) + \epsilon_i$$

위 모형을 통해 추정된 회귀계수 $\hat{\beta}'_1$은 "조절변수가 평균적인 값을 가질 때($Z_i = \overline{Z}$), 독립변수 X의 변화가 Y의 변화에 미치는 영향의 크기"로 해석할 수 있다. 또한 $\hat{\beta}'_0$는 조절변수가 평균값을 가질 때 X와 Y 회귀식의 절편이라고 해석할 수 있다. 이러한 평균변환은 해석상의 장점이 있지만, 조절변수의 크기에 따라 독립변수 X의 회귀계수의 크기가 달라질 뿐 아니라 이 값이 통계적으로 유의미할 수도 혹은 유의미하지 않을 수 있다는 점을 간과하게 만들 위험이 크다. 또한 조절변수를 고려하지 않고 독립변수와 종속변수와의 관계만을 모형화한 후 얻은 회귀계수는 조절변수가 평균 값을 갖는다는 가정하에서만 정당화될 수 있다는 점도 기억할 필요가 있다.

평균조정을 하지 않은 조절변수를 사용한 변수와 평균조절을 한 변수를 사용한 모형은 다음의 식과 같다. 이를 비교해보면 평균변환을 한 조절변수를 사용한 모형에서 추정된 $\hat{\beta}'_2$, $\hat{\beta}'_3$의 값은 변환을 하지 않은 경우와 동일한 값을 갖는 것으로 나타나고 있다. 즉 평균변환이 된 조절변수와 상호작용항의 회귀계수 크기는 차이가 발생하지 않는다. 다만, 절편은 $\beta'_0 - \beta'_2 \overline{Z}$로 달라짐을 알 수 있다.

$$Y_i = \beta_0 + \beta_1 X_i + \beta_2 Z_i + \beta_3 X_i Z_i + \epsilon_i$$
$$Y_i = [\beta'_0 - \beta'_2 \overline{Z}] + (\beta'_1 - \beta'_3 \overline{Z}) X_i + \beta'_2 Z_i + \beta'_3 X_i Z_i + \epsilon_i$$

한편, 1차 항 X의 회귀계수는 $\beta_1 = \beta'_1 - \beta'_3 \overline{Z}$의 관계를 갖고 있다. 평균변환을 하지 않을 경우 $Z = z$로 주어졌을 때 X의 회귀계수는 $\beta_1 + \beta_3 z$가 되며 평균변환을 했을 경우 $\beta'_1 + \beta'_3 (z - \overline{Z})$가 된다. $\widehat{\beta_3} = \beta_3$인 관계와 $\beta_1 = \beta'_1 - \beta'_3 \overline{Z}$ 관계를 이용하면 이 두 값은 같게 된다. 즉 평균변환을 하더라도 Z의 값이 주어졌을 때 X의 변화가 Y의 변화에 미치는 영향의 크기는 동일함을 알 수 있다.

평균변환을 Z뿐만 아니라 X에 대해서도 수행할 수 있는데 이 경우에는 평균변환을 하지 않은 경우와 비교하면 오직 상호작용항의 회귀계수만 달라짐을 알 수 있다. 또한

*Z*가 주어졌을 때 평균변환을 한 경우나 평균변환을 하지 않은 경우나 *X*가 *Y*에 미치는 영향의 크기는 같다.[23]

한편 앞에서 지적하였듯이 다중공선성은 조절효과 검정 자체에서는 전혀 문제가 되지 않으며 평균변환을 수행해도 상호작용항의 회귀계수나 검정결과를 변화시키지 않기 때문에 굳이 평균변환을 시도할 필요는 없다.[24]

뿐만 아니라 경로분석을 이용하여도 조절효과를 추정할 수 있다. 앞에서 우리가 사용한 예제의 경우에는 독립변수가 모두 측정오차 없이 측정된 변수라고 가정을 하고 있으므로 조절효과를 갖는 두 변수의 곱을 상호작용 변수로 만든 후 이 상호작용항을 변수 간의 경로에 반영하면 된다.

[표 4-45]의 프로그램을 실행시키게 되면 [그림 4-18]과 같은 결과를 얻게 되는데 이 그림에서 살펴볼 수 있듯이 상호작용 항에 해당하는 *XZ*의 회귀계수가 4.00으로 나타나고 있으며 통계적으로 유의미함을 알 수 있다. 다른 회귀계수의 값을 다중회귀분석을 이용하여 분석한 결과와 비교하면 거의 유사한 결과를 얻게 됨을 알 수 있다.

[표 4-45] 조절효과의 추정(경로분석 접근 예시)

```
DATA sim;
   call streaminit(123);
   DO i=1 to 500;
    x=RAND('normal',10,10);
    z=RAND('normal',10,10);
        XZ=X*Z;
    y=2*x+3*z+4*x*z+rand('normal',0,10);
        OUTPUT;
END;
RUN;

PROC CALIS DATA=SIM;
   PATH X===>Y,
        Z===>Y,
        XZ===>Y;
   PATHDIAGRAM;
RUN;
```

23 평균변환이 아니라 독립변수와 조절변수에 일정한 값을 더하거나 뺀 경우에도 앞에서 논의한 것들은 성립한다. 이러한 논의는 Aiken & West(1991: 30-31)를 참고하라.

24 이에 대해서는 Hayes(2013)의 제9장 및 고길곤(2014)에서도 논의되고 있다.

[그림 4-18] 경로분석을 이용한 조절효과 추정의 결과

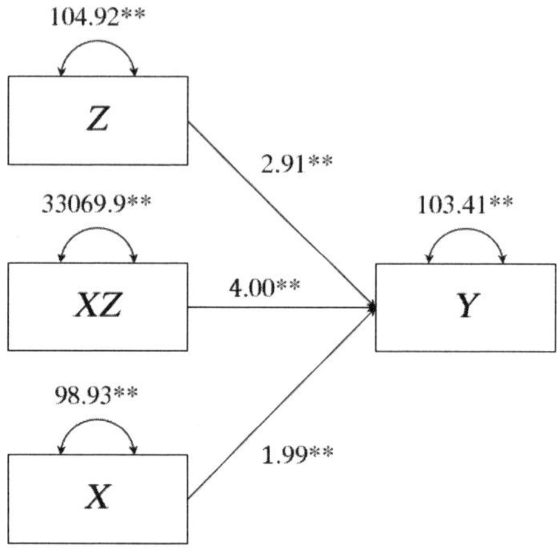

제5장

조건부 과정 분석

조건부 과정 분석(conditional process analysis)은 매개효과 모형과 조절효과 모형을 통합하여 분석하는 방법으로(Hayes, 2013: 327) 설명변수가 결과변수에 미치는 메커니즘이 조건부 성격(conditional nature)을 갖고 있는지를 이해하고 묘사하기 위한 방법이다. 매개효과의 크기는 변수가 직면하는 다양한 맥락이나 환경에 따라 달라질 수 있다. 예를 들어 반부패 정책의 실행 여부(X)가 국민들의 인식을 변화시킨 후(M) 부패행위를 줄인다(Y)는 인과논리가 존재한다고 해보자. 이때 대통령의 부패척결 의지(W)가 큰 경우에는 $X \rightarrow M$의 관계를 크게 하여 $X \rightarrow M \rightarrow Y$의 매개효과가 클 수 있지만, 대통령의 부패척결 의지가 작은 경우에는 $X \rightarrow M$의 관계가 작아 $X \rightarrow M \rightarrow Y$의 매개효과가 작을 수 있다. 이 경우에는 부패척결 의지가 조절변수가 되어 매개효과의 크기를 변화시킬 수 있기 때문에 이를 매개변수와 조절변수를 통합한 모형을 구축할 필요가 있다. 뿐만 아니라 조절변수가 있는 경우에는 매개효과의 크기뿐만 아니라 직접효과의 크기까지 변화시킬 수 있다. 따라서 조건부 과정 분석은 매개효과와 조절효과를 종합한 다양한 인과모형을 분석하는 데 유용하다. 실제로 Hayes(2018: 396-398)에서 지적하고 있듯이 다양한 연구에서 조건부 과정 분석이 활용되고 있기 때문에 이를 정확히 이해하려는 노력이 필요하다.

조건부 과정 분석이라는 용어는 Hayes가 처음 제시한 개념이기도 하고, 다양한 유형의 조건부 과정 모형을 제시하고 있기 때문에 이하에서는 Hayes가 제시한 조건부 과정의 유형과 모형식을 중심으로 이를 설명하고자 한다.

Hayes(2018: 397-400)는 [그림 5-1]에서 제시된 다양한 유형의 조건부 과정 모형이 실제 연구에서 어떻게 적용되었는지에 대한 예제들을 보여주고 있다. 예를 들어 운동선수에 대한

'사회적 격려→자아 존중감→운동 성적'의 과정을 갖는 매개효과가 존재하는데 가정에서의 스트레스가 낮은 사람의 경우에는 사회적 격려와 관계없이 자아 존중감이 높기 때문에 '사회적 격려→자아 존중감'의 관계가 낮을 수 있지만, 가정에서의 스트레스가 높은 사람은 '사회적 격려→자아 존중감'의 관계가 강해서 매개효과가 더 클 수 있다. 이 경우는 [그림 5-1]의 A와 같은 경로모형을 가정할 수 있으며 이때 조절효과는 가정에서의 스트레스가 된다.

한편 E 유형의 경우에는 원인변수가 조절변수의 역할도 함께 하는 것으로 나타나고 있다. 이러한 예로는 돌봄 서비스를 제공하는 사람의 정신상태(X)가 돌봄 대상자에 대한 분노 표출(M)에 영향을 주고, 이것이 돌봄 대상자에 대한 유해한 행동(Y)을 초래하는 관계가 존재할 수 있다. 그런데 $M \rightarrow Y$의 관계는 돌봄 서비스를 제공하는 사람의 정신상태가 심각할수록 더욱 강해질 가능성이 있다.

[그림 5-1] 다양한 조건부 과정 모형의 유형들

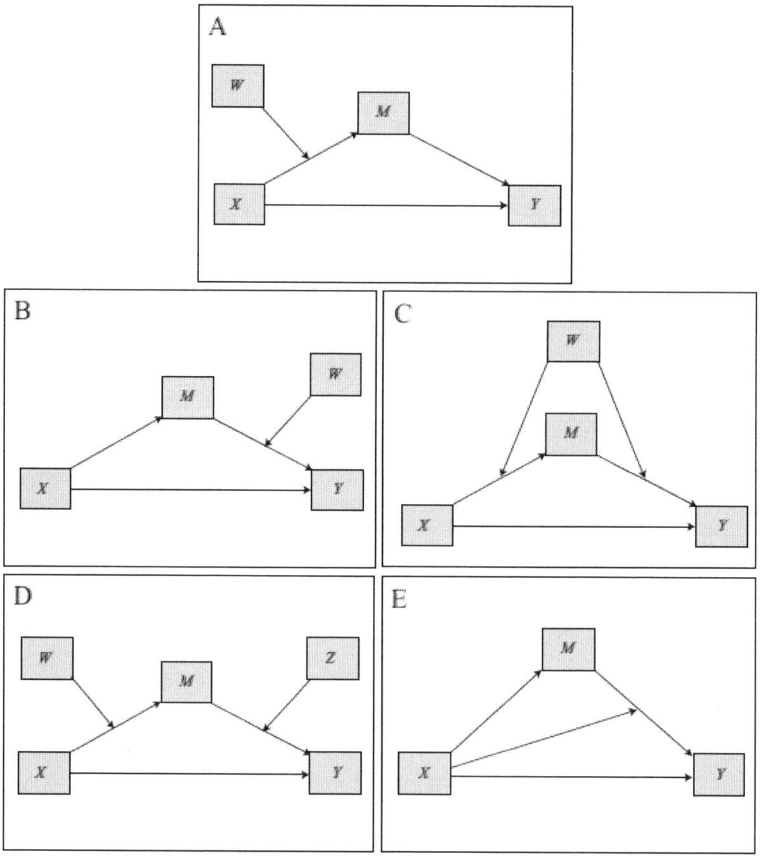

먼저 그림 A 모형의 매개변수 및 결과변수 추정식은 다음과 같이 나타낼 수 있다.

$$M = a_1X + a_2W + a_3XW$$
$$Y = c'X + b_1M$$

이 모형에서 조건부 간접효과(conditional indirect effect)는 $(a_1 + a_3W)b_1$이 된다. 직접효과는 조절변수에 영향을 받지 않기 때문에 c'이 된다.

그림 B와 같은 경로모형을 갖는 경우 매개변수와 결과변수를 추정하는 식은 다음과 같다.

$$M = aX$$
$$Y = c'X + b_1M + b_2W + b_3MW$$

이 식에서 조건부 간접효과는 $a(b_1 + b_3W)$가 된다. 한편 직접효과는 c'이 된다.

그림 C 모형의 매개변수 및 결과변수 추정식은 다음과 같다.

$$M = a_1X + a_2W + a_3XW$$
$$Y = c'X + b_1M + b_2W + b_3MW$$

여기서의 조건부 간접효과는 $(a_1 + a_3W)(b_1 + b_3W)$가 된다. 그리고 직접효과는 c'이 된다.

그림 D 모형이 매개변수 및 결과변수 추정식은 다음과 같다.

$$M = a_1X + a_2W + a_3XW$$
$$Y = c'X + b_1M + b_2Z + b_3MZ$$

여기서의 조건부 간접효과는 $(a_1 + a_3W)(b_1 + b_3Z)$가 되고 직접효과는 c'이 된다.

그림 E 모형의 매개변수 및 결과변수 추정식은 다음과 같다.

$$M = a_1X$$
$$Y = c'_1X + bM + c'_2MX$$

여기서 조건부 간접효과는 $a_1(b+c'_2X)$가 된다.[1] 한편 직접효과는 $c'_1+c'_2M$이 된다. 이 경우에 M은 X에 대해서 직접효과의 경우에서는 조절변수의 역할을 간접효과에서는 매개변수의 역할을 동시에 한다고 할 수 있다.

이 밖에도 [그림 5-2]와 같은 다양한 조건부 과정 분석이 가능하며 이에 대한 구체적인 모형식은 Hayes(2018)를 참고하기 바란다.

[그림 5-2] 조건부 과정 모형의 또 다른 유형들

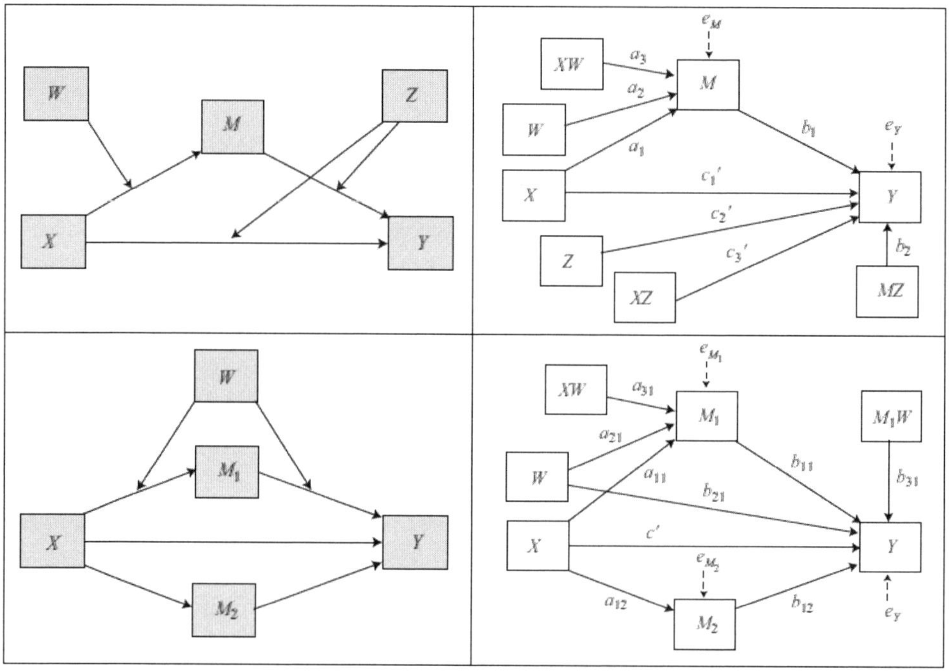

한편 이러한 조건부 과정 모형에서 간접효과나 직접효과의 통계적 유의성을 검정할 때 조절변수의 값이 얼마인지에 따라 통계적 유의성 검정의 결과가 달라질 수 있다. 따라서 조절변수 값을 일정하게 변화시켜 가면서 간접효과나 직접효과의 크기가 어떻게 달라지는지를 살펴보고 그 통계적 유의미성도 판단해보는 것이 필요하다.

조건부 과정 모형의 추정과 검정을 위해서는 Hayes(2018)가 제공하는 PROCESS라는 매크로 프로그램을 사용할 수 있지만, REG 프로시저를 이용하거나 CALIS 프로시저를 이용하여 직접 매개변수와 결과변수 모형을 추정할 수도 있다. 여기서는 CALIS 프로시저를 이용하여 조건부 과정모형을 추정하는 방법을 제시하고자 한다.

---

1 Hayes(2018: 540-541)

분석에 사용한 예제는 Hayes(2018)에서 제시한 Cole et al.(2008)의 자동차 공장에 일하는 60개 팀의 부정적 행위가 팀 성과에 미치는 영향에 대한 자료를 사용하였다. 이 연구에서는 팀원이 느끼는 혁신이나 다른 사람의 업무를 방해하는 부정적 행위의 빈도(DYSFUNC)를 원인변수 X로 하고 팀의 감독이 평가한 팀의 성과(PERFORM)를 결과변수 Y로 한 후, 팀원이 느끼는 업무환경에 대한 분노나 부정적인 감정(NEGTONE)을 매개변수 M으로 하고 있다. 한편 부정적인 감정이 팀의 성과에 영향을 미칠 때 만일 팀원들이 부정적인 감정을 말로 표현하지 않고 비언어적 행동으로 불만 표현을 한다면(NEGEXP) 이러한 비언어적 불만 행동이 적을 경우에는 부정적 감정(M)이 성과(Y)에 미치는 영향이 작을 수 있다. 이 경우 NEGEXP는 조절변수 W라고 가정을 할 수 있다. 이 관계를 모형화하면 [그림 5-3]과 같다.

[그림 5-3] 팀원의 부정적 행위가 팀 성과에 미치는 영향

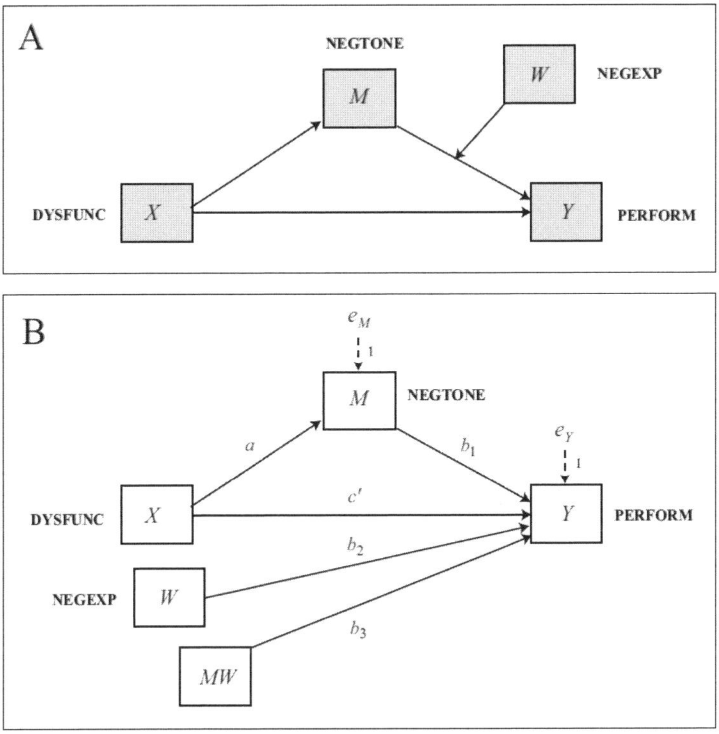

이 경로모형의 매개변수와 결과변수 추정의 방정식은 다음과 같이 나타낼 수 있다.

$$M = aX$$
$$Y = c'X + b_1 M + b_2 W + b_3 MW$$

만일 b_3의 값이 통계적으로 유의미하지 않다면 비언어적 행동으로 보고 표현(NEGEXP)은 $M \rightarrow Y$의 조절변수가 아니라고 판단할 수 있다. 한편 조건부 간접효과는 $a(b_1 + b_3 W)$이며 직접효과는 c'이 된다.

CALIS 프로시저에서는 직접 조절효과를 반영할 수 있는 상호작용항을 만들 수 없기 때문에 상호작용항 변수를 새로운 데이터셋을 이용해서 만든 후 모형을 추정해야 한다. [표 5-1]에서는 TONEEXP라는 상호작용 변수를 새로 만들어서 CALIS 모형에 반영하였다.

[표 5-1] CALIS를 이용한 조건부 과정 모형 추정 예제

```
FILENAME team "C:\Temp\teams.csv";
PROC IMPORT FILE=team OUT=team DBMS=CSV REPLACE;
   GETNAME=YES;
   DATAROW=2;
RUN;
DATA TEAM;
   SET TEAM;
   TONEEXP=NEGTONE*NEGEXP;
RUN;
PROC CALIS DATA=TEAM OUTEST=EST;
   PATH DYSFUNC->NEGTONE =a,
        DYSFUNC  NEGTONE NEGEXP TONEEXP ->PERFORM =cp b1 b2 b3 ;
   PATHDIAGRAM DIAGRAM=[INITIAL UNSTANDARD] ARRANGE=FLOW;
RUN;
```

모형의 경로계수를 추정한 결과는 [표 5-2]와 같다. 여기서 조절효과를 나타내는 경로계수 b_3의 값은 -0.51697로 추정되었으며 유의수준 5%하에서 통계적으로 유의미한 것으로 나타나고 있다.[2] 즉 비언어적 불만행동(W)의 크기가 클수록 업무환경에 대한 부정적 감정(M)이 성과에 미치는 부정적 관계가 더욱 커진다는 사실을 알 수 있다.

2 CALIS 모형을 이용하여 경로계수를 추정했을 때 경로계수의 표준오차(standard error) 값과 OLS를 이용한 경로계수의 표준오차 값에는 차이가 발생한다. OLS를 이용하여 추정한 b_3의 표준오차는 0.24이며 p-value는 0.0363이지만 SEM을 이용한 경우에는 p-value가 0.0196이다. 이 차이는 표준오차를 계산할 때 사용하는 분산의 분모(variance divisor) 값이 OLS에서는 $n-1$을 사용하는 데 비해 CALIS에서는 $n-q-1$을 사용하기 때문이다. 하지만 표본의 크기가 충분히 크면 양자 간의 차이는 크지 않다.

[표 5-2] 경로계수 추정결과

PATH List							
Path			Parameter	Estimate	Standard Error	t-Value	Pr > |t|
dysfunc	→	negtone	a	0.61975	0.16541	3.7467	0.0002
dysfunc	→	perform	cp	0.36606	0.16899	2.1661	0.0303
negtone	→	perform	b1	−0.43575	0.11948	−3.6471	0.0003
negexp	→	perform	b2	−0.01918	0.11329	−0.1693	0.8655
TONEEXP	→	perform	b3	−0.51697	0.22154	−2.3335	0.0196

한편 조절효과가 존재하게 되면 $M \rightarrow Y$의 회귀계수가 $(b_1 + b_3 W)$가 되기 때문에 조절변수의 값의 크기에 따라 달라진다. 이를 시각화하기 위해 [표 5-3]과 같은 코드를 사용할 수 있다. 이 코드에서 EST라는 데이터셋은 CALIS 프로시저에서 OUTEST=EST 옵션 지정을 해서 얻은 것으로 추정된 모수의 정보를 저장하고 있다.

[표 5-3] 조절효과 크기를 시각화하기 위한 코드

```
DATA MOD;
  SET EST;
  DO M=-0.75 TO 0.75 BY 0.1;
    DO W=-0.531, -0.06, 0.6;
     IF _TYPE_="PARMS" THEN DO;
      PERFORMANCE=(B1+B3*W)*M+B2*W;
          OUTPUT;
     END;
    END;
  END;
RUN;
ODS GRAPHICS/ATTRPRIORITY=NONE;
PROC SGPLOT DATA=MOD;
  SERIES X=M Y=PERFORMANCE/ GROUP=W;
RUN;
```

[그림 5-4]는 조절변수 W를 각각 0.6, −0.06, −0.531로 달리 했을 때 $\hat{y}=(\hat{b_1}+\hat{b_3}W)+\hat{b_2}W$의 직선을 시각화한 것이다. W 즉 비언어적 불만행동이 커질수록 업무환경에 대한

불만감의 증가가 팀의 성과를 더욱 크게 감소시키는 것을 알 수 있다. 반면, *W*값이 작은 경우에는 업무환경에 대한 불만감의 증가가 팀의 성과에는 크게 영향을 미치지 않음을 확인할 수 있다.

[그림 5-4] 조절변수의 값의 변화에 따른 매개변수와 결과변수 간의 관계

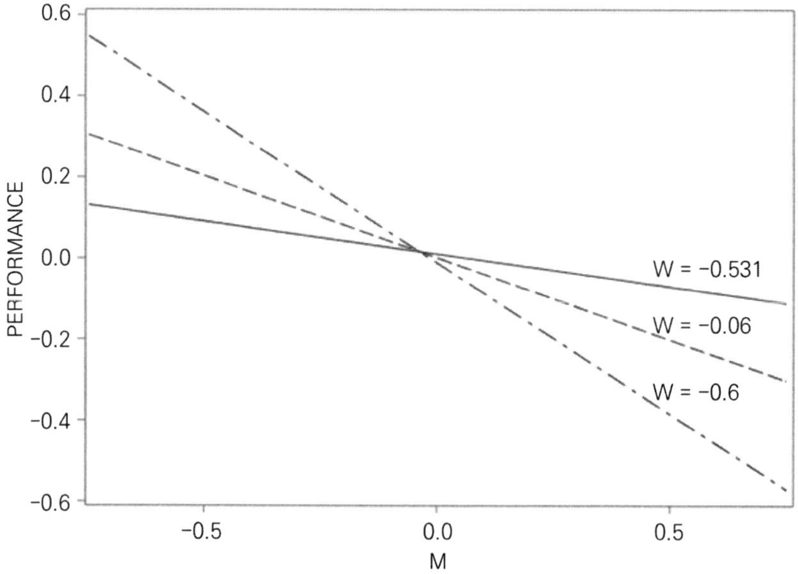

한편 조건부 간접효과는 $a(b_1 + b_3 W)$이며 직접효과는 c'이므로 조절변수의 크기 변화에 따라 이들이 어떻게 변하는지는 [표 5-4]의 코드를 이용하여 시각화할 수 있다.

[표 5-4] 직접효과와 간접효과의 시각화

```
DATA EFFECT;
   SET EST;
   DO W=-0.6 TO 0.6 BY 0.1;
   IF _TYPE_="PARMS" THEN DO;
     INDIRECT=A*(B1+B3*W);
         DIRECT=CP;
         OUTPUT;
   END;
   END;
  IF INDIRECT=. THEN DELETE;
  KEEP INDIRECT DIRECT W;
```

```
RUN;
PROC SGPLOT DATA=EFFECT;
   SERIES X=W Y=DIRECT /CURVELABEL="직접효과";
   SERIES X=W Y=INDIRECT/LINEATTRS=(PATTEN=DOT) CURVELABEL="조건부 간접
   효과";
   YAXIS LABEL="직접 및 간접효과";
   XAXIS LABEL="조절변수(W)";
   REFLINE 0 /AXIS=Y;
RUN;
```

조절변수 W의 변화에 따라 조건부 간접효과의 크기가 변하는 것을 살펴보면 조절변수가 커질수록 즉 비언어적 불만행동이 많아질수록 부정적 행동 X가 매개변수를 통해 팀의 성과 Y에 미치는 간접효과 크기가 매우 큰 것을 [그림 5-5]와 같이 확인할 수 있다.

[그림 5-5] 조절변수 변화에 따른 직접효과와 조건부 간접효과의 변화

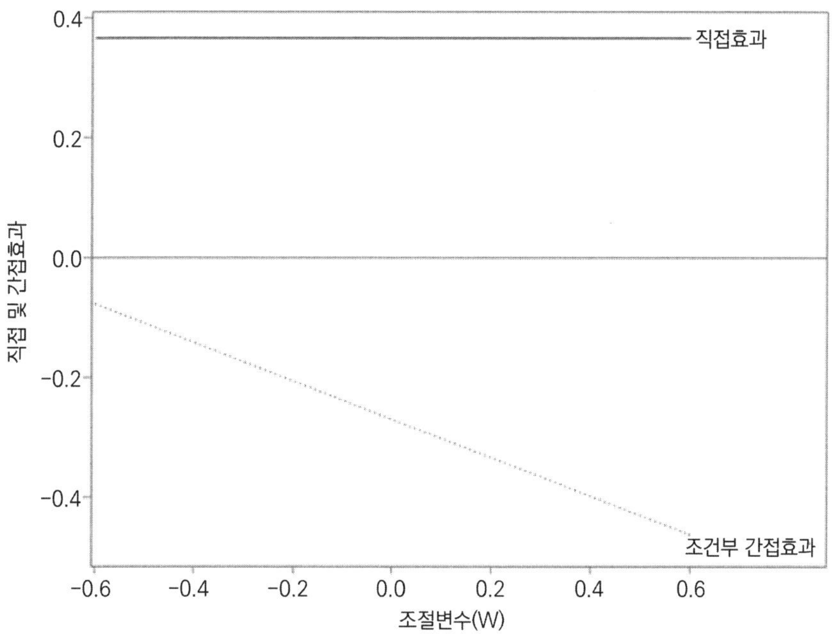

조건부 간접효과 크기가 $a(b_1 + b_3 W)$이기 때문에 만일 ab_3값이 0이면 조절변수의 크기에 관계없이 간접효과는 항상 ab_1이 된다. 즉 매개효과가 조절변수에 영향을 받지 않는다. 이러한 이유로 ab_3값이 0이 아니면 조절된 매개효과(moderated mediation effect)가 존재한다고 이야기한다. 두 회귀계수 추정량의 곱이 어떤 분포를 따르는지는 판단하기 어렵기

때문에 부트스트랩핑 방법을 이용하여 $ab_3 = 0$인지를 검정하는 것도 의미가 있을 수 있다.[3]

한편 직접효과나 간접효과의 크기가 통계적으로 유의미한지에 대한 판단은 조절변수의 값에 따라 달라진다. 조건부 과정 모형에서 직접효과와 간접효과에 대한 검정통계량은 정규분포 가정하에서 구할 수도 있으나 부트스트랩핑 신뢰구간을 이용한 가설검정 방법이 분석의 편리성이 높아 이를 사용해도 된다.

3 Hayes(2018: 425-430)에는 조절된 매개효과 크기를 검정하는 통계량에 대한 논의가 제시되고 있다. 특정 통계량이 절대적으로 우월하다고 판단하기 어렵기 때문에 부트스트랩핑 방법을 이용하여 가설검정을 수행하는 것은 큰 무리가 없다고 판단된다.

제6장

반사실 관점에서 접근한 조건부 과정 모형

Baron & Kenny(1986)에서 제시한 고전적인 매개효과 분석의 접근 방식은 그 유용성에도 불구하고, 조절변수를 포함하는 조건부 과정 모형과 같이 모형이 복잡해지게 되면 여러 가지 한계가 존재한다. 특히 종속변수가 범주형 변수인 경우나, 매개효과와 조절효과 그리고 범주형 종속변수가 모두 존재하는 복잡한 상황에서는 고전적 매개효과 분석 방법의 적용은 한계가 있다. 또한 고전적 접근 방법은 주로 어떻게 매개효과를 추정할 것인지에 초점을 두고 있어서 무엇이 인과관계에 기반한 매개효과인지에 대한 정의를 구체적으로 제시하지 못하고 있는 단점이 있다.[1]

반사실(counterfactual)에 기반한 매개효과 모형은 이러한 한계를 극복하기 위해 Pearl (2012), VanderWeele & Vansteelandt(2009)와 VanderWeele(2015)[2] 등에 의해 제시된 모형이다. 반사실에 기반한 매개효과 모형은 인과 메커니즘과 인과효과 측정에 대한 통합적인 분석틀을 제공한다는 점에서 매우 유용하다. 뿐만 아니라 기존의 구조방정식에 입각한 다양한 매개효과 모형은 비선형 모형에 대한 추정에서 문제가 발생하기 때문에 선형과 비선형 모형을 통합할 수 있는 이론적 기초를 반사실에 기반한 매개효과 모형이 제공할

1 SAS/STAT 14.3 User's Guide

2 Pearl, J. (2012). "The Mediation Formula: A guide to the assessment of causal pathways in nonlinear models." In Berzuini, C., David, P. & Bernardinelli, L. (Eds.). *Causality: Statistical Perspectives and Applications*, John Wiley and Sons, 151-179; VanderWeele, T. J. & Vansteelandt, S. (2009). "Conceptual Issues Concerning Mediation, Interventions and Compositions." *Statistics and Its Interface* 2: 457-468; VanderWeele, T. J. (2015). *Explanation in Causal Inference: Methods for Mediation and Interaction*. New York: Oxford University Press. 유튜브 강좌 (https://www.youtube.com/watch?v=EI5y6pV87-Q)도 참고하라.

수 있는 장점이 있다.

1. 반사실과 인과효과의 개념

반사실(counterfactual) 혹은 잠재적 결과(potential outcome)에 대한 접근은 인과효과가 동일한 관찰단위(개인)에 대해 처리가 있었을 경우와 처리가 없었을 경우의 차이를 이용해서 측정해야 한다는 관점에서 출발한다(Neyman, 1923; Rubin, 1974; Robins, 1986; Pearl, 1995).

우리가 실제 관찰한 결과변수를 Y로 나타내면 이 Y값은 원인변수 X의 값이 어떤 값을 갖는지에 따라 달라질 수 있다. 논의를 간단히 하기 위해 원인변수 X를 통제($X=0$)와 처리($X=1$)의 두 가지 범주를 갖는 이항변수라고 가정하자. 이 경우 관찰된 결과 Y와 원인변수 X의 값에 따라 발생할 수 있는 잠재적 결과(potential outcome)는 Y_0와 Y_1를 구분해서 나타낼 수 있다.

만일 개인이 $X=0$의 값을 가졌다고 해보자. 이때 관찰된 결과 Y와 잠재적 결과 Y_0는 동일하다. 즉 $Y=Y_0$가 성립한다. 하지만 $X=0$에 할당된 개인이 $X=1$에 할당되었다는 반사실적 상황을 가정한다면 이때 얻을 수 있는 잠재적 결과 Y_1은 관찰할 수 없다. 유사하게 개인이 $X=1$의 값을 가질 때 실제 처리가 진행된 경우의 결과변수 Y_1은 관찰할 수 있지만 $X=0$에 할당되었다는 반사실적 상황을 가정한 후 측정될 수 있는 잠재적 결과 Y_0는 관찰할 수 없다.

인과효과는 동일한 대상에서 처리가 없었을 때 비해 처리가 있었을 때의 차이로 정의할 수 있다. 즉, 관찰단위가 개인이라면 개인 i의 인과효과는 $Y_{1i} - Y_{0i}$로 측정할 수 있다. 즉 개인 i에게 통제 상태인 경우에 결과변수를 측정하고 또한 처리상태인 경우에 결과변수를 측정하여 이 차이를 인과효과로 정의하는 것이다. 하지만 동일한 개인에 대해서 통제상태와 처리상태를 동시에 관찰하는 것은 불가능하다. 관찰연구에서 개인은 통제집단에 속하거나 혹은 처리집단에 속할 뿐 이 두 집단에 동시에 속하는 것은 불가능하기 때문이다. 이것을 인과효과 추론의 근본적인 문제(fundamental problem of causal inference)라고 부른다(Holland, 1986).

인과효과 추론의 근본문제를 해결하기 위해서 개인 수준에서 인과효과를 측정하지 않고 평균 인과효과를 다음과 같이 측정할 수 있다. 이 식은 $X=1$인 그룹의 결과와 $X=0$인 그룹의 결과변수 값의 평균차이를 구한 것이다.

$$평균\ 인과효과 = E[Y_1 - Y_0]$$

평균 인과효과를 측정하더라도 $X=0$인 그룹의 잠재적 결과와 $X=1$인 그룹의 잠재적 결과를 동시에 관찰할 수 없기 때문에 문제가 발생한다. 예를 들어 $E[Y_1|X=1]$은 관찰할 수 있다. 하지만 $X=1$ 그룹에 할당된 사람들이 만일 처리를 받지 못했을 때 결과변수의 기댓값 즉 $E[Y_0|X=1]$은 관찰할 수 없기 때문이다. 따라서 평균 인과효과를 측정하더라도 아래의 두 식을 측정하는 것은 불가능하다. 이러한 이유로 평균 인과효과는 처리그룹일 때와 통제그룹일 때를 구분해야 한다.

$$처리그룹의\ 평균\ 인과효과 = E[Y_1|X=1] - E[Y_0|X=1]$$
$$통제그룹의\ 평균\ 인과효과 = E[Y_1|X=0] - E[Y_0|X=0]$$

이 문제를 해결하기 위해서 관찰단위를 처리집단에 할당할지 혹은 통제집단에 할당할지를 무작위로 결정하는 방법을 사용할 수 있을 것이다. 어느 집단에 할당되는지 여부가 결과변수에 영향을 주지 않는 무작위 할당이 이루어진다면 Y_0값은 $X=1$에 할당된 사람들이나 $X=0$에 할당된 사람들에게 동일한 기댓값을 아래와 같이 갖게 된다.

$$E[Y_0|X=0] = E[Y_0|X=1]\ \ 혹은\ \ E[Y_1|X=0] = E[Y_1|X=1]$$

이 가정을 도입하면 위의 처리그룹과 통제그룹의 평균 인과효과는 다음과 같이 관찰가능한 종속변수의 차이로 나타낼 수 있다.

$$\begin{aligned} 처리그룹의\ 평균\ 인과효과 &= E[Y_1|X=1] - E[Y_0|X=1] \\ &= E[Y_1|X=1] - E[Y_0|X=0] \\ &= E[Y|X=1] - E[Y|X=0] \end{aligned}$$

$$\begin{aligned} 통제그룹의\ 평균\ 인과효과 &= E[Y_0|X=1] - E[Y_0|X=0] \\ &= E[Y_1|X=1] - E[Y_0|X=0] \\ &= E[Y|X=1] - E[Y|X=0] \end{aligned}$$

하지만 이러한 무작위 할당이 어려운 관찰연구에서는 위 조건이 만족된다고 보기 어렵다. 이를 해결하기 위해 관찰된 공변량 값이 일정하게 주어졌을 때 잠재적 결과가 비교가

능하다는 가정을 도입할 수 있다.[3] 이 가정의 핵심은 일정한 공변량 값이 주어졌을 때 잠재적 결과는 실제로 원인변수 값이 어떤 값을 갖는지와 관계없이 독립이라는 것($Y_a \amalg X|C$)을 의미한다. 즉 $C=c$로 공변량이 주어졌을 때 $X=1$ 집단에 개인이 할당되거나 혹은 $X=0$의 집단에 개인이 할당되더라도 그들의 잠재적 결과 Y_a는 동일하다는 것이다. 예를 들어 $C=c$이면 $X=1$ 혹은 $X=0$에 할당된 관찰점들의 잠재적 결과 Y_1은 서로 비교가능하다는 것이다. 즉 $X=1$에 할당된 그룹의 Y_1의 값이나 $X=0$에 할당된 Y_1의 값은 동일하다는 것이다. 이를 인과효과 측정 공식에 적용하면 다음과 같은 관계가 성립한다.

$$
\begin{aligned}
E[Y_1 - Y_0|C=c] &= E[Y_1|c] - E[Y_0|c] \\
&= E[Y_1|X=1,c] - E[Y_0|X=0,c] \\
&= E[Y|X=1,c] - E[Y|X=0,c]
\end{aligned}
$$

결국 원인변수와 공변량 값이 주어졌을 때 관찰된 결과변수 Y의 차이를 이용하여 측정할 수 있는 것이다. 위 조건은 $C=c$라는 공변량 값에 대해서 타당하기 때문에 전체 모집단에 대한 평균 인과효과의 크기는 다음과 같이 측정할 수 있다.

$$
\begin{aligned}
E[Y_1 - Y_0] &= \sum_c E[Y_1 - Y_0|c] \times \Pr(C=c) \\
&= \sum_c \{E[Y_1|X=1,c] - E[Y_0|X=0,c]\} \times \Pr(C=c) \\
&= \sum_c \{E[Y|X=1,c] - E[Y|X=0,c]\} \times \Pr(C=c)
\end{aligned}
$$

여기서 중요하게 전제되어야 하는 가정은 관찰된 공변량 C가 위의 독립조건을 만족시킨다는 가정과, 관찰되지 않은 혼란변수가 존재하지 않는다는 것이다. 만일 관찰되지 않은 혼란변수가 존재한다면 개인이 관찰되지 않은 혼란변수의 어떤 값을 갖는지에 따라 잠재적 결과가 비교가능하지 않을 수 있기 때문이다. 현실적으로 관찰되지 않은 혼란변수가 존재하는지 여부의 판단은 쉽지 않다. 이러한 이유로 민감도 분석 등을 이용하여 관찰되지 않은 혼란변수의 존재가 분석 결과를 어떻게 변화시키는지를 살펴보는 추가적 분석이 요구된다(VanderWeele, 2015). 결국 위 접근의 핵심은 적절한 공변량을 모형에 반영하여

3 이 가정을 “exchangeability”, “ignorable treatment assignment”, “no-unmeasured-confounding” 혹은 “exogeneity” 가정이라고도 부른다.

통제한 후 평균 인과효과 측정을 시도한다는 점에 있다.

2. 반사실에 근거한 인과효과의 측정

반사실에 근거한 인과효과 측정은 매개변수와 조절변수를 포함한 일반적인 상황에서 적용할 수 있다. 여기서는 VanderWeele(2015)의 모형은 매개효과뿐만 아니라 조절효과도 함께 포함한 일반화 모형을 중심으로 논의하고자 한다.

먼저 X는 원인변수, W는 공변량(covariate), M은 매개변수, Y는 결과변수로 가정하자. M_x는 M의 잠재적 결과를 나타내는 기호로 만일 $X=x$값을 가졌을 때 M이 갖는 값을 나타낸다. Y_{xm}은 만일 $X=x, M=m$의 값을 가졌을 때 결과변수가 갖는 잠재적 결과값을 나타낸다. 만일 일관성 가정(consistency assumption)을 도입하면 이러한 잠재적 결과가 실제 관찰된 값과 동일하다는 관계 즉 $Y_x = Y, M_x = M, Y_{xm} = Y$가 성립한다.

관찰된 매개변수와 결과변수에 대한 추정식은 다음과 같이 나타낼 수 있다.

$$E(M|X=x, W=w) = i_1 + a_1 x + a_2 w$$
$$E(Y|X=x, M=m, W=w) = i_2 + c'x + b_1 m + b_2 xm + b_3 w$$

반사실 접근 방법에서는 원인변수가 결과변수에 미치는 과정은 통제된 직접효과, 자연직접효과, 자연간접효과, 총효과 등 다양하게 정의한다.

첫째, 통제된 직접효과(controlled direct effect, CDE)는 $Y_{xm} - Y_{x^*m}$으로 정의된다. 이것은 매개변수가 일정한 값 m으로 고정되어 있다고 가정한 상황에서 원인변수가 x^*에서 x로 변했을 때 결과변수 Y가 평균적으로 변화한 값을 의미한다. CDE는 조절효과나 매개효과에 기인하지 않은 효과라고 할 수 있다.

$$\begin{aligned}
&E[Y_{x,m} - Y_{x^*,m}|W=w] \\
&= E[Y|X=x, M=m, W=w] - E[Y|X=x^*, M=m, W=w] \\
&= (i_2 + c'x + b_1 m + b_2 xm + b_3 w) - (i_2 + c'x^* + b_1 m + b_2 x^* m + b_3 w) \\
&= (c'(x-x^*) + b_2 m(x-x^*)) \\
&= (c' + b_2 m)(x-x^*)
\end{aligned}$$

$$\therefore \text{CDE} = (c' + b_2 m)(x - x^*)$$

만일 $x^* \rightarrow x$의 변화의 크기가 1이고 원인변수와 매개변수의 상호작용이 없으면 b_2값은 0이 되기 때문에 CDE는 c'이 된다. 이것은 Baron & Kenny 모형의 직접효과와 동일하다.

둘째, 자연직접효과(natural direct effect, NDE)[4]는 $Y_{xM_x} - Y_{x^*M_{x^*}}$로 정의된다. 자연직접효과는 $x^* \rightarrow x$로 변했을 때의 결과변수의 변화를 나타내는데 이때, 매개변수의 값은 자연상태 즉 원래 상태인 $X = x^*$일 때의 값으로 고정되어 있다고 가정을 한다.[5] 즉 $M = M_{x^*}$인 상황을 가정하는 것이다. NDE는 원인변수가 매개효과를 통해 영향을 미치는 경로를 닫은 후 종속변수에 미치는 영향을 계산한다는 점에서는 직접효과이지만 상호작용 효과를 포함한다는 점에서 CDE와 구분된다. 공변량 값이 주어진 모집단에 대한 평균 NDE는 다음과 같이 계산할 수 있다.

$$\text{NDE} = E[Y_{xM_{x^*}} - Y_{x^*M_{x^*}} | C = c]$$

이때 M_{x^*}은 $X = x^*$값으로 주어졌을 때 M의 잠재변수 값을 나타낸다. 위 기댓값은 m의 값에 의해 달라지기 때문에 $M = m$이라고 한다면 $\Pr(M = m)$일 확률에 대해 가중평균한 값으로 계산할 수 있다. 따라서 다음과 같이 표현할 수 있다.

$$\begin{aligned} & E[Y_{xM_{x^*}} - Y_{x^*M_{x^*}} | W = w] \\ & = \sum_m \{E[Y|X = x, M = m, W = w] - E[Y|X = x^*, M = m, W = w]\} \\ & \qquad \times P(M = m|X = x^*, W = w) \\ & = \sum_m \{(i_2 + c'x + b_m m + b_2 xm + b_3 w) - (i_2 + c'x^* + b_m m + b_2 x^* m + b_3 w)\} \\ & \qquad \times P(M = m|X = x^*, W = w) \\ & = \sum_m \{(c' + b_2 m)(x - x^*)\} \times P(M = m|X = x^*, W = w) \end{aligned}$$

이때 $\sum_m \{m \times P(M = m|X = x^*, W = w)\}$은 원인변수와 혼란변수가 주어진 상황에서 M의 기댓값을 나타내기 때문에 아래와 같이 나타낼 수 있다.

$$\sum_m \{m \times P(M = m|X = x^*, W = w)\} = E[M|X = x^*, W = w] = i_1 + a_1 x^* + a_2 w$$

---

4 자연직접효과는 순수직접효과(pure direct effect)라고 불리기도 한다(Robins & Greenland, 1992).

5 만일 원인변수가 이항변수라고 가정을 한다면 통제상태 즉 $X = 0$인 상태로 고정되었을 때 매개변수 값을 의미한다.

앞의 식을 정리하면 다음과 같이 나타낼 수 있다.

$$\text{NDE} = (c' + i_1 b_2 + a_1 b_2 x^* + a_2 b_2 w)(x - x^*)$$

조절효과가 존재하지 않는 모형을 가정한다면 위 식에서 b_2가 0이 되기 때문에 NDE $= c'$이 되고 이것은 고전적인 매개효과 모형의 직접효과와 동일함을 알 수 있다. 또한 조절효과가 존재하지 않는다면 NDE =CDE의 관계도 성립한다. 한편 NDE는 m의 값이 다양하게 주어졌을 때 얻어지는 CDE 값을 평균한 값과 본질적으로는 동일한 특성을 갖고 있다.[6]

한편 CAUSALMED 프로시저에서는 m^*의 값은 매개변수가 이항변수일 때 이항변수의 수준이 마지막인 경우 CLASS LEVEL이 두 번째 경우 값을 사용한다. 예를 들어 1과 0의 값을 갖는 매개변수인 경우에는 1 0 순서로 CLASS LEVEL이 결정되기 때문에 0의 값을 m^*의 값으로 사용하는 것이다. 반면 연속형 변수인 경우에는 CAUSALMED 프로시저에서 m^*값은 매개변수의 평균값을 사용한다.

셋째, 자연간접효과(natural indirect effect, NIE)는 $Y_{xM_x} - Y_{xM_{x^*}}$로 정의 된다. 원인변수가 x로 고정되어 있다고 가정하지만 매개변수는 M_{x^*}에서 M_x로 변한다고 가정한 상황에서 결과변수의 변화크기를 측정한 것으로 다음과 같이 나타낼 수 있다.[7]

$$\begin{aligned}
\text{NIE} &= E[_{xM_x} - Y_{xM_{x^*}} | W = w] \\
&= \sum_m E[Y|X = x, M = m, W = w] \times P[M|X = x, W = w] \\
&\quad - \sum_m E[Y|X = x, M = m, W = w] \times P[M|X = x^*, W = w] \\
&= \sum_m (i_2 + c'x + b_1 m + b_2 xm + b_3 w) P[M|X = x, W = w] \\
&\quad - \sum_m (i_2 + c'x + b_1 m + b_2 xm + b_3 w) P[M|X = x^*, W = w]
\end{aligned}$$

위에서와 같이 다음이 성립한다.

$$\sum_m \{m \times P(M = m|X = x^*, W = w)\} = E[M|X = x^*, W = w] = i_1 + a_1 x^* + a_2 w$$

---

6 Pearl, J. (2001). *Direct and indirect effects*. Proceedings of the Seventeenth Conference on Uncertainty and Artificial Intelligence. Morgan Kaufmann, 411-420.

7 이에 대한 유도과정은 VanderWeele, T. J. & Vansteelandt, S. (2009). "Conceptual Issues Concerning Mediation, Interventions and Compositions." *Statistics and Its Interface* 2: 466을 참고하라.

앞의 식은 다음과 같이 정리된다.

$$
\begin{aligned}
&= (i_2 + c'x + b_3 w) + \sum_m [b_1 E[M|X = x, W = w] + b_2 x E[M|X = x, W = w]] \\
&\quad - ((i_2 + c'x + b_3 w)) + \sum_m [b_1 E[M|X = x^*, W = w] + b_2 x E[M|X = x^*, W = w]] \\
&= a_1 b_1 (x - x^*) + a_1 b_2 x (x - x^*)
\end{aligned}
$$

따라서 모집단의 평균 자연 간접효과는 다음과 같이 정의된다.

$$\text{NIE} = (a_1 b_1 + a_1 b_2 x)(x - x^*)$$

고전적 매개효과 모형에서처럼 독립변수와 매개효과의 상호작용이 존재하지 않는 경우에는 자연 간접효과의 크기는 $a_1 b_1$이 되기 때문에 Baron & Kenny(1986)에서 제시한 값과 동일한 결과를 가짐을 확인할 수 있다.

넷째, 총효과(total effect)는 NDE+NIE로 정의되며 $X = x$인 상황과 $X = x^*$인 상황에서의 결과변수의 차이의 기댓값이라고 할 수 있다.

$$
\begin{aligned}
\text{TE} &= E[Y_x - Y_{x^*} | W = w] \\
&= E[Y_{xM_{x^*}} - Y_{x^*M_{x^*}} | W = w] + E[Y_{xM_x} - Y_{xM_{x^*}} | W = w] \\
&= E[Y_{xM_x} - Y_{x^*M_{x^*}} | W = w] \\
&= (c' + i_1 b_2 + a_1 b_2 x^* + a_2 b_2 w)(x - x^*) + (a_1 b_1 + a_1 b_2 x)(x - x^*) \\
&= (c' + i_1 b_2 + a_1 b_2 x^* + a_2 b_2 w + a_1 b_1 + a_1 b_2 x)(x - x^*)
\end{aligned}
$$

이렇게 TE, CDE, NDE, NIE값을 구하게 되면 총효과 중 매개된 비율(proportion of mediated, PM)은 다음과 같이 계산할 수 있다.

$$\text{PM} = \frac{\text{NIE}}{\text{TE}} \times 100$$

PM값은 총효과 중에 매개효과의 비율을 나타내는 지표로 사용할 수 있다. 하지만 PM이 100%를 넘어서는 경우에 이 지표의 의미를 해석하는 것은 무의미하고, NDE와 NIE의 크기는 유사하지만 서로 다른 부호를 가질 때는 TE값이 매우 작게 되어 PM의 값은 매우 커지는 문제가 발생할 수도 있다.

유용하게 사용되는 또 다른 지표는 조절효과에 기인한 효과를 측정하는 제거된 비율(proportion eliminated, PE) 지표를 활용하는 것이다.[8] 만일 매개변수의 크기를 조작하여 정책목표를 달성하기 위해 매개변수의 수준을 일정한 값 m으로 고정시킨다고 해보자. 이렇게 매개변수의 값을 고정시킴으로써 제거되는 원인변수가 결과변수에 미치는 효과크기의 비율을 제거된 비율이라고 부른다. PE는 총효과에서 매개변수가 일정한 값으로 고정되었을 때 직접효과 크기를 뺀 값을 분자로 하고 분모는 총효과로 하여 다음과 같이 정의할 수 있다.

$$\mathrm{PE} = \frac{\mathrm{TE} - \mathrm{CDE}_m}{\mathrm{TE}}$$

여기서 CDE는 매개변수의 값이 m으로 고정되었을 때 직접효과의 크기를 의미하기 때문에 $\mathrm{TE} - \mathrm{CDE}_m$은 총효과 중에서 매개변수가 고정되지 않았을 때 발생하는 효과크기로 해석할 수 있다. 조절효과가 존재하지 않는다면 CDE=NDE이기 때문에 $\mathrm{TE} - \mathrm{CDE}_m$ 값은 NIE값과 동일하다. 이 경우에는 PM=PE의 관계가 성립한다.

만일 $X \rightarrow M$의 관계는 존재하지 않지만 X, M이 서로 상호작용이 존재한다고 가정을 해보자. $X \rightarrow M$의 관계가 존재하지 않기 때문에 NIE= 0이 되기 때문에 PM = 0이 된다. 이때 M의 값을 0으로 고정시킨다면 CDE($M = 0$)의 값은 0에 가까운 매우 작은 값이 되면서 PE는 100%에 가까운 값이 된다. 즉 조절효과가 존재하는 경우에 매개변수 값이 크면 원인변수가 결과변수에 미치는 효과가 크지만, 매개변수 값이 작으면 원인변수가 결과변수에 미치는 효과가 작게 된다. 이러한 이유로 PE값이 크다면 정책을 집행할 때 조절변수 값을 변화시켜서 정책효과를 달성하는 것이 바람직하다는 주장을 제기할 수 있다.

반사실 관점에서 접근한 매개효과 모형에서 혼란변수(confounding variable) 혹은 공변량(covariate) W의 역할은 매우 중요하다. 혼란변수 W는 X, Y의 관계에 대한 혼란변수(W_1), M, Y의 관계에 대한 혼란변수(W_2), X, M의 관계에 대한 혼란변수(W_3)로 구분할 수 있다. 회귀분석에서 혼란변수를 통제한다는 것은 이 세 유형의 혼란변수를 모두 모형에 포함시킨다는 것을 의미하며, 이 혼란변수가 통제되지 않으면 추정된 회귀모형이 편의를 갖게 될 뿐만 아니라 효율성이나 일치성도 만족하지 못한다. 따라서 반사실 매개효과 모형

8 VanderWeele, T. J. (2013). "Policy-relevant proportions for direct effects:erratum." *Epidemiology* 24: 175-176.

을 제대로 식별하기 위해서는 몇 가지 식별조건(identification condition)을 만족해야 한다.

먼저 통제된 직접효과(CDE)를 제대로 식별하기 위해서는 다음과 같은 조건이 필요하다.

a) 원인변수와 결과변수의 관계에 영향을 주는 측정되지 않은 혼란변수가 존재하지 않는다.
b) 매개변수와 결과변수의 관계에 영향을 주는 측정되지 않은 혼란변수가 존재하지 않는다.

첫 번째 조건을 만족시키는 방법 중의 하나는 원인변수를 무작위 할당하는 것이다. 예를 들어 원인변수가 처리그룹과 통제그룹이라고 한다면 이 두 그룹에 개인을 무작위로 할당하는 것이다. 이 무작위 할당은 X, Y 간의 혼란변수를 통제할 수 있지만 M, Y 간의 혼란변수를 통제할 수 있는 것은 아니다. 따라서 W_2를 모형의 통제변수로 사용을 해야 한다. 한편 W_2와 같이 혼란변수가 비록 M, Y의 관계에 대한 것이라고 하더라도 이 혼란변수는 매개변수를 추정하는 회귀식과 결과변수를 추정하는 회귀식에 모두 포함시켜야 한다 (VanderWeele, 2015: 26).

자연 직접효과(NDE)와 자연 간접효과(NIE)를 추정하기 위한 모형을 식별하기 위해서는 다음과 같은 추가적인 가정이 필요하다.

c) 독립변수와 매개변수에 측정되지 않은 혼란변수가 없다.
d) 원인변수 X가 M, Y의 관계에 영향을 주는 혼란변수 W_2에 영향을 주지 않는다.

물론 혼란변수를 통제하지 않더라도 항상 문제가 되는 것은 아니다. 예를 들어 M, Y의 관계에 영향을 주는 혼란변수 W_2를 모형에 통제하지 않더라도 총효과 추정량은 편의가 발생하지 않는다. 하지만 매개효과나 직접효과 추정에서는 편의가 발생한다. 현실에서는 혼란변수의 존재가능성이 항상 존재하기 때문에 자료 수집단계에서 혼란변수를 측정할 필요가 있다. 만일 충분히 혼란변수가 통제되지 않은 경우라면 민감도 분석(sensitivity analysis)을 수행하는 것이 바람직하다.

3. PROC CAUSALMED를 이용한 반사실 매개효과 모형측정

SAS에서 제공하는 CAUSALMED 프로시저는 반사실에 기반한 매개효과 모형 분석을 위해 개발되었다. 이 프로시저에서는 결과변수를 추정하는 명령문, 매개효과를 추정하는 명령문, 그리고 공변량을 제시하는 명령문을 사용해서 모형을 특정화한다. 여기서는 예제로 SAS의 CAUSALMED 프로시저의 매뉴얼에서 제공하는 자료를 사용하고자 한다.[9]

이 자료는 부모가 자식에게 격려를 하는 정도(ENCOURAGE)가 아이들의 인지발달(COGPERFORM)에 미치는 영향을 측정한 것으로 매개효과로는 학습동기(MOTIVATION)가 사용되었다. 그리고 공변량은 가족 크기(FAMSIZE)와 사회적 지위(SOCSTATUS)가 사용되었다.

공변량이 존재하지 않는 경우와 존재하는 경우 매개효과 측정에서 어떤 차이가 발생하는지를 살펴보기 위해서 공변량이 존재하지 않는 모형을 추정하도록 한다. 이 모형 추정은 다음과 같은 두 개의 회귀식을 추정하는 문제와 동일하다.

$$E(M|X=x) = i_1 + a_1 x$$
$$E(Y|X=x, M=m) = i_2 + c'x + bm$$

여기서 주의해야 할 것은 단순히 공변량을 회귀모형식에 반영을 하지 않았다는 사실 자체가 아니라 공변량을 제거한 경우 반사실에 기반한 인과효과 측정이 가능한지 여부이다. 만일 자료가 무작위 처리가 되지 않았다면 인과효과 측정 결과는 편의를 갖기 때문이다. 따라서 자료가 무작위 처리가 되어 혼란변수가 존재하지 않는다는 가정하에서 분석이 진행되어야 한다.

[표 6-1] 단순 매개효과 모형의 추정

```
PROC CAUSALMED DATA=COGNITIVE ALL;
  MODEL    COGPERFORM  = ENCOURAGE MOTIVATION;
  MEDIATOR MOTIVATION  = ENCOURAGE;
RUN;
```

9 분석에 사용한 Cognitive 데이터셋은 웹사이트(https://go.documentation.sas.com/api/docsets/statug/15.1/content/statug_code_cmedgs.htm?locale=en)에서 찾을 수 있다.

먼저 매개변수를 종속변수로 측정한 결과는 다음과 같다. [표 6-2]에 제시된 추정된 회귀계수는 OLS를 이용한 추정결과와 동일하다. 회귀계수는 모두 통계적으로 유의미한 것으로 나타나고 있으며 회귀계수의 표준오차의 크기도 작아 신뢰구간의 폭도 좁음을 알 수 있다.

$$E(M|X=x) = i_1 + a_1 x = 4.0428 + 1.0003 \times \text{ ENCOURAGE}$$

참고로 추정된 SCALE이라는 모수는 오차항의 표준편차의 추정치이다. OLS를 이용하면 이 오차항의 표준편차 값은 오차제곱합(SSE)을 이 제곱합의 자유도 값으로 나눈 값에 대한 제곱근 값으로 계산된다.

$$\hat{\sigma} = \text{Root MSE} = \sqrt{SSE/(n-p-1)} \text{ (단, } p\text{는 독립변수의 개수)}$$

그러나 CAUSALMED에서 제시하는 오차항의 추정량 $\hat{\sigma}$값의 자유도는 $n-p-1$이 아니라 n으로 계산한다. 즉 오차제곱합을 표본의 개수로 계산하는 것이다. 따라서 Root MSE값을 REG 프로시저를 이용해 계산해보면 0.25348이 되지만, CAUSALMED에서 계산된 SCALE값은 0.2526으로 약간 차이가 난다.

[표 6-2] 매개모형 측정결과

Mediator Model Estimates						
Parameter	Estimate	Standard Error	Wald 95% Confidence Limits		Wald Chi-Square	Pr > ChiSq
Intercept	4.0428	0.2641	3.5251	4.5605	234.2732	<.0001
Encourage	1.0003	0.0077	0.9853	1.0153	17040.9178	<.0001
Scale	0.2526	0.0103	0.2332	0.2737		

결과변수를 추정한 모형은 [표 6-3]과 같다. 회귀계수도 통계적으로 유의미하고 표준오차도 상당히 작음을 알 수 있다. 이 결과에서 ENCOURAGE 변수의 회귀계수는 c'에 해당하는 것으로 직접효과 크기와 동일하다. 한편 MOTIVATION 변수의 회귀계수는 b에 해당한다.

$$E(Y|X=x, M=m) = i_2 + c'x + bm$$
$$= -201.2 + 4.2835 \times \text{Encourage} + 3.7578 \times \text{Motivation}$$

[표 6-3] 결과변수 추정모형

Outcome Model Estimates						
Parameter	Estimate	Standard Error	Wald 95% Confidence Limits		Wald Chi-Square	Pr > ChiSq
Intercept	−201.2	0.6426	−202.5	−199.9	98053.6157	<.0001
Encourage	4.2835	0.1062	4.0754	4.4917	1626.7935	<.0001
Motivation	3.7576	0.1052	3.5514	3.9639	1274.6903	<.0001
Scale	0.4605	0.0188	0.4251	0.4989		

매개변수 추정모형과 결과별수 추정모형을 이용하면 총효과, 직접효과, 간접효과 등을 추정할 수 있다. 이 예제에서는 상호작용항을 포함하지 않고 있기 때문에 CDE=NDE의 관계가 성립하며 PM=PE의 관계도 성립한다. 또한 상호작용항이 없으므로 상호작용에 기인한 총효과의 비율의 값도 계산되지 않는다.

[표 6-4] 효과크기를 분해한 결과

Summary of Effects						
	Estimate	Standard Error	Wald 95% Confidence Limits		Z	Pr > |Z|
Total Effect	8.0423	0.0320	7.9796	8.1050	251.30	<.0001
Controlled Direct Effect(CDE)	4.2835	0.1062	4.0754	4.4917	40.33	<.0001
Natural Direct Effect (NDE)	4.2835	0.1062	4.0754	4.4917	40.33	<.0001
Natural Indirect Effect (NIE)	3.7588	0.1091	3.5449	3.9727	34.44	<.0001
Percentage Mediated	46.7377	1.3254	44.1400	49.3353	35.26	<.0001
Percentage Due to Interaction	0	.	.	.	.	.
Percentage Eliminated	46.7377	1.3254	44.1400	49.3353	35.26	<.0001

효과크기를 분해한 결과는 [표 6-4]와 같다. 자연 직접효과(NDE)는 회귀계수 c'에 해당하는 경우로 4.2853으로 나타나고 있다. 한편 자연 간접효과(NDE)는 ab의 크기로 추정할 수 있는데 앞의 회귀분석 결과를 살펴보면 $1.0003 \times 3.7576 = 3.7588$이 되는데 이 결과는

다음 [표 6-4]의 결과와 동일함을 알 수 있다. NDE의 표준오차는 소벨 검정에서 제시하듯이 $s_{ab} = \sqrt{b^2 s_a^2 + a^2 s_b^2 + s_a^2 s_b^2}$ 으로 계산할 수 있는데 이 값이 0.1091로 계산됨을 알 수 있다. 한편 매개된 비율(PM)은 총효과 대비 NIE의 비율로 계산될 수 있는데 46.7377로 총효과 중 43.7377%가 매개효과의 비율이라고 해석할 수 있다.

무작위 할당이 이루어지지 않은 상황에서 공변량 이외에는 혼란변수가 존재하지 않는다는 가정을 도입한 후 모형을 추정해보도록 하자. 공변량을 W라고 한다면 다음과 같은 매개변수와 결과변수를 추정하면 매개효과의 크기를 측정할 수 있다. VanderWeele(2015)이 지적하듯이 이 공변량은 반사실 추정을 위한 조건이기 때문에 매개변수 및 결과변수를 추정하는 모형에 아래와 같이 모두 포함시키는 것이 바람직하다.

$$E(M|X = x, W = w) = i_1 + a_1 x + a_2 w$$
$$E(Y|X = x, M = m, W = w) = i_2 + c'x + b_1 m + b_3 w$$

공변량이 포함된 모형을 추정하기 위해서는 [표 6-5]와 같이 COVAR 명령문을 이용하여 공변량을 지정하면 된다.

[표 6-5] 공변량이 포함된 모형 추정

```
PROC CAUSALMED DATA=COGNITIVE ALL;
   MODEL    COGPERFORM  = ENCOURAGE MOTIVATION ;
   MEDIATOR MOTIVATION  = ENCOURAGE;
   COVAR FAMSIZE SOCSTATUS;
RUN;
```

[표 6-6]의 추정결과를 보면 총효과는 공변량이 없었을 때 8.0423에서 공변량을 포함했을 때 6.8435로 약 15% 정도 감소하였다.[10] 이것은 원인변수에 의해 설명되었다고 생각되는 변동의 양의 일부가 공변량에 의해 설명되었기 때문이다. 실례로 공변량의 한편 직접효과의 크기는 4.2835에서 4.2962로 약간 변화하였다. 반면 간접효과는 3.7588에서 2.5473

10 공변량을 포함했을 때의 총효과는 원인변수와 공변량 변수 즉 FamSize, SocStatus을 독립변수로 한 회귀모형에서 원인변수의 회귀계수 값과 동일함을 알 수 있다. 이 회귀모형을 추정한 결과를 보면 공변량들이 모두 통계적으로 유의미한 것을 확인할 수 있는데 이것은 총효과가 감소한 것은 공변량들이 혼란변수일 가능성을 시사하며 공변량을 모형에 고려하지 않으면 원인변수가 결과변수에 미치는 총효과가 과대평가될 가능성이 있음을 시사한다.

[표 6-6] 공변량이 포함된 모형의 효과 분해결과

Summary of Effects						
	Estimate	Standard Error	Wald 95% Confidence Limits		Z	Pr > |Z|
Total Effect	6.8435	0.1525	6.5446	7.1424	44.88	<.0001
Controlled Direct Effect (CDE)	4.2962	0.1098	4.0811	4.5114	39.14	<.0001
Natural Direct Effect (NDE)	4.2962	0.1098	4.0811	4.5114	39.14	<.0001
Natural Indirect Effect (NIE)	2.5473	0.1563	2.2410	2.8536	16.30	<.0001
Percentage Mediated	37.2219	1.7523	33.7874	40.6564	21.24	<.0001
Percentage Due to Interaction	0	.	.	.	.	.
Percentage Eliminated	37.2219	1.7523	33.7874	40.6564	21.24	<.0001

으로 상당히 크게 변한 것으로 나타나고 있다. 이것은 공변량을 포함시키지 않은 경우에는 혼란변수에 의해 매개효과가 과대 측정될 가능성이 있음을 시사한다.

공변량을 모형에 포함시키더라도 원인변수와 매개변수 간의 상호작용으로 인한 조절효과가 존재할 수 있다. [표 6-9]의 결과를 보면 CDE와 NDE의 크기에 차이가 있는 것을 확인할 수 있다. 이 표에서 CDE 값과 NDE 값이 실제 어떻게 계산이 되는지 살펴보는 것은 의미가 있을 수 있다.

먼저 조절효과와 공변량을 포함하는 매개변수와 결과변수 추정식은 다음과 같다.

$$E(M|X=x, W=w) = i_1 + a_1 x + a_2 w_1 + a_3 w_2$$

$$E(Y|X=x, M=m, W=w) = i_2 + c'x + b_1 m + b_2 xm + b_3 w_1 + b_4 w_2$$

이 추정식에 따라 CDE, NDE, NIE를 분해하면 다음과 같다.

$$\text{CDE} = (c' + b_2 m)(x - x^*)$$

$$\text{NDE} = (c' + i_1 b_2 + a_1 b_2 x^* + a_2 b_2 w_1 + a_3 b_2 w_2)(x - x^*)$$

$$\text{NIE} = (a_1 b_1 + a_1 b_2 x)(x - x^*)$$

[표 6-7] 공변량과 조절변수가 함께 있는 매개변수 추정결과

Mediator Model Estimates						
Parameter	Estimate	Standard Error	Wald 95% Confidence Limits		Wald Chi-Square	Pr > ChiSq
Intercept	11.2993	0.8412	9.6506	12.9480	180.4392	<.0001
FamSize	−0.1104	0.0129	−0.1357	−0.0850	72.7097	<.0001
SocStatus	0.1562	0.0180	0.1208	0.1916	74.9112	<.0001
Encourage	0.6879	0.0360	0.6172	0.7585	364.3009	<.0001
Scale	0.2233	0.0091	0.2062	0.2419		

[표 6-8] 공변량과 조절변수가 함께 있는 결과변수 추정결과

Outcome Model Estimates						
Parameter	Estimate	Standard Error	Wald 95% Confidence Limits		Wald Chi-Square	Pr > ChiSq
Intercept	−91.9579	3.0824	−97.9994	−85.9165	890.0082	<.0001
FamSize	−0.0247	0.0126	−0.0494	0.000023	3.8345	0.0502
SocStatus	0.0121	0.0176	−0.0224	0.0467	0.4725	0.4918
Encourage	0.9680	0.1021	0.7679	1.1681	89.8917	<.0001
Motivation	0.9974	0.0893	0.8223	1.1725	124.6085	<.0001
Encourage* Motivation	0.0835	0.0023	0.0790	0.0879	1346.3079	<.0001
Scale	0.1951	0.0080	0.1801	0.2114		

먼저 CDE 값을 계산하기 위해서 [표 6-7]과 [표 6-8]의 매개변수와 결과변수 추정 결과를 활용 수 있다. $c' = 0.9680$, $b_2 = 0.0835$로 추정되었으며 m값은 매개변수가 갖는 평균값 38.47을 대입하면 약 4.1802로 CAUSALMED 프로시저에서 효과크기를 분해한 [표 6-9]의 CDE=4.1797과 거의 유사함을 알 수 있다.[11]

NDE를 추정하기 위해서는 공변량의 값 w_1, w_2를 각 공변량 변수의 평균값 3.8033과 25.0733으로 가정하고 x^*는 원인변수의 평균값보다 1 작은 값 즉 33.4167로 고정을 하였다. 이를 바탕으로 앞의 공식을 사용하여 얻은 값은 4.1229이다. 이 값은 CAUSALMED

11 SAS의 CAUSALMED에서는 m값을 매개변수의 평균값을 기본값으로 사용한다.

프로시저에서 효과크기를 분해한 [표 6-9]의 NDE와 약 0.6% 차이가 나 거의 유사함을 알 수 있다.

마지막으로 NIE를 추정하면 2.6630이 되는데 이 값은 CAUSALMED 프로시저에서 효과크기를 분해한 [표 6-9]의 NIE와 거의 차이가 나지 않음을 알 수 있다.

한편 조절효과를 가정하기 때문에 PE(percentage eliminated)값을 계산할 수 있다.

$$PE = \frac{TE - CDE_m}{TE} = \frac{6.8421 - 4.1797}{6.8421} \times 100 = 38.9128$$

Percentage Due to Interaction은 원인변수와 결과변수의 상호작용에 기인한 총효과의 비중을 나타낸다. 이 값의 크기가 0.4197%에 불과하기 때문에 실질적으로 큰 값이라고 할 수는 없으나 통계적으로는 유의미한 것으로 나타나고 있다.

[표 6-9] 공변량과 조절효과가 존재하는 매개효과 모형의 효과 분해

Summary of Effects						
	Estimate	Standard Error	Wald 95% Confidence Limits		Z	Pr > |Z|
Total Effect	6.8421	0.1430	6.5618	7.1224	47.84	<.0001
Controlled Direct Effect (CDE)	4.1797	0.0470	4.0876	4.2717	89.00	<.0001
Natural Direct Effect (NDE)	4.1509	0.0471	4.0587	4.2432	88.21	<.0001
Natural Indirect Effect (NIE)	2.6912	0.1453	2.4065	2.9759	18.53	<.0001
Percentage Mediated	39.3325	1.3704	36.6465	42.0184	28.70	<.0001
Percentage Due to Interaction	0.4197	0.0237	0.3733	0.4661	17.73	<.0001
Percentage Eliminated	38.9128	1.3574	36.2524	41.5733	28.67	<.0001

한편 위 효과들은 매개효과와 상호작용 효과를 반영하여 좀 더 자세하게 분해(decomposition)를 할 수 있다. CAUSALMED 프로시저의 경우에는 총효과를 다양한 방식으로 분해하고 있다. [표 6-10]의 Decomposition 열에는 이러한 분해 방식을 제공하고 있으며 각 분해

방식별로 이를 구성하는 효과의 크기를 나타내고 있다. 하나의 분해 방식의 각 효과의 크기의 합을 구하면 총효과가 됨을 어렵지 않게 알 수 있다. 예를 들어 [표 6-10]에서 NDE+NIE의 값을 구하면 총효과 크기를 구할 수 있다.

CDE+PE 분해는 정책결정이나 매개변수를 이용한 개입 여부를 결정할 때 유용하다. PE는 총효과 중에서 CDE(매개효과나 상호작용 없이 계산된 직접효과)를 제거한 것이다. 이 PE=PAI+PIE임을 고려하면 상호작용항에 의한 효과와 순수한 간접효과의 합임을 알 수 있다. PE(proportion eliminated)값은 2.6625로 나타나고 있는데 NIE값이 2.6912임을 고려하면 대부분이 매개효과이고 상호작용 효과는 크지 않을 수 있음을 의미한다. 실제로 PAI값을 보면 0.0287에 불과하다는 것을 알 수 있다.

NDE는 상호작용이나 매개효과에 기인하지 않고 순수한 직접효과 즉 CDE와 매개효과에는 기인하지 않고 상호작용에서만 기인한 직접효과 즉 IRF(reference interaction)의 합으로 나타낼 수 있다. [표 6-10]에서 CDE값은 4.1797로 총효과의 상당부분을 차지하여 원인변수가 매개변수나 상호작용을 통해 미치는 효과 없이 직접 결과변수에 미치는 영향이 크지만 IRF값을 보면 −0.0287로 상호작용을 통해 음의 영향을 미치는 것을 알 수 있다.

$$\text{NDE}=\text{CDE}+\text{IRF}$$

한편 상호작용에 의한 효과는 IRF 이외에도 매개효과와 상호작용이 동시에 존재하여 발생한 효과 즉 매개된 상호작용 IMD(mediated interaction)도 존재한다. 한편 PIE(pure indirect effect)는 순수 간접효과로 상호작용에 의한 간접효과를 배제한 순수한 간접효과를 말한다. 따라서 다음이 성립한다.

$$\text{NIE}=\text{PIE}+\text{IMD}$$

상호작용으로 인한 효과가 IRF와 IMD가 있으므로 이 두 효과의 합을 상호작용에 의한 비율(proportion attribute to interaction, PAI)이라고 하며, 이 값의 크기는 다음과 같이 정의할 수 있다. 이 PAI는 상호작용의 크기를 나타내는 값으로 이 값이 매우 작거나 통계적으로 유의미하지 않으면 상호작용에 의한 효과는 없다고 판단할 수 있다.

$$\text{PAI}=\text{IRF}+\text{IMD}$$

[표 6-10] 총효과의 분해표

Decompositions of Total Effect							
Decomposition	Effect	Estimate	Standard Error	Wald 95% Confidence Limits		Z	Pr > |Z|
NDE+NIE	Natural Direct	4.1509	0.0471	4.0587	4.2432	88.21	<.0001
	Natural Indirect	2.6912	0.1453	2.4065	2.9759	18.53	<.0001
CDE+PE	Controlled Direct	4.1797	0.0470	4.0876	4.2717	89.00	<.0001
	Portion Eliminated	2.6625	0.1438	2.3807	2.9443	18.52	<.0001
TDE+PIE	Total Direct	4.2084	0.0470	4.1163	4.3004	89.63	<.0001
	Pure Indirect	2.6338	0.1423	2.3548	2.9127	18.51	<.0001
NDE+PIE+IMD	Natural Direct	4.1509	0.0471	4.0587	4.2432	88.21	<.0001
	Pure Indirect	2.6338	0.1423	2.3548	2.9127	18.51	<.0001
	Mediated Interaction	0.0574	0.00339	0.05078	0.06407	16.93	<.0001
CDE+PIE+PAI	Controlled Direct	4.1797	0.0470	4.0876	4.2717	89.00	<.0001
	Pure Indirect	2.6338	0.1423	2.3548	2.9127	18.51	<.0001
	Portion Due to Interaction	0.0287	0.00201	0.02478	0.03265	14.30	<.0001
Four-Way	Controlled Direct	4.1797	0.0470	4.0876	4.2717	89.00	<.0001
	Reference Interaction	−0.0287	0.00201	−0.03265	−0.02478	−14.30	<.0001
	Mediated Interaction	0.0574	0.00339	0.05078	0.06407	16.93	<.0001
	Pure Indirect	2.6338	0.1423	2.3548	2.9127	18.51	<.0001
Total	Total Effect	6.8421	0.1430	6.5618	7.1224	47.84	<.0001

Note: NDE=CDE+IRF, NIE=PIE+IMD, PAI=IRF+IMD, PE=PAI+PIE, TDE=CDE+PAI.

한편 위의 회귀계수 값의 크기를 직접 해석하는 것 이외에도 비율 개념을 이용하여 상대적 중요성을 판단하는 것이 유용한 경우가 많다. 각 분해 방법별로 세부 효과의 상대적 비율의 크기를 나타낸 결과가 [표 6-11]과 같다. 예를 들어 NDE + NIE 분해 방식의 경우 NDE의 비중이 60.67%임을 알 수 있다. 상호작용에 의한 효과(PAI)는 총효과의 0.42%에 불과하다는 것을 고려하면 매우 미미한 수준이라고 판단할 수 있다.

[표 6-11] 총효과의 상대비율 분해

Percentage Decompositions of Total Effect							
Decomposition	Effect	Percent	Standard Error	Wald 95% Confidence Limits		Z	Pr > |Z|
NDE+NIE	Natural Direct	60.67	1.37	57.98	63.35	44.27	<.0001
	Natural Indirect	39.33	1.37	36.65	42.02	28.70	<.0001
CDE+PE	Controlled Direct	61.09	1.36	58.43	63.75	45.00	<.0001
	Portion Eliminated	38.91	1.36	36.25	41.57	28.67	<.0001
TDE+PIE	Total Direct	61.51	1.34	58.87	64.14	45.75	<.0001
	Pure Indirect	38.49	1.34	35.86	41.13	28.63	<.0001
NDE+PIE+IMD	Natural Direct	60.67	1.37	57.98	63.35	44.27	<.0001
	Pure Indirect	38.49	1.34	35.86	41.13	28.63	<.0001
	Mediated Interaction	0.84	0.04	0.77	0.91	23.65	<.0001
CDE+PIE+PAI	Controlled Direct	61.09	1.36	58.43	63.75	45.00	<.0001
	Pure Indirect	38.49	1.34	35.86	41.13	28.63	<.0001
	Portion Due to Interaction	0.42	0.02	0.37	0.47	17.73	<.0001
Four-Way	Controlled Direct	61.09	1.36	58.43	63.75	45.00	<.0001
	Reference Interaction	−0.42	0.02	−0.47	−0.37	−17.66	<.0001
	Mediated Interaction	0.84	0.04	0.77	0.91	23.65	<.0001
	Pure Indirect	38.49	1.34	35.86	41.13	28.63	<.0001

Note: NDE=CDE+IRF, NIE=PIE+IMD, PAI=IRF+IMD, PE=PAI+PIE, TDE=CDE+PAI.

상호작용과 매개효과를 포함한 모형에서는 원인변수, 공변량, 매개변수, $(x-x^*)$[12] 값을 어떻게 설정하는지에 따라 효과 크기의 결과가 달라질 수 있다. 실제 정책분석에서는

12 이를 CAUSALMED 프로시저에서는 처리집단과 통제집단의 차이라고 부르며 _TREATMENT, _CONTROL의 키워드를 사용해 나타내기도 한다.

프로그램의 수준(예: 예산지출)을 어느 정도 할지, 해당 프로그램의 매개변수의 수준을 어느 정도로 할지에 따라 정책효과가 달라질 수 있기 때문에 변수 수준의 변화에 따른 효과크기 분석의 중요성은 매우 크다고 할 수 있다.

CAUSALMED 프로시저에서는 EVALUATE라는 명령문을 제공하기 때문에 이를 이용하여 [표 6-12]와 같은 코드를 사용하면 원인변수, 매개변수, 공변량의 변화에 따른 효과크기의 변화를 측정할 수 있다.[13]

[표 6-12] **변수 크기 조절에 따른 효과크기 변화 측정 코드 예시**

```
PROC CAUSALMED data=Cognitive ;
  model    CogPerform  = Encourage Motivation Encourage*Motivation;
  mediator Motivation  = Encourage;
  covar FamSize SocStatus;
  EVALUATE '처리수준 변화:MEAN+ 1SD' _TREATMENT=1(SD);
  EVALUATE '처리수준 변화:MEAN+ 1SD' _TREATMENT=2(SD);
  EVALUATE '매개변수 변화:MEAN+ 1SD' _MEDIATOR=1(SD);
  EVALUATE '매개변수 변화:MEAN+ 2SD' _MEDIATOR=2(SD);
  EVALUATE '다양한 변화' _TREATMENT=20 _MEDIATOR=2(SD) FAMSIZE=3
SOCSTATUS=20 ;
RUN;
```

[표 6-13]은 프로그램의 실행결과를 보여준다. 이 결과에서 확인할 수 있듯이 $x \rightarrow x+1std$로 변화를 하면 총효과는 6.8421에서 13.254로 증가함을 알 수 있다. 이것은 NDE와 NIE 값이 x와 $x-x^*$에 의존하기 때문이다.

$$\text{NDE} = (c' + i_1 b_2 + a_1 b_2 x^* + a_2 b_2 w_1 + a_3 b_2 w_2)(x - x^*)$$
$$\text{NIE} = (a_1 b_1 + a_1 b_2 x)(x - x^*)$$

또한 총효과에서 차지하는 매개효과의 비율 즉 percentage mediated 값이 39.33%에서 39.875%로 증가함을 알 수 있다. 이것도 NIE를 계산할 때 $a_1 b_2$값이 양이면 x값이 증가할 때 매개효과의 크기가 커지기 때문이다.

13 EVALUATE 명령문은 작은 따옴표 안에 평가 모형의 이름을 적어주고 _TREATMENT, _CONTROL, _MEDIATOR, 그리고 공변량의 변수 이름들을 지정한 후 이 변수들의 값을 얼마로 지정할지를 정해주면 이를 계산해주게 된다.

한편 매개변수의 크기를 $m \rightarrow m+1std$로 변화시켰을 때 총효과의 크기는 6.8421, 매개된 비율도 39.33%로 변화가 없으나 CDE값이 커졌음을 알 수 있다. 총효과에 변화가 없는 것은 매개변수 m의 값은 NDE, NIE 등을 계산할 때 포함되지 않기 때문이다. 반면 CDE 값은 m에 영향을 받기 때문에 변화가 생기는 것이다.[14]

이처럼 원인변수, 매개변수 혹은 공변량의 변화가 다양한 효과 크기에 어떤 변화를 초래하는지를 살펴보는 것은 의미가 크다고 할 것이다.

[표 6-13] 변수 수준의 변화에 따른 효과크기의 변화

변수 수준	Total Effect	CDE	NDE	NIE	Percentage Mediated
기본값	6.8421	4.1797	4.1509	2.6912	39.3325
X+1STD	13.254	7.969	7.969	5.285	39.875
X+2STD	13.6715	7.969	8.1778	5.4937	40.1842
M+1STD	6.8421	4.3403	4.1509	2.6912	39.3325
M+2STD	6.8421	4.5009	4.1509	2.6912	39.3325

[표 6-14]의 매크로 프로그램은 처리수준, 통제수준, 매개변수 수준을 변화시켜가면서 어떻게 각종 효과들이 변하는지를 시각화한 것이다. 예제에서는 처리수준을 평균으로부터 0.1 표준편차만큼 증가 혹은 감소시켜가면서 각종 효과가 어떻게 변화해갔는지를 시각화한 것이다.[15]

[표 6-14] 처리수준의 변화에 따른 효과크기의 변화 매크로와 시각화 코드

```
%MACRO EFFECTPLOT(VAR);
ODS EXCLUDE ALL;
DATA TEMP;
RUN;
%DO I=-20 %TO 20;
%LET STD=%SYSEVALF(&I *0.1);
```

14 $\text{CDE} = (c' + b_2 m)(x - x^*)$

15 이 코드에서 ODS EXCLUDE ALL; 명령문을 사용한 것은 CAUSALMED 출력물이 나오지 않도록 하기 위한 것이며, 데이터스텝에서 IF _N_ < 8 THEN DELETE;를 사용한 것은 SAS에서 출력물이 기본값하에서의 효과크기 분석 결과와 ESTIMATE에서 지정한 값을 이용한 효과크기 분석 결과가 같이 나오기 때문에 중복되는 기본값하에서의 효과크기 분석 결과를 제거하기 위한 것이다.

```
PROC CAUSALMED DATA=COGNITIVE;
   model   CogPerform  = Encourage Motivation Encourage*Motivation;
   mediator Motivation  = Encourage;
   covar FamSize SocStatus;
   EVALUATE '&VAR 변화: MEAN+ &STD.SD' &VAR=&STD(SD);
   ODS OUTPUT EFFECTSUMMARY=EFFECT;
RUN;
DATA EFFECT2;
 SET EFFECT;
 VARNAME="&VAR";
 STD=&STD;
 IF _N_<8 THEN DELETE;
RUN;
DATA TEMP;
SET EFFECT2 TEMP;
RUN;
%END;
ODS EXCLUDE NONE;
%MEND;
%EFFECTPLOT(VAR=_TREATMENT);
PROC SGPANEL DATA=TEMP;
  PANELBY EFFECT/COLUMNS=3 ROWS=3 UNISCALE=COLUMN SORT=ASCMEAN ;
  SERIES X=STD Y=ESTIMATE;
RUN;
PROC SGPLOT DATA=TEMP;
   WHERE EFFECT="Percentage Eliminated";
   BAND X=STD LOWER=LowerWaldCL UPPER=UPPERWaldCL;
   SERIES X=STD Y=ESTIMATE ;
   XAXIS LABEL="처리수준: 평균으로부터 떨어진 표준편차의 거리";
   YAXIS LABEL="Percentage Eliminated";
RUN;
```

[그림 6-1]을 살펴보면 처리수준의 변화에 따라 CDE는 변화가 없지만 나머지 효과크기들은 변화가 있음을 확인할 수 있다.

[그림 6-2]는 처리수준의 변화에 따른 PE의 변화와 그 신뢰구간을 시각화한 것이다. 처리수준이 커질수록 총효과에서 조절효과와 매개효과가 차지하는 비중이 커지고 있음을 확인할 수 있다.

한편 CAUSALMED 프로시저에서는 추정량의 표준오차를 구할 때 부트스트래핑 방법도 BOOTSTRAP이라는 명령문을 이용하여 이를 계산할 수 있도록 하기 때문에 이를 활용할 수도 있다.

[그림 6-1] 처리수준 변화에 따른 효과 크기의 변화

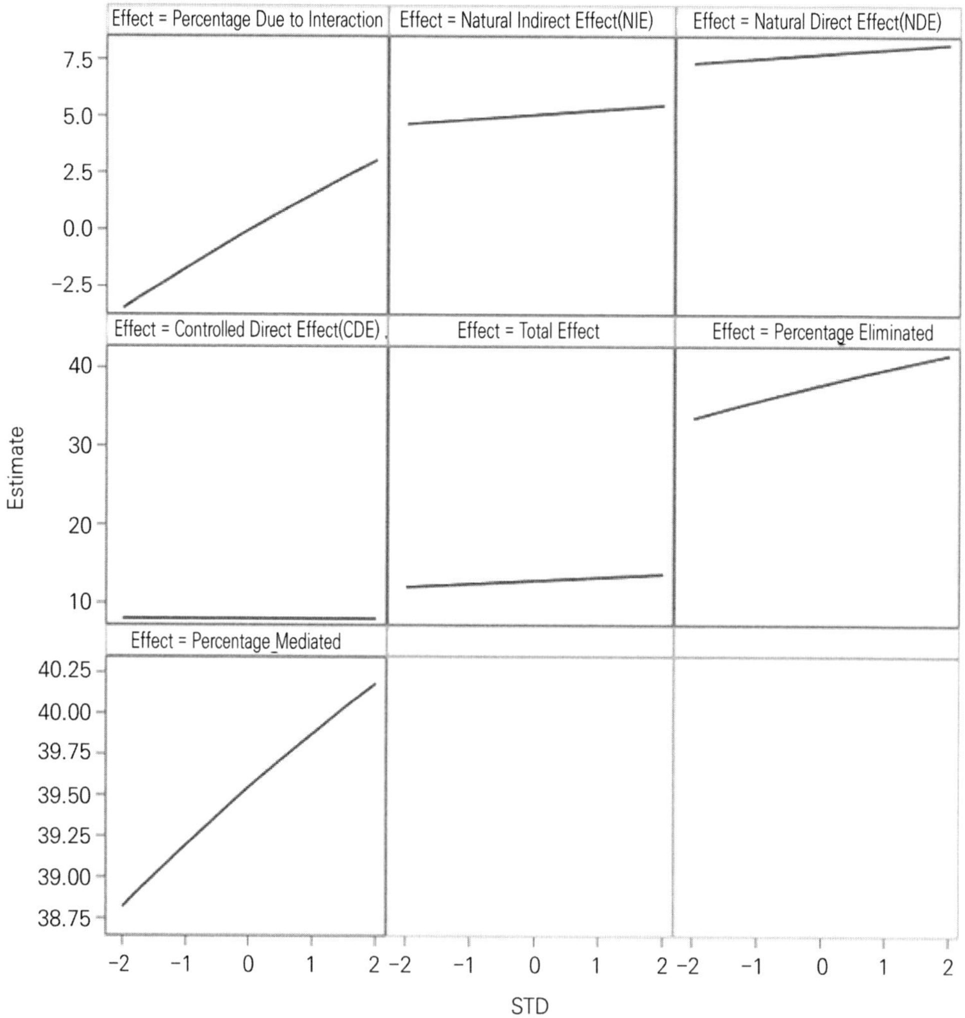

[그림 6-2] 처리수준의 변화에 따른 PE값의 변화와 신뢰구간

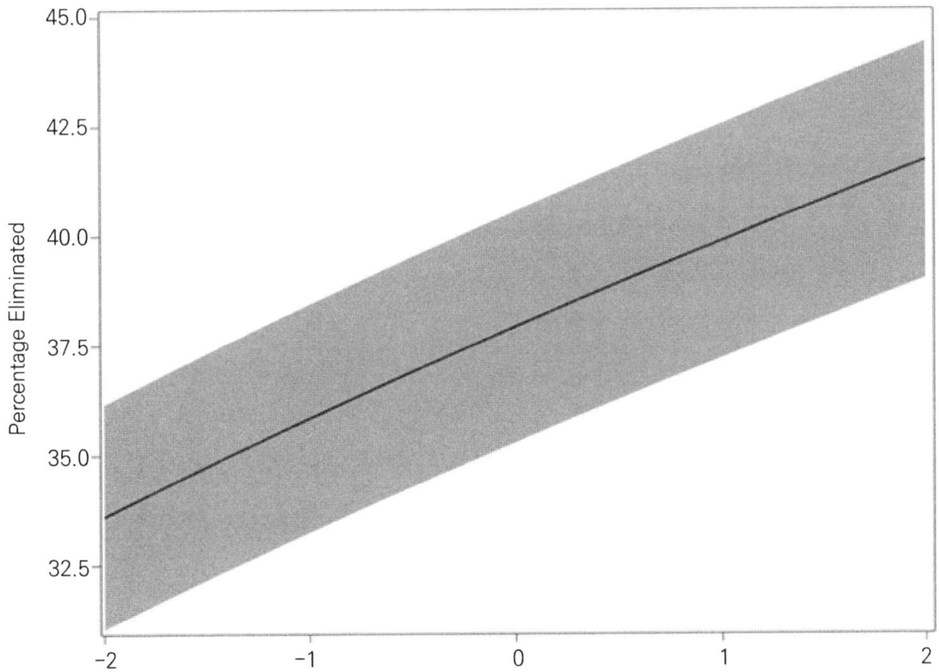

4. 결과변수가 이항변수인 경우 반사실에 기반한 매개효과 모형

결과변수가 이항변수인 매개효과 모형은 매개변수가 연속형인 경우와 범주형인 경우로 구분해서 나눌 수 있다. 결과변수가 이항변수인 경우에는 OLS에 기반한 결과변수 추정에 문제가 발생할 수 있고 총효과에서 직접효과를 뺀 것이 간접효과가 되는 것도 아니다. 반사실에 기반한 매개효과 모형에서도 결과변수가 이항변수인 경우를 다루기 위한 다양한 이론을 전개해 왔다.

1) 결과변수가 이항변수이고 매개변수는 연속형 변수인 경우

결과변수가 이항변수인 경우에는 OLS에 기반한 회귀모형으로 결과변수를 추정할 수 없다. 대신에 로지스틱 회귀모형을 이용한 결과변수 추정식을 사용하게 된다. 결과변수 Y가 0과 1의 값을 갖는다고 가정하고 $Y=1$의 확률 즉 $\Pr(Y=1)$을 π라고 하자. 그렇다면 매개변수와 결과변수의 추정모형은 다음과 같이 설정할 수 있다.

$$E(M|x,w) = i_1 + a_1 x + a_2 w$$

$$Logit(\pi|X=x, M=m, W=w) = i_2 + c'x + b_1 m + b_2 xm + b_3 w$$

결과변수가 이항변수인 경우 효과크기를 계산하기 위해서 오즈비 단위(odds ratio scale)와 상대위험비 단위(relative risk scale)가 사용된다. 어떤 단위를 사용하는지에 따라 각 효과크기를 계산하는 방식이 다르기 때문에 이를 살펴볼 필요가 있다.[16]

먼저 오즈비 총효과는 다음과 같이 정의가 가능하다. 이 총효과의 분자 부분은 $X=x$, $W=w$일 때의 잠재적 오즈를 분모 부분은 $X=x^*$, $W=w$일 때의 잠재적 오즈를 나타낸다.

$$OR^{TE}_{x,x^*|w} = \frac{P(Y_x = 1|w)/(1-P(Y_x = 1|w))}{P(Y_{x^*} = 1|w)/(1-P(Y_{x^*} = 1|w)}$$

오즈비 CDE는 다음과 같이 정의된다.

$$OR^{CDE}_{x,x^*|w}(m) = \frac{P(Y_{xm} = 1|w)/(1-P(Y_{xm} = 1|w))}{P(Y_{x^*m} = 1|w)/(1-P(Y_{x^*m} = 1|w))}$$

오즈비 NDE는 다음과 같이 정의된다.

$$OR^{NDE}_{x,M_{x^*}|w}(m) = \frac{P(Y_{xM_{x^*}} = 1|w)/(1-P(Y_{xM_{x^*}} = 1|w))}{P(Y_{x^*M_{x^*}} = 1|w)/(1-P(Y_{x^*M_{x^*}} = 1|w))}$$

마지막으로 오즈비 NIE는 다음과 같이 정의된다.

$$OR^{NIE}_{x,M_{x^*}|w}(m) = \frac{P(Y_{xM_x} = 1|w)/(1-P(Y_{xM_{x^*}} = 1|w))}{P(Y_{x^*M_x} = 1|w)/(1-P(Y_{x^*M_{x^*}} = 1|w))}$$

16 VanderWeele, T. J. & Vansteelandt, S. (2010). "Odds ratios for mediation analysis for a dichotomous outcome." *American Journal of Epidemiology*, 172(12): 1339-1348에서 구체적인 식을 유도하는 과정을 참고하고 VanderWeele(2015: 463-464)에서 기본적인 설명을 참고하라.

위의 효과를 추정하기 위한 모형식별 조건(model identification assumption)은 다음과 같이 4가지를 제시할 수 있다.

a) 원인변수와 결과변수의 관계에 영향을 주는 측정되지 않은 혼란변수가 존재하지 않는다.
b) 매개변수와 결과변수의 관계에 영향을 주는 측정되지 않은 혼란변수가 존재하지 않는다.
c) 독립변수와 매개변수에 측정되지 않은 혼란변수가 없다.
d) 원인변수 X가 M, Y의 관계에 영향을 주는 혼란변수 W_2에 영향을 주지 않는다.

위 4가지 반사실 인과효과 추정조건이 만족한다는 가정하에서 다음과 같이 모집단의 평균 효과를 추정할 수 있다.

첫째, 통제된 직접효과(controlled direct effect, CDE)는 조절효과나 매개효과에 기인하지 않은 효과이다. 오즈비 CDE는 아래와 같이 정의된다.

$$OR_{x,x^*|w}^{CDE}(m) = \frac{P(Y_{xm}=1|w)/(1-P(Y_{xm}=1|w))}{P(Y_{x^*m}=1|w)/(1-P(Y_{x^*m}=1|w))}$$

만일 $\pi_{xm} = \Pr(Y_{xm}=1)$라고 한다면 위 식을 로짓함수로 나타내면 다음과 같이 나타낼 수 있다. 로그 오즈를 로짓이라고 할 수 있으므로, 위 분자 부분을 다음과 같이 나타낼 수 있다.

$$Logit(\pi_{xm}/(1-\pi_{xm})|w) = P(Y_{xm}=1|w)/(1-P(Y_{xm}=1|w))$$

이를 이용하여 OR_{xm}^{CDE}를 로짓으로 나타내면 아래와 같이 나타낼 수 있다.

$$Logit(\pi_{xm}/(1-\pi_{xm})|w) - Logit(\pi_{x^*m}/(1-\pi_{x^*m})|w) = \log(OR_{xm}^{CDE})$$

한편 로짓의 추정은 다음과 같이 선형모형을 이용하여 추정할 수 있다.

$$\begin{aligned} L_{xm} &= Logit(\pi_{xm}/(1-\pi_{xm})|X=x, M=m, W=w) \\ &= i_2 + c'x + b_1 m + b_2 xm + b_3 w \end{aligned}$$

이를 바탕으로 모집단의 평균은 다음과 같이 계산할 수 있다.

$$
\begin{aligned}
&E[L_{x,m} - L_{x^*,m} | W = w] \\
&= E[L|X = x, M = m, W = w] - E[L|X = x^*, M = m, W = w] \\
&= (i_2 + c'x + b_1 m + b_2 tm + b_3 w) - (i_2 + c'x^* + b_1 m + b_2 x^* m + b_3 w) \\
&= (c'(x - x^*) + b_2 m (x - x^*)) \\
&= (c' + b_2 m)(x - x^*)
\end{aligned}
$$

따라서 이 식에 안티 로그를 취하면 OR_{xm}^{CDE}은 다음과 같이 계산된다.

$$OR^{CDE} = \text{Exp}\,[(c' + b_2 m)(x - x^*)]$$

OR_{xm}^{CDE} 추정량은 앞의 반사실 인과효과 추정의 가정 중 a), b) 조건을 만족하고 $E(Y|X = x, M = m, W = w) = i_2 + c'x + b_1 m + b_2 xm + b_3 w$이 제대로 특정되었다면 희귀 결과(rare outcome) 가정이 필요 없이 추정될 수 있다(VanderWeele & Vansteelandt, 2010).

자연 간접효과(natural indirect effect)는 원인변수가 x로 고정되어 있다고 가정하지만 매개변수는 M_{x^*}에서 M_x로 변한다고 가정한 상황에서 결과변수의 변화 크기를 측정한 것이다.

$$
\begin{aligned}
\text{NIE} &= E[_{xM_x} - Y_{xM_{x^*}} | W = w] \\
&= \sum_m E[Y|X = x, M = m, W = w] \times P[M|X = x, W = w] \\
&\quad - \sum_m E[Y|X = x, M = m, W = w] \times P[M|X = x^*, W = w] \\
&= \sum_m (i_2 + c'x + b_{1m} + b_2 xm + b_3 w) P[M|X = x, W = w] \\
&\quad - \sum_m (i_2 + c'x + b_{1m} + b_2 xm + b_3 w) P[M|X = x^*, W = w] \\
&= a_1 b_1 (x - x^*) + a_1 b_2 x (x - x^*)
\end{aligned}
$$

이 기댓값에 안티 로그를 취하면 오즈비 자연 간접효과는 다음과 같이 나타낼 수 있다.

$$OR^{NIE} = \text{Exp}\,[(a_1 b_1 + a_1 b_2)(x - x^*)]$$

오즈비 자연 직접효과(OR^{NDE})의 계산은 복잡한 과정을 거쳐야 한다. 원인변수와 매개변수 간의 상호작용이 있는 경우에는 결과변수 Y에 대한 로지스틱 모형의 자연 직접효과의 값이 개인의 공변량의 값에 따라 달라지기 때문이다(VanderWeele & Vansteelandt, 2010). 매개변수를 추정하는 모형의 오차항이 σ^2를 분산으로 갖는 정규분포를 따른다는 가정과 관심 있는 사건의 발생빈도가 작다는 가정(rare outcome assumption)하에서 OR^{NDE}는 다음과 같이 계산된다(VanderWeele, 2015: 27, 475).

$$OR^{NDE} = \text{Exp}\left[c' + i_1 b_2 + a_1 b_2 x^* + a_2 b_2 w + b_1 b_2 \sigma^2 (x - x^*) + 0.5 b_2^2 \sigma^2 (x^2 - x^{*2})\right]$$

이를 종합하여 정리하면 결과변수가 범주형이고 매개변수가 연속형인 경우 반사실에 기반한 효과 분해는 다음과 같이 제시할 수 있다.

[표 6-15] 결과변수가 이항변수이고 매개변수가 연속형인 경우 효과 분해

$$OR^{CDE} = \text{Exp}\left[(c' + b_2 m)(x - x^*)\right]$$
$$OR^{NDE} = \text{Exp}\left[c' + i_1 b_2 + a_1 b_2 x^* + a_2 b_2 w + b_1 b_2 \sigma^2 (x - x^*) + 0.5 b_2^2 \sigma^2 (x^2 - x^{*2})\right]$$
$$OR^{NIE} = \text{Exp}\left[(a_1 b_1 + a_1 b_2)(x - x^*)\right]$$
$$OR^{TE} = OR^{NDE} \times OR^{NIE}$$

2) 결과변수는 연속형이고 매개변수가 이항변수인 경우

결과변수가 연속형 변수이고 매개변수가 이항변수인 경우에 관찰된 매개변수와 결과변수를 추정하는 모형은 다음과 같이 제시할 수 있다.

$$Logit(M = 1|x, w) = i_1 + a_1 x + a_2 w$$
$$E(Y|X = x, M = m, W = w) = i_2 + c'x + b_1 m + b_2 xm + b_3 w$$

이 식을 바탕으로 CDE, NDE, NIE값을 계산해보면 다음과 같다(VanderWeele, 2015:29).[17]

$$\text{CDE} = (c' + b_2 m)(x - x^*)$$

17 이 식의 유도과정에 대해서는 Valeri, L. & VanderWeele, T. J. (2013). "Mediation analysis allowing for exposure-mediator interactions and causal interpretation: theoretical assumptions and implementation with SAS and SPSS macros." *Psychological methods*, 18(2): 137-150을 참고하라.

$$\text{NDE} = c'(x-x^*) + b_2(x-x^*)\frac{\exp[i_1 + a_1x^* + a_2w]}{1+\exp[i_1 + a_1x^* + a_2w]}$$

$$\text{NIE} = (b_1 + b_2x)\left\{\frac{\exp[i_1 + a_1x + a_2w]}{1+\exp[i_1 + a_1x + a_2w]} - \frac{\exp[i_1 + a_1x^* + a_2w]}{1+\exp[i_1 + a_1x^* + a_2w]}\right\}$$

만일 매개변수와 결과변수가 모두 이항변수라면 관찰된 매개변수와 결과변수의 추정식은 다음과 같다.

$$Logit(\Pr(M=1|x,w)) = i_1 + a_1x + a_2w$$

$$Logit(\Pr(Y=1)|X=x, M=m, W=w) = i_2 + c'x + b_1m + b_2xm + b_3w$$

CDE, NDE, NIE를 추정한 결과는 다음과 같다(VanderWeele, 2015: 29).

$$OR^{CDE(m)} = (c' + b_2m)(x - x^*)$$

$$OR^{NDE} = \frac{\exp(c'x)\{1+\exp(b_1 + b_2x + i_1 + a_1x^* + a_2w)\}}{\exp(c'x^*)\{1+\exp(b_1 + b_2x^* + i_1 + a_1x^* + a_2w)\}}$$

$$OR^{NIE} = \frac{\{1+\exp(i_1 + a_1x^* + a_2w)\}\{1+\exp(b_1 + b_2x + i_1 + a_1x + a_2w)\}}{\{1+\exp(i_1 + a_1x + a_2w)\}\{1+\exp(b_1 + b_2x + i_1 + a_1x^* + a_2w)\}}$$

한편 오즈비 단위를 사용하지 않고 상대위험(relative risk, RR) 단위를 사용하여 총효과를 분해할 수 있다. 오즈비와 상대위험의 관계는 다음과 같은 표를 이용해서 설명할 수 있다.[18]

[표 6-16] 오즈비와 상대위험 예제

	disease	non-disease	
smoker	20(a)	80(b)	100(e)
non-smoker	5(c)	95(d)	100(f)
	25	175	200

이 표에서 흡연자의 질병에 대한 위험은 20/100=0.2이다. 반면 비흡연자의 질병에 대한 위험은 5/100=0.05이다. 따라서 비흡연자 대비 흡연자의 상대적 위험의 크기는 0.2/0.05=

18 https://hineca.kr/1736

4이다. 이 경우 흡연자가 비흡연자에 비해 질병이 걸릴 상대적 위험은 4배 더 높다라고 해석할 수 있다. 이때 RR은 다음과 같이 정의될 수 있음을 알 수 있다.

$$RR=(a/a+b)/(c/c+d)$$

반면 오즈비는 흡연자의 오즈와 비흡연자의 오즈의 비율을 나타낸다. 흡연자의 질병에 대한 오즈는 20/80=0.25이고 비흡연자의 질병에 대한 오즈는 5/95=0.052이다. 따라서 이 두 오즈의 비율 즉 OR은 0.25/0.052=4.8이다.

$$OR=(a/b)/(c/d)$$

일반적으로 실험설계를 할 때 코호트 연구는 질병이 발생하지 않은 상황에서 흡연을 하는 집단과 흡연을 하지 않는 집단으로 구분하여 이들을 추적 관찰한다. 따라서 [표 6-16]에서 e, f값을 알 수 있다. 즉 처리 모집단과 통제 모집단의 수를 파악할 수 있기 때문에 상대 위험도를 측정할 수 있다.

하지만 환자-대조군 연구(case-control study)에서는 질병이 발생한 사람과 질병이 발생하지 않은 사람을 먼저 모집한 후 흡연 여부를 조사하여 흡연과 질병 간의 연관성을 분석한다. 이 경우에는 e, f값을 알 수 없기 때문에 상대 위험도를 사용할 수 없는 한계가 있다. 이러한 이유로 상대 위험도가 해석상 용이함에도 불구하고 오즈비가 널리 사용된다.

상대위험을 이용한 분해 방법에 대해서는 각주를 참고하라.[19]

5. 범주형 결과변수 분석 예제

범주형 결과변수는 회귀분석의 관점에서 MacKinnon(2008)의 접근 방식을 제3장에서 설명한 바 있다. 동일한 자료를 반사실에 기반한 매개효과 분석을 수행했을 때 어떤 차이가 발생하는지 살펴보도록 하자. 여기서는 MacKinnon(2008: 320)에서 제시한 췌장암 자료를 동일하게 사용하고자 한다.

먼저 원인변수와 매개변수 간의 상호작용이 존재하지 않는 것을 가정하고 공변량도 존재하지 않는 단순 매개효과 모형을 추정하도록 하자.

---

19 VanderWeele, T. J. (2013). “A three-way decomposition of a total effect into direct, indirect, and interactive effects.” *Epidemiology*(Cambridge, Mass.), 24(2): 224-232.

[표 6-17] 결과변수가 이항변수이고 매개변수가 연속형인 경우 효과 분해

$$OR^{CDE} = \text{Exp}\,[(c' + b_2 m)(x - x^*)]$$
$$OR^{NDE} = \text{Exp}\,[c' + i_1 b_2 + a_1 b_2 x^* + a_2 b_2 w + b_1 b_2 \sigma^2 (x - x^*) + 0.5 b_2^2 \sigma^2 (x^2 - x^{*2})]$$
$$OR^{NIE} = \text{Exp}\,[(a_1 b_1 + a_1 b_2)(x - x^*)]$$
$$OR^{TE} = OR^{NDE} \times OR^{NIE}$$

[표 6-18]은 단순 매개효과 모형의 추정을 위한 코드이다. 이때 CLASS 명령문은 범주형 변수 지정하기 위한 것이고 결과변수 Y를 이곳에서 지정하게 되면 MODEL 명령문에서 LINK=LOGIT을 지정하지 않아도 로지스틱 회귀분석을 수행하게 된다.

[표 6-18] 결과변수가 이항변수이고 매개변수가 연속형인 단순 매개효과 모형

```
PROC CAUSALMED DATA=LOG ALL;
  CLASS Y/DESCENDING;
  MEDIATOR M=X;
  MODEL Y=X  M;
RUN;
```

이 프로그램을 실행하게 되면 결과변수 추정모형과 매개변수 추정모형을 [표 6-19]와 [표 6-20]과 같이 얻을 수 있다. 결과변수 추정모형은 연결함수(link function) 로짓인 경우의 추정값이기 때문에 이 회귀계수에 안티 로그를 취하면 오즈비 값을 구할 수 있다.

[표 6-19] 결과변수 추정모형

Outcome Model Estimates						
Parameter	Estimate	Standard Error	Wald 95% Confidence Limits		Wald Chi-Square	Pr > ChiSq
Intercept	−11.0764	1.5653	−14.1444	−8.0085	50.0727	<.0001
X	1.0499	0.2287	0.6016	1.4982	21.0674	<.0001
M	1.7373	0.2755	1.1973	2.2773	39.7567	<.0001

이 추정모형의 계수를 이용하여 효과를 분해한 결과는 [표 6-21]과 같다. 오즈비 효과를 살펴보면 오즈비 총효과(4.1503)는 오즈비 자연 직접효과(2.8573)와 오즈비 자연 간접효과(1.4525)의 곱의 값이 됨을 알 수 있다.

[표 6-20] 매개변수 추정모형

Mediator Model Estimates						
Parameter	Estimate	Standard Error	Wald 95% Confidence Limits		Wald Chi-Square	Pr > ChiSq
Intercept	3.1516	0.2951	2.5732	3.7300	114.0534	<.0001
X	0.2149	0.0743	0.0692	0.3606	8.3534	0.0038
Scale	0.9941	0.0497	0.9013	1.0965		

초과상대위험(excess relative risk, ERR)은 기준 그룹에 대비해 다른 그룹이 관심 있는 사건이 발생할 확률의 퍼센트 변화로 다음과 같이 정의할 수 있다.[20]

$$\mathrm{ERR}^{\mathrm{TE}} = \frac{E[Y_x c]}{E[Y_{x^*}|c]} - 1$$

$$\mathrm{ERR}^{\mathrm{NDE}} = \frac{E[Y_{xm_{x^*}}|c]}{E[Y_{x^*m_{x^*}}|c]} - 1$$

$$\mathrm{ERR}^{\mathrm{NE}} = \frac{E[Y_{x^*m_x}|c]}{E[Y_{x^*m_{x^*}}|c]} - 1$$

한편 매개된 비율(percentage mediated, PM)은 다음과 같이 계산할 수 있다.[21]

$$\mathrm{PM} = \frac{\mathrm{ERR}^{\mathrm{NIE}}}{\mathrm{ERR}^{\mathrm{TE}}} \times 100$$

제거된 비율(percentage eliminated, PE)은 다음과 같이 계산된다.

$$\mathrm{PE} = \frac{\mathrm{ERR}^{\mathrm{TE}} - \mathrm{ERR}^{\mathrm{CDE}}}{\mathrm{ERR}^{\mathrm{TE}}} \times 100$$

결과를 보면 PE값이 84.01%나 되기 때문에 총효과는 직접효과보다는 대부분 매개효과

20 VanderWeele, T. J. (2013). "A three-way decomposition of a total effect into direct, indirect, and interactive effects." *Epidemiology*(Cambridge, Mass.), 24(2): 224-232.

21 PM이나 PE를 계산할 때 OR을 사용하지 않고 ERR을 사용하는 것은 ERR은 가법성의 성질이 있기 때문이다.

나 상호작용 효과에 의한 것임을 알 수 있다. 참고로 MacKinnon(2008: 323)에서 효과크기를 구할 때에는 오즈비에 대한 효과 크기를 구하지 않고 로짓모형의 회귀계수를 이용하여 효과크기를 구하였다. 즉 $\frac{\hat{a}\hat{b}}{\hat{c}}$의 값을 이용하여 계산한 값을 이용하면 약 37.09%가 매개된 효과로 측정이 된다. 반면 ERR을 이용하여 계산된 매개된 효과의 크기는 약 41.05%가 된다.

[표 6-21] 효과 분해 결과

Summary of Effects						
	Estimate	Standard Error	Wald 95% Confidence Limits		Z	Pr > lZl
Odds Ratio Total Effect	4.1503	1.1622	1.8726	6.4281	3.57	0.0004
Odds Ratio Controlled Direct Effect(CDE)	2.8573	0.6536	1.5763	4.1382	4.37	<.0001
Odds Ratio Natural Direct Effect(NDE)	2.8573	0.6536	1.5763	4.1382	4.37	<.0001
Odds Ratio Natural Indirect Effect(NIE)	1.4525	0.2064	1.0480	1.8571	7.04	<.0001
Total Excess Relative Risk	3.1503	1.1622	0.8726	5.4281	2.71	0.0067
Excess Relative Risk Due to CDE	0.5037	0.2731	−0.03147	1.0389	1.84	0.0651
Excess Relative Risk Due to NDE	1.8573	0.6536	0.5763	3.1382	2.84	0.0045
Excess Relative Risk Due to NIE	1.2931	0.6833	−0.04620	2.6323	1.89	0.0584
Percentage Mediated	41.0450	11.1671	19.1579	62.9320	3.68	0.0002
Percentage Due to Interaction	69.6454	8.9898	52.0258	87.2651	7.75	<.0001
Percentage Eliminated	84.0105	8.9217	66.5242	101.50	9.42	<.0001

앞의 단순 모형에서 원인변수와 매개변수 간의 상호작용 효과를 포함시켜서 [표 6-22]와 같은 코드를 실행하면 [표 6-23]의 결과를 얻을 수 있다.

[표 6-22] 상호작용항을 포함시킨 경우의 반사실 기반 매개효과 모형

```
PROC CAUSALMED DATA=LOG ALL;
    CLASS Y/DESCENDING;
    MEDIATOR M=X;
    MODEL Y=X | M;
RUN;
```

이 결과에서 확인할 수 있듯이 상호작용항을 포함시키는 경우 오즈비나 PM, PE 등의 값에 큰 차이는 나지 않는 것으로 나타나고 있다. 모형의 간결성 입장에서는 상호작용항을 포함시키지 않는 것이 바람직할 수 있지만 매개변수나 원인변수의 값이 평균이 아닌 다른 값으로 설정되었을 때 상호작용에 기인한 매개효과의 비중이 달라질 수 있으므로 이를 종합적으로 고려해서 판단할 필요가 있다. 참고로 결과변수에 대한 회귀분석을 수행했을 때 모형 적합도 판단에 사용하는 $-2\times$로그우도 값은 상호작용을 포함하지 않았을 때 174.128에서 174.094로 거의 변화하지 않아 상호작용항이 모형의 설명력을 높인다고 보기는 어렵다.

[표 6-23] 상호작용이 있는 경우와 없는 경우의 비교

효과	상호작용항이 없는 경우	상호작용항이 있는 경우
Odds Ratio Total Effect	4.1503	4.609
Odds Ratio Controlled Direct Effect(CDE)	2.8573	2.8546
Odds Ratio Natural Direct Effect(NDE)	2.8573	3.1493
Odds Ratio Natural Indirect Effect(NIE)	1.4525	1.4635
Total Excess Relative Risk	3.1503	3.609
Excess Relative Risk Due to CDE	0.5037	0.5242
Excess Relative Risk Due to NDE	1.8573	2.1493
Excess Relative Risk Due to NIE	1.2931	1.4598
Percentage Mediated	41.045	40.4473
Percentage Due to Interaction	69.6454	73.1595
Percentage Eliminated	84.0105	85.4759

한편 총효과를 여러 관점에서 분해하고 총효과 대비 세부 효과들의 퍼센트들을 계산한 결과도 얻을 수 있다. [표 6-24]는 총효과 ERR 관점에서 분해한 결과 얻은 각 효과들의 비중의 결과를 나타내고 있다.

[표 6-24] ERR 총효과의 세부 분해 결과

Percentage Decompositions of Total Excess Relative Risk							
Decomposition	Excess Relative Risk	Percent	Standard Error	Wald 95% Confidence Limits		Z	Pr > |Z|
NDE+NIE	Natural Direct	59.55	11.37	37.27	81.84	5.24	<.0001
	Natural Indirect	40.45	11.37	18.16	62.73	3.56	0.0004
CDE+PE	Controlled Direct	14.52	11.22	−7.47	36.52	1.29	0.1957
	Portion Eliminated	85.48	11.22	63.48	107.47	7.62	<.0001
TDE+PIE	Total Direct	87.68	11.25	65.64	109.73	7.80	<.0001
	Pure Indirect	12.32	11.25	−9.73	34.36	1.10	0.2735
NDE+PIE+IMD	Natural Direct	59.55	11.37	37.27	81.84	5.24	<.0001
	Pure Indirect	12.32	11.25	−9.73	34.36	1.10	0.2735
	Mediated Interaction	28.13	10.78	7.00	49.26	2.61	0.0091
CDE+PIE+PAI	Controlled Direct	14.52	11.22	−7.47	36.52	1.29	0.1957
	Pure Indirect	12.32	11.25	−9.73	34.36	1.10	0.2735
	Portion Due to Interaction	73.16	19.68	34.58	111.74	3.72	0.0002
Four-Way	Controlled Direct	14.52	11.22	−7.47	36.52	1.29	0.1957
	Reference Interaction	45.03	14.41	16.78	73.28	3.12	0.0018
	Mediated Interaction	28.13	10.78	7.00	49.26	2.61	0.0091
	Pure Indirect	12.32	11.25	−9.73	34.36	1.10	0.2735

Note: NDE=CDE+IRF, NIE=PIE+IMD, PAI=IRF+IMD, PE=PAI+PIE, TDE=CDE+PAI.

제7장

잠재변수와 매개효과

매개효과의 측정모형은 경로분석 모형(path analysis model)의 일종으로 이해할 수도 있다. 경로분석 모형은 변수들이 서로 영향을 미치는 관계를 경로(path)로 나타내고 이 경로의 계수를 측정하여 직접, 간접, 총효과를 분석하는 모형이다. 이 경로분석은 하나의 관찰된 변수를 이용하여 우리가 관심 있는 개념(concept)을 측정하면서, 원래 측정하고자 하는 개념을 측정오차 없이 관찰된 변수가 측정했다고 가정한다.

경로분석을 확장하여 관심 있는 개념을 측정하기 위해 여러 개의 변수를 측정한 후 이 개념과 개념 간의 관계를 분석하는 모형을 사용할 수 있다. 경로분석을 일반화한 이러한 모형을 구조방정식 모형이라고 부른다(structural equation model, SEM). 예를 들어 우리가 직무 만족도라는 개념을 측정하고자 한다면 "당신의 직무 만족도 수준은 얼마입니까?"라고 단일 설문으로 묻기보다는 "당신은 현재의 업무가 자신의 성장에 도움이 된다고 생각하십니까?", "당신은 업무를 할 때 즐겁습니까?" 등의 복수의 질문을 던진 후 이를 종합하여 직무 만족도를 측정하는 것이 더 바람직할 수 있다.

SEM은 측정오차를 고려하고 다수의 질문을 이용하여 개념을 측정한 경우, 매개효과와 조절효과를 측정하는 모형을 구축하기 위해 사용할 수 있지만, 실제로는 좀 더 광범위한 분야에서 사용되고 있다. SEM이 널리 사용되는 분야는 요인분석(factor analysis) 분야인데 사회과학에서 개념들이 제대로 측정되었는지를 살펴보고, 관찰된 변수 안에 존재하는 내재된 구조를 찾아내거나 확인하는 데 사용되는 기법이다.

1. 예측값 분석

예측값 분석은 구조방정식 모형에서 점차 중요해지고 있다. 실제 관찰된 값과 예측값이 얼마나 차이를 나는지를 살펴보는 것뿐만 아니라 예측값을 이용하여 독립변수와 종속변수가 어떤 관계를 갖는지를 시각화함으로써 분석 결과의 전달력을 훨씬 높일 수 있기 때문이다.

구조방정식 모형에서도 예측값 분석의 중요성은 매우 크다. 이 절에서는 구조방정식을 이용하여 계수들의 추정량을 구한 후 이를 이용하여 내생변수(endogenous variable)의 예측값을 구하는 방법을 살펴보고 이를 통해 변수 간의 관계를 구체적으로 이해하는 법을 살펴보도록 하겠다.

1) 구조방정식에서 내생변수의 예측값 구하기

먼저 다음과 같이 세 개의 관찰된 변수 X_1, X_2, X_3가 내생변수인 F_1이라는 요인에 의해 설명되는 간단한 모형을 생각해보도록 하자.

[그림 7-1] 구조방정식 그림

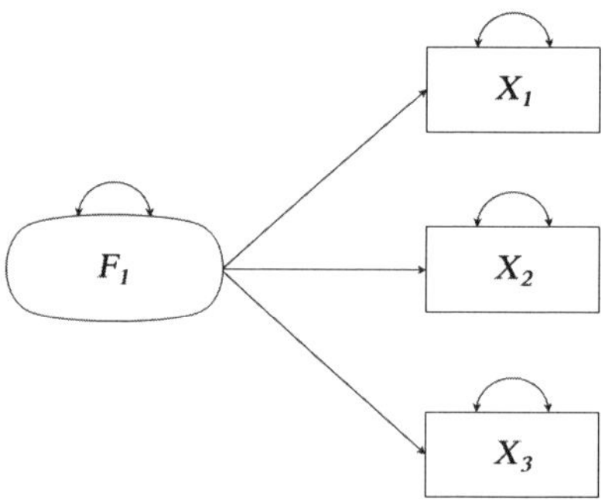

시뮬레이션을 이용하여 위 관계를 갖는 가상의 자료를 [표 7-1]과 같은 SAS 코드를 이용하여 만들 수 있다. 이 코드에서 확인할 수 있듯이 잠재변수 F_1은 X_1, X_2, X_3와 다음과 같은 관계를 갖는다.

$$X_1 = 1 \times F_1 + \epsilon_1 \ , \ X_2 = 2 \times F_1 + \epsilon_2 \ , \ X_3 = 3 \times F_1 + \epsilon_3$$
$$[\text{단, } \epsilon \sim N(0,1)]$$

유사하게 F_2는 X_4, X_5와 다음과 같은 관계를 갖고 있다.

$$X_4 = 4 \times F_2 + \epsilon_4$$
$$X_5 = 5 \times F_2 + \epsilon_5$$

[표 7-1] 구조방정식 예제 데이터 생성

```
DATA X;
   DO I=1 TO 1500;
    F1=rannor(123);
    X1=1*f1+RANNOR(123);
    X2=2*f1+rannor(123);
    X3=3*f1+rannor(123);
    F2=3*F1+RANNOR(123);
    X4=4*F2+RANNOR(123);
    X5=5*F2+RANNOR(123);
    OUTPUT;
          D1=F1;D2=F2;
  END;
  DROP F1 F2 i;
RUN;
```

먼저 시뮬레이션을 통해 생성된 자료에 대해 구조방정식을 통해 얻은 계수들의 추정치를 이용하여 잠재변수 F_1의 예측치 $\widehat{F_1}$값을 찾아보도록 한다. 먼저 ①은 구조방정식을 CALIS 프로시저를 이용하여 추정하는 단계로 주의 깊게 보아야 할 것은 OUTSTAT= 옵션이다. 이 옵션은 구조방정식을 통해 추정된 주요 통계량의 값을 STAT이라는 이름의 데이터셋으로 저장해준다.[1]

[표 7-2] 구조방정식 분석 프로그램

```
PROC CALIS DATA = x  OUTSTAT= stat CL; /*①*/
   PATH
      X1-X3 <===F1;
            PATHDIAGRAM ;
RUN;
PROC PRINT DATA=STAT NOOBS;RUN;/*②*/
DATA STAT2; /*③*/
```

1 OUTSTAT= 옵션은 PROC GLM, PROC FACTOR 등에서 널리 사용되는 옵션이므로 이를 잘 활용하면 큰 도움이 된다.

```
   SET STAT;
   IF _TYPE_ = 'STD' THEN DELETE;
RUN;
PROC SCORE DATA= x SCORE=STAT2 out =FOUT3; /*④*/
  VAR X1-X3;
RUN;

PROC SGPLOT DATA=FOUT3;/*⑤*/
   YAXIS LABEL="예측치";
   XAXIS LABEL="참값";
   SCATTER X=D1 Y=F1;
   REG X=D1 Y=F1;
RUN;
```

추정된 결과를 살펴보면 [그림 7-2]와 같다. 시뮬레이션에서 가정했던 회귀계수 값들이 유사하게 추정되고 있음을 알 수 있다. 예를 들어 X_2 변수에 대해서 F_1의 회귀계수는 1.99로 나타나고 있는데 이 값은 원래 모집단에서 가정했던 2의 값과 거의 동일함을 알 수 있다.

[그림 7-2] 추정된 구조방정식 계수

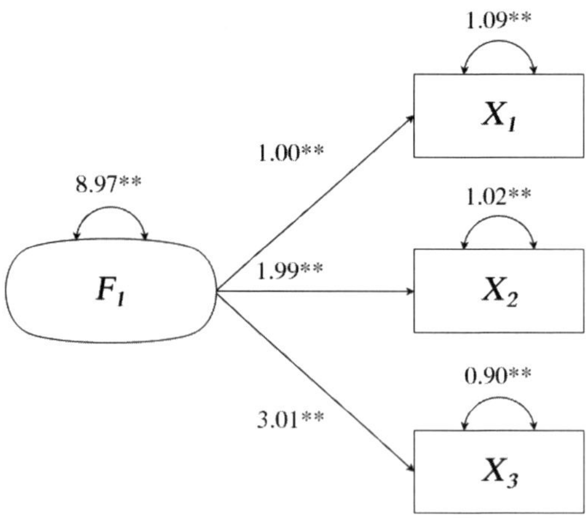

②를 시행하면 저장된 통계량들에 대한 정보를 확인할 수 있다. [표 7-3]에서는 이러한 정보들이 제공되고 있다. 출력결과는 CALIS 프로시저의 옵션과 분석모델에 따라 달라진다. 예를 들어 [표 7-3]의 MAXRES는 최우추정법에 의한 잔차의 평균값을 나타낸다. 만일 가중선형모형(weighted least square, WLS)을 이용하면 WLSRES값이 출력된다.

[표 7-3] OUTSTAT 옵션을 통해 제공되는 분석결과 자료

TYPE	_NAME_	X1	X2	X3	F1
OBSERVED		1.00	1.00	1.00	0.0000
MEAN		−0.15	−0.33	−0.43	.
SKEWNESS		−0.05	−0.07	−0.08	.
KURTOSIS		0.11	0.12	0.19	.
N		1500.00	1500.00	1500.00	.
SUMWGT		1500.00	1500.00	1500.00	.
VARDIV		1499.00	1499.00	1499.00	.
COV	X1	10.06	17.84	26.99	.
COV	X2	17.84	36.51	53.68	.
COV	X3	26.99	53.68	82.09	.
MAXRES	X1	0.00	0.00	0.00	.
MAXRES	X2	0.00	0.00	0.00	.
MAXRES	X3	0.00	0.00	0.00	.
MAXASRES	X1	0.00	0.00	0.00	.
MAXASRES	X2	0.00	0.00	0.00	.
MAXASRES	X3	0.00	0.00	0.00	.
MAXPRED	X1	10.06	17.84	26.99	8.9700
MAXPRED	X2	17.84	36.51	53.68	17.8427
MAXPRED	X3	26.99	53.68	82.09	26.9864
MAXPRED	F1	8.97	17.84	26.99	8.9700
SCORE	F1	0.06	0.13	0.22	.

④의 PROC SCORE 프로시저는 통계분석 결과를 바탕으로 얻어진 계수 값들을 이용하여 예측값을 얻고자 할 때 사용된다.[2] PROC SCORE 명령문에서는 원자료를 DATA=에 지정을 하고, SCORE= 옵션에 예측에 필요한 정보를 담고 있는 데이터셋의 이름을 지정한다. 예제에서는 PROC CALIS 프로시저의 OUTSTAT=에서 지정한 데이터셋 이름을 지정

2 SCORE 프로시저는 PROC REG, PROC FACTOR 등의 프로시저 결과를 이용하여 예측값을 얻을 때 사용할 수 있다. 회귀방정식의 계수 추정값 정보를 이용하여 예측값을 얻기 위해 SAS에서 좀 더 보편적으로 사용하는 프로시저는 PROC PLM이다. 예를 들어 GLM 프로시저는 PROC SCORE를 이용할 수 없기 때문에 다음과 같이 PLM 프로시저를 이용하는 것이 바람직하다. 하지만 CALIS의 경우에는 PLM 프로시저를 사용할 수가 없기 때문에 SCORE 프로시저를 사용해야 된다.

해주면 된다. 그리고 OUT=옵션은 예측한 결과를 저장할 파일 이름을 지정해준다. 한편 VAR 명령문에서는 예측에 사용될 독립변수 이름을 지정해주면 된다. FOUT3에 저장된 결과의 일부를 살펴보면 다음과 같다. [표 7-4]에서 D1은 시뮬레이션 자료를 생성했을 때 원래 F1 변수의 값이며 F1은 구조방정식을 통해 예측된 F1값이다. 이 두 값을 보면 상당히 유사하며 상관계수를 구해보면 0.97로 상당히 높게 나타나 예측이 잘 된 것으로 판단할 수 있다.

[표 7-4] 예측 결과 값

X1	X2	X3	X4	X5	D1	D2	F1
1.21584	−0.39416	−1.53561	−1.4594	−1.0274	−0.32659	−0.20106	−0.24603
−0.04841	−0.28198	−2.20250	−9.8274	−15.4463	−0.77265	−2.71727	−0.44412
−1.03035	−1.49606	−2.96814	−1.4463	−0.4818	−0.63786	−0.24323	−0.80484
1.45549	0.50958	2.09991	9.6307	11.7199	0.73390	2.47976	0.63835
2.35573	0.99381	0.97088	8.5854	10.5201	0.41337	2.26507	0.50981
−1.24273	−5.33670	−4.30324	−17.5612	−20.3172	−1.58376	−4.39826	−1.55427
−1.86521	−0.07939	−0.02583	−3.6947	−3.8010	−0.25232	−0.70201	−0.06565
−1.19002	−1.97436	−3.02832	−14.0419	−20.2081	−1.17275	−3.42587	−0.88343
−1.43592	0.08112	−0.86905	−2.6270	−5.2804	−0.66907	−0.89399	−0.19933
−0.41077	0.05264	−2.90659	−7.3026	−8.4227	−0.61252	−1.49367	−0.57259

[그림 7-3] 실제값과 예측값의 관계

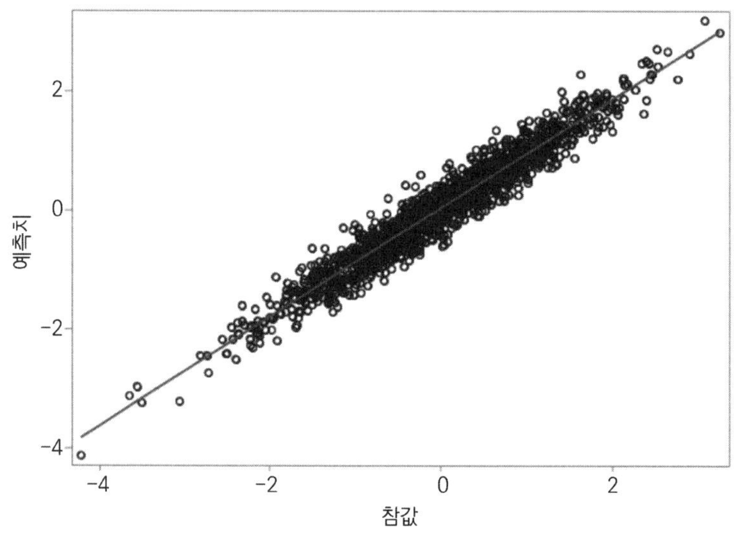

[그림 7-3]은 실제값과 예측값 간의 관계를 산점도와 회귀선을 이용해 나타낸 것이다. 전체적으로 예측값과 실제값의 차이가 크게 나지 않고 잔차의 분포가 정규분포를 따를 것임을 시사한다.

이제 조금 복잡한 모형을 도입해보도록 하자. [그림 7-4]와 같이 두 개의 잠재변수와 5개의 독립변수로 구성되며 잠재변수 F_1이 F_2에 영향을 미친다고 가정을 해보자.

[그림 7-4] 변수 간의 관계의 개념모형

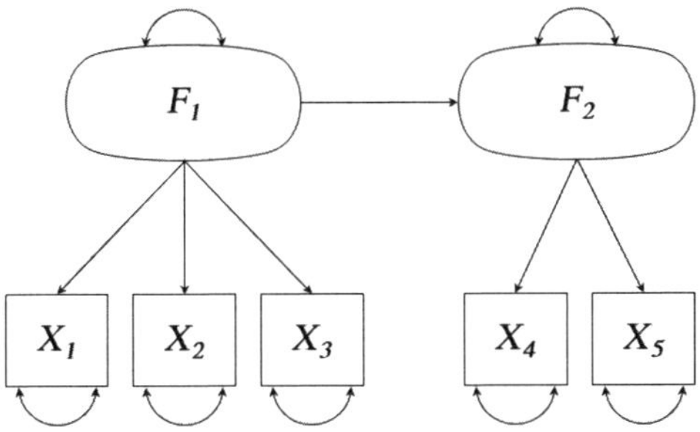

시뮬레이션된 자료는 $F_2 = 3 \times F_1 + \epsilon$의 관계를 갖는다. [표 7-5]는 위 [그림 7-4]에서 제시한 변수 간의 개념모형을 분석하기 위한 SAS 코드다.

[표 7-5] 두 개의 잠재변수가 있는 구조방정식 분석 SAS 코드

```
PROC CALIS DATA = x  OUTSTAT= stat CL; /*①*/
  PATH
     X1-X3 <===F1,
        X4- X5<===F2,
        F2<===F1;
         PATHDIAGRAM ;
RUN;
PROC PRINT DATA=STAT NOOBS;RUN;/*②*/
DATA STAT2; /*③*/
  SET STAT;
  IF _TYPE_ = 'STD' THEN DELETE;
RUN;
PROC SCORE DATA= x SCORE=STAT2 out =FOUT3; /*④*/
  VAR X1-X3;
RUN;
PROC PRINT DATA=FOUT3(OBS=10) NOOBS;RUN;
PROC CORR DATA=FOUT3;
```

```
RUN;
PROC SGPLOT DATA=FOUT3;/*⑤*/
   YAXIS LABEL="예측치";
   XAXIS LABEL="참값";
   SCATTER X=D1 Y=F1;
   REG X=D1 Y=F1;
RUN;
```

분석결과를 살펴보면 다음과 같다. 잠재변수 F_1의 경우는 모수와 동일한 값을 갖고, F_2가 X_4에 대한 회귀계수는 원자료에서 4이지만 구조방정식 분석 결과에서는 1의 값을 갖는다. 마찬가지로 X_5에 대한 회귀계수는 5가 아니라 1.25로 추정되고 있다. 뿐만 아니라 F_1이 F_2에 미치는 영향은 3이 아니라 12.26으로 나타나고 있다.

[그림 7-5] 분석 결과

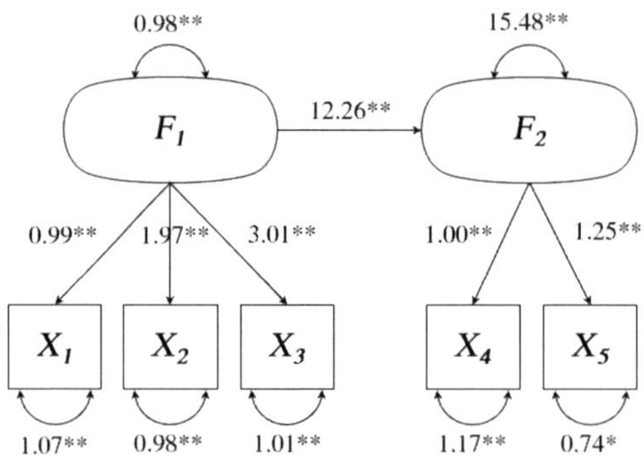

구조방정식 분석 결과는 모형의 제약조건을 바꿈에 따라 결과가 크게 달라진다. 만일 잠재변수 F_2의 분산을 1이라는 제약조건을 부여했을 때 구조방정식 결과는 [그림 7-6]과 같다.[3] 단순히 분산에 대한 제약조건만 변경시켰지만 회귀계수 값이 크게 달라짐을 알 수 있다. X_4에 대한 회귀계수 값은 3.93으로 원래 모집단에서의 값 4와 유사해졌다. 하지만 X_1, X_2, X_3에 대한 회귀계수 값은 원래 회귀계수 1, 2, 3과 다르게 나타나고 있다.

이러한 이유 때문에 구조방정식에서 회귀계수를 구할 때는 원자료에 근거한 회귀분석을 수행하지 않고 표준화 회귀계수를 이용하는 것이 바람직하다. [표 7-6]은 구조방정식에서 표준화 회귀계수 값을 구한 결과이다. F_1이 F_2에 미치는 표준화 회귀계수는 0.95139로 나타나고 있다. 이 값은 F_2의 분산을 1로 고정을 한 경우와 그렇지 않은 경우에 동일한

---

3 PVAR F2=1; 코드를 PROC CALIS 프로시저에 포함을 시키면 된다.

결과를 얻을 수 있다. 이러한 이유로 구조방정식 모형에서는 원 회귀계수(raw regression coefficient) 대신 표준화 회귀계수(standardized regression coefficient)를 이용하는 것이 안정적인 결과를 얻게 된다.[4]

[그림 7-6] F_2 변수의 분산을 1로 고정한 경우 추정량

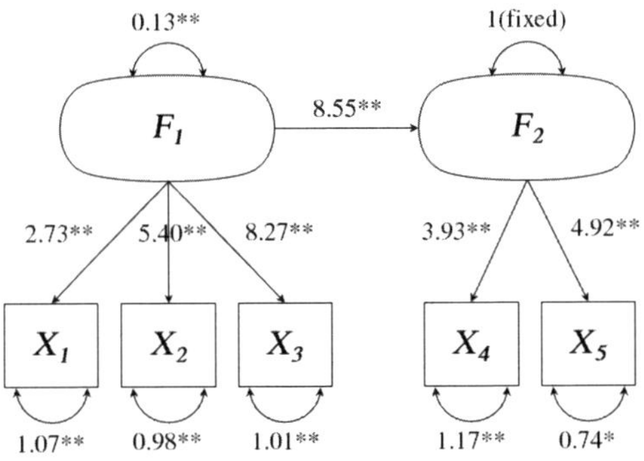

[표 7-6] 표준화 회귀계수 값

Standardized Results for PATH List									
Path			Parameter	Estimate	Standard Error	t-Value	Pr > |t|	95% Confidence Interval	
X1	←	F1	_Parm1	0.68934	0.01415	48.7261	<.0001	0.66161	0.71707
X2	←	F1	_Parm2	0.89130	0.00606	147.0	<.0001	0.87942	0.90318
X3	←	F1	_Parm3	0.94799	0.00394	240.6	<.0001	0.94027	0.95571
X4	←	F2	_Parm4	0.99642	0.0005895	1690.3	<.0001	0.99527	0.99758
X5	←	F2	_Parm5	0.99856	0.0005660	1764.3	<.0001	0.99745	0.99967
F2	←	F1	_Parm6	0.95139	0.00386	246.5	<.0001	0.94382	0.95895

⑤를 수행하면 잠재변수의 원래 참값 D_1과 구조방정식을 이용하여 추정한 값 F_1의 산점도와 회귀직선을 [그림 7-7]과 같이 얻을 수 있다.

4 원 회귀계수의 값은 가정을 제약할 때도 바뀌지만 가정을 동일하게 유지하더라도 추정할 때마다 바뀌는 것을 알 수 있다. 독자들은 PVAR F2=1;이라는 가정을 부여한 후 모형을 여러 번 추정을 해보면 값이 달라지는 것을 확인할 수 있을 것이다.

[그림 7-7] 예측값과 실제값의 산점도

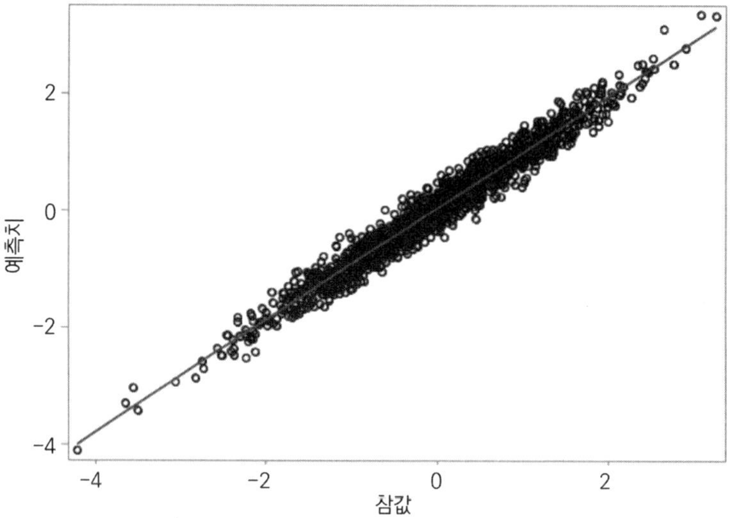

2. 결측치가 있는 경우

결측치가 있는 자료에 대한 구조방정식 추정은 최우추정법(maximum likelihood estimation) 보다는 완전정보 최우추정법(full information maximum likelihood estimation, FIML)을 사용하는 것이 일반적이다.

결측치가 있는 자료의 경우 결측치가 있는 관찰점을 완전히 제거하거나, 결측치를 평균값으로 대체하거나, 상관행렬을 계산하여 추정하는 방법[5] 등을 사용할 수 있다. 하지만 이런 방법들은 결측치가 갖고 있는 정보를 제대로 반영하지 못하는 한계가 있다. 결측치 처리를 위한 체계적인 방법론으로는 FIML 방법론과 다중대체법(multiple imputation)이 있다. FIML 방법은 결측값을 직접 대체하지는 않고 결측값이 있는 관찰점과 그렇지 않은 관찰점을 함께 우도함수에 고려하면서 최대우도값을 추정하는 방법이다. 이에 비해 다중대체법은 일단 결측값을 대체한 후 이 자료를 이용하여 최대우도값을 추정하는 방법이다.[6]

결측값이 있는 자료에 대한 구조방정식 문제를 살펴보기 위해 [표 7-7]의 ①과 같이

5 상관계수 행렬을 추정하면 결측값이 있는 관찰점을 완전히 제거하지는 않고 두 변수의 상관계수를 구할 수 없는 경우에만 해당 관찰값을 사용하지 않는다. 이를 쌍 제거법(pairwise deletion)이라고 부르는 이유가 바로 여기에 있다.

6 Yung & Zhang (2011). Making Use of Incomplete Observations in the Analysis of Structural Equation Models: The CALIS Procedure's Full Information Maximum Likelihood Method in SAS/STAT® 9.3", https://support.sas.com/resources/papers/proceedings11/333-2011.pdf

결측값이 있는 자료를 살펴보도록 하자.[7] ②는 결측값을 갖는 관찰점을 제거한 후 분석을 수행한 것이다. ③은 METHOD=FIML 옵션을 이용하여 결측값을 포함한 관찰값의 정보를 이용하여 분석을 수행한 것이다. 이 방법은 굳이 다중대체 데이터셋을 만들지 않고도 최우추정법을 수행할 수 있다는 장점이 있다.[8] FIML 방식에서는 MAR 결측과 다변량 정규분포 가정을 사용한다.

[표 7-7] 결측치가 있는 자료 분석 예제

```
DATA MISSING;/*①*/
   INPUT x1 x2 x3 y1 y2 y3 @@;
   CARDS;
    23   .  16  15  14  16  29  26  23  22  18  19
    14  21   .  15  16  18  20  18  17  18  21  19
    25  26  22   .  21  26  26  19  15  16  17  17
     .  17  19   4   6   7  12  17  18  14  16   .
    25  19  22  22  20  20   7  12  15  10  11   8
    29  24   .  14  13  16  28  24  29  19  19  21
    12   9  10  18  19   .  11   .  12  15  16  16
    20  14  15  24  23  16  26  25   .  24  23  24
    20  16  19  22  21  20  14   .  15  17  19  23
    14  20  13  24   .   .  29  24  24  21  20  18
    26   .  26  28  26  23  20  23  24  22  23  22
    23  24  20  23  22  18  14   .  17   .  16  14
    28  34  27  25  21  21  17  12  10  14  12  16
     .   1  13  14  15  14  22  19  19  13  11  14
    18  21   .  15  18  19  12  12  10  13  13  16
    22  14  20  20  18  19  29  21  22  13  17   .
   ;
RUN;
PROC CALIS DATA=MISSING; /*②*/
   PATH X1-X3<===VERBAL, Y1-Y3 <===MATH;
   PVAR VERBAL=1. , MATH=1.;
RUN;
PROC CALIS DATA=MISSING METHOD=FIML; /*③*/
   PATH X1-X3<===VERBAL, Y1-Y3 <===MATH;
   PVAR VERBAL=1. , MATH=1.;
RUN;
```

---

7 이 자료는 SAS STAT의 PROC CALIS 프로시저 매뉴얼에서 사용한 자료로 매뉴얼에는 결측이 없는 자료와 있는 자료들을 모두 확인할 수가 있기 때문에 결측값이 추정량에 어떤 영향을 주는지를 확인할 수 있다. 관심 있는 독자는 매뉴얼을 참고하기 바란다.

8 Allison, P. (2012). "Handling Missing Data by Maximum Likelihood." *SAS Global Forum: Statistics and Data Analysis.*

③을 이용하여 FIML 방법으로 분석을 하면 결측치 패턴을 비롯하여 다양한 출력물을 얻을 수 있다. [표 7-8]은 결측치 패턴을 나타낸다. Pattern 열에 있는 것은 결측치가 있는 변수를 나타내는 것으로 "." 기호가 결측치가 존재하는 변수이다. 즉 x.xxxx는 두 번째 변수가 결측치가 있는 것을 나타내는 것이다.

NVarMiss 칼럼은 결측치가 있는 변수의 숫자를 Freq 칼럼은 해당 패턴을 갖는 경우의 빈도를 나타내는 것으로 두 번째 변수가 결측치가 있는 경우는 4개가 있음을 알 수 있다. 다섯 번째 패턴은 "xxxx.."으로 나타나고 있는데 5번째와 6번째 변수가 결측치이고 1개의 관찰점이 이러한 패턴을 따르고 있음을 알 수 있다.

[표 7-8] 결측치 패턴

Rank Order of the 5 Most Frequent Missing Patterns Total Number of Distinct Patterns with Missing Values = 7					
	Pattern	NVarMiss	Freq	Proportion	Cumulative
1	x.xxxx	1	4	0.1250	0.1250
2	xx.xxx	1	4	0.1250	0.2500
3	xxxxx.	1	3	0.0938	0.3438
4	.xxxxx	1	2	0.0625	0.4063
5	xxxx..	2	1	0.0313	0.4375

Note: Nonmissing Pattern Proportion = 0.5000(N=16)

[표 7-9] 결측 패턴에 따른 변수의 평균값 비교

Means of the Nonmissing and the Most Frequent Missing Patterns						
Variable	Nonmissing (N=16)	Missing Pattern				
		1(N=4)	2(N=4)	3(N=3)	4(N=2)	5(N=1)
x1	21.75000	18.50000	21.75000	17.66667	.	14.00000
x2	19.37500	.	22.75000	15.66667	9.00000	20.00000
x3	19.31250	17.25000	.	16.66667	16.00000	13.00000
y1	19.00000	18.75000	17.00000	15.00000	9.00000	24.00000
y2	18.12500	18.75000	17.50000	17.33333	10.50000	.
y3	17.75000	19.50000	19.25000	.	10.50000	.

또한 각 패턴별로 결측값이 없는 경우와 있는 경우의 평균값을 비교하는 결과를 [표 7-9]와 같이 제공해준다. [표 7-9]에서 x1 변수는 결측값이 없을 때 평균이 21.7이지만 첫 번째 결측 패턴 즉 "x.xxxx"인 경우에는 평균이 18.5로 나타나고 있다. 4번째 결측 패턴인 경우에는 x1의 평균값이 계산되지 않고 있는데 네 번째 결측패턴은 ".xxxxx"로 x1 변수가 결측이기 때문이다.

[표 7-10]은 결측치를 완전히 제거한 후 분석한 결과(ML)와 결측치를 포함한 관찰점의 정보를 최대한 활용한 분석 결과(FIML)를 비교한 것이다. 전체적으로 t-검정 통계량의 값이 FIML 경우가 커진 것을 알 수 있는데 이것은 결측치 정보 활용에 따라 추정량의 표준오차 값이 줄어들었기 때문이다.

[표 7-10] 최우추정법과 결측값을 대체한 FIML 결과의 비교

Path			ML			FIML			
			Estimate	Standard Error	t-Value	Estimate	Standard Error	t-Value	Pr>|t|
x1	<-	VERBAL	0.83574	0.09292	8.9938	0.83897	0.07311	11.4756	<.0001
x2	<-	VERBAL	0.91288	0.0671	13.6042	0.88157	0.0713	12.3641	<.0001
x3	<-	VERBAL	0.88647	0.07517	11.7932	0.88127	0.06661	13.2307	<.0001
y1	<-	MATH	0.98589	0.03807	25.8979	0.96363	0.03079	31.2931	<.0001
y2	<-	MATH	0.92312	0.05198	17.76	0.95859	0.03147	30.4577	<.0001
y3	<-	MATH	0.77554	0.10799	7.1815	0.828	0.06253	13.2424	<.0001

FIML 방식의 추정은 직접 다중대체 자료를 만들어 결측치를 보정한 후에 이를 분석하는 방법보다 추정치의 효율성이 큰 것으로 나타나고 있으며 추정이 간편하다는 점에서 유용하다(Schafer & Olsen, 1998). 표본의 크기가 충분히 크면 다중대체 자료를 직접 만들어 계산하는 방식과 동일한 결과를 얻을 수 있다. 다만 독자들의 이해를 돕기 위해 다중대체법을 이용한 접근방법들도 아래에 소개하고자 한다.

3. 다중대체법을 이용한 결측치 보정과 잠재변수 간의 관계 분석

일반적으로 데이터에서 특정 정보가 누락된 것을 결측치(missing data)라고 하며 (McKnight et al., 2007), 특히 설문조사에서 발생하는 경우 무응답(non-response)이라고

한다. 무응답은 크게 항목 무응답(item non-response)과 단위 무응답(unit non-response)으로 나뉜다(Graham, 2012:4-5). 항목 무응답은 응답자가 설문에 참여는 하였으나 일부 질문에는 응답하지 않는 경우를 의미하며, 응답대상자가 설문 자체에 참여하지 않는 것을 단위 무응답이라고 한다. 또한, 단위 무응답의 특수한 경우로 패널조사와 같이 동일 응답자를 대상으로 반복 측정하는 설문에 참여했다가 일정 시점 이후 탈락하는(drop out) 경우를 의미하는 웨이브 무응답(wave non-response)이 있다(Schafer & Graham, 2002). 다중대체법에서 주로 관심을 갖는 것은 항목 무응답에 의해 발생하는 결측치이다.

자료의 결측이 발생하는 원인은 주로 참여자, 연구설계, 그리고 참여자와 연구설계의 상호작용 등으로 설명되는데(McKnight et al., 2007: 54-57), 어떤 참여자가 특정 질문에 불쾌감을 느끼거나(참여자 요인), 어떤 설문이 너무 많은 참여자의 시간을 요구하거나(설계 요인), 특정 성향이 있는 사람이 답변하지 못하는 질문을 포함하는 경우(참여자와 설계의 상호작용 요인) 등이 이에 해당한다. 이외에도 부적절한 측정도구, 자료수집 과정의 영향, 데이터 관리의 부실 등의 요인이 존재한다.

결측치의 발생원인에 관하여 변수 간의 관계의 관점에서 구조적으로 이해하는 결측 발생 메커니즘에 대한 논의가 보편적이다(Little & Rubin, 2014). 결측 발생 메커니즘은 결측치의 처리방법이 작동할 수 있는 전제조건이 되며, 그 성능과도 밀접한 관계를 갖고 있다(Baraldi & Enders, 2010).

Little & Rubin(2014)은 결측 여부를 나타내는 매트릭스 R[9]과 결측된 변수의 관계를 의미하는 ϕ를 이용하여 결측 메커니즘을 3가지로 분류하고 있다. 첫 번째는 완전임의결측(missing completely at random, MCAR)이다. MCAR은 어떤 변수의 결측 여부가 순전히 확률적으로 결정되는 경우를 말한다. 즉, 동전 던지기와 같은 확률과정(random process)에 의해 결측이 정해지는 것으로 결측 매트릭스(R)와 결측값이 없는 변수 X 및 결측값이 있는 변수를 Y가 관계를 갖지 않는 경우이다. 만일 결측값을 갖는 관찰값일 때 즉 $R=1$일 확률은 MCAR인 경우 다음과 같이 나타낼 수 있다.

$$\Pr(R=1|X, Y) = \Pr(R=1)$$

MCAR은 결측이 체계적 오차에 의한 것이 아니므로 결측된 케이스를 제외한 데이터셋은 완전한 데이터로부터 임의추출한 표본집단의 부분집합으로 이해할 수 있으나, 이러한

9 어떤 변수에 대해서 특정 응답자의 응답값이 관측된 경우는 1, 결측된 경우를 0의 값을 가지는 벡터를 생각해 보자. 이와 같은 방식으로 설문자료에 포함된 변수들의 결측 여부에 관한 정보를 포함하는 매트릭스를 의미한다.

가정이 실제 자료에서 만족하기는 힘들다(Baraldi & Enders, 2010).

두 번째는 자료 내의 다른 변수를 이용하여 (그 변수 자체는 아님) 결측치 여부를 예측할 수 있는 경우를 임의결측(missing at random, MAR)이라고 한다. 이 경우 R의 값이 결정되는 확률은 관찰된 다른 변수에 의해 설명되는 것이다. 하지만, 이때 결측값이 관찰된 변수 내의 값과 결측치[10] 간에는 아무런 관계가 없어야 한다. 나아가 Y를 설명하는 잠재변수(underlying values)에 의해 결측이 설명되어서도 안된다(Baraldi & Enders, 2010).

$$\Pr(R=1|X, Y) = \Pr(R=1|X)$$

하지만 Y는 관측되지 않았기 때문에 MAR 가정을 만족하는지를 검증할 수도 없다는 한계가 있다(Enders, 2010: 13). MAR 결측은 무시가능한(ignorable) 결측이라고 부르기도 한다(Allison, 2002).[11]

마지막으로 결측치가 해당 결측치가 속해 있는 변수의 다른 값들에 의해 결측 여부를 예측할 수 있는 경우를 비임의결측(not missing at random, NMAR)이라고 한다. NMAR은 결측이 결측된 변수 자체의 요인에 영향을 받는다고도 설명된다. 고전적인 NMAR 예로는 소득 변수에서 소득이 지나치게 낮은 사람들은 자신의 소득을 응답하지 않는 경향을 보여 결측이 발생할 수 있는데 이 경우는 소득이라는 변수 자체의 특징에 의해 결측치가 발생하기 때문에 NMAR이라고 할 수 있다. MI 프로시저에서는 MNAR 명령문을 통해 NMAR을 가정한 다중대체를 수행할 수 있도록 하고 있다. NMAR 결측은 무시할 수 없는(nonignorable) 결측이라고도 부른다.

MCAR 결측인지의 판단은 Little의 검정통계량(Little & Rubin, 2002)을 사용할 수도 있으나[12] MI 프로시저에서 제공하는 민감도 분석을 이용한 접근을 이용하는 것이 바람직할 수 있다.

다중대체법은 3단계로 구성되는데 가능한 대체값의 분포에서 추출된 서로 다른 값으로 결측치를 처리한 복수의 데이터셋을 생성한 뒤(imputation phase), 이들 데이터셋에 대하여 각각 분석을 수행하고(analysis phase), 그 결과 얻은 모수의 추정량과 표본오차를 통합하여(pooling phase) 하나의 분석결과를 제시하는 방법이다.

다중대체의 단계를 구체적으로 살펴보면 다음과 같다. 첫 번째 단계는 각각의 결측치를 일정한 알고리즘에 따라 다른 대체값으로 대체한 m개의 데이터셋을 생성한다. 다음으로

10 결측된 변수의 결측된 값은 관측되지 않았기 때문에 실제로는 알 수 없다.

11 Allison, P. (2002). *Missing Data*. Sage Publications.

12 Little, P. & Rubin, D. B. (2002). *Statistical Analysis with Missing Data*, 2nd edition, John Wiley.

m개의 완전한 데이터셋을 각각 분석하고 각 데이터셋의 분석결과에서 모수의 추정치와 표준오차를 확보한다. 마지막으로 각 데이터셋의 결과를 Rubin's rule[13](Rubin, 1987)에 의해 결합한다(Graham, 2012). 다중대체방법 중 널리 사용되는 것은 베이지안 추론의 일종인 MCMC(Markov chain Monte Carlo) 방법과 완전조건부 대체법(fully conditional specification, FCS)이다.[14] 두 방법은 결측치 대체모형에 대해 분포가정을 사전에 하는지를 기준으로 구분된다. FCS는 분포에 대한 가정이 없이 연속된 회귀방정식을 통해 값을 대체해 나가는 방식이다. FCS 방법은 사전 채워넣기(filled-in) 단계와 이어지는 대체(imputation) 단계로 나누어진다([표 7-11]). 우선 채워넣기 단계에서는 모든 변수의 결측치를 변수의 순서대로 채우게 되는데, 앞서 채워진 변수가 다음 채워지는 변수의 독립변수(covariate)로 활용되는 방식이다. 대체 단계는 앞서 채워진 값들을 변수의 순서대로 대체하는 과정이다. 이러한 과정을 충분히 길게 하여 대체된 데이터셋에서 결측치가 독립적인 추출이 될 때까지 시행한다.

[표 7-11] FCS 대체방법의 상세

채워넣기 단계(filled-in)	대체 단계(imputation)
$\theta_1^{(0)} \sim P(\theta_1 \| Y_{1,obs})$ $Y_{1*}^{(0)} \sim P(Y_1 \| \theta_1^{(0)})$ $Y_1^{(0)} = (Y_{1,obs}, Y_{1*}^{(0)})$ … $\theta_p^{(0)} \sim P(\theta_p \| Y_1^{(0)}, \ldots, Y_{p-1}^{(0)}, Y_{p,obs})$ $Y_{p*}^{(0)} \sim P(Y_p \| \theta_p^{(0)})$ $Y_p^{(0)} = (Y_{p,obs}, Y_{p*}^{(0)})$	$\theta_1^{(t+1)} \sim P(\theta_1 \| Y_{1,obs}, Y_2^{(t)}, \ldots, Y_p^{(t)})$ $Y_{1*}^{(t+1)} \sim P(Y_1 \| \theta_1^{(t+1)})$ $Y_1^{(t+1)} = (Y_{1,obs}, Y_{1*}^{(t+1)})$ … $\theta_p^{(t+1)} \sim P(\theta_p \| Y_1^{(t+1)}, \ldots, Y_{p-1}^{(t+1)}, Y_{p,obs})$ $Y_{p*}^{(t+1)} \sim P(Y_p \| \theta_p^{(t+1)})$ $Y_p^{(t+1)} = (Y_{p,obs}, Y_{p*}^{(t+1)})$

주: θ는 모수를 의미하며, obs는 이미 관측된 값을 *는 결측치를 의미한다. 즉, $Y_{p,obs}$는 p번째 변수의 관측된 값을 Y_{p*}는 p번째 변수의 결측치를 의미한다.

---

13 각 데이터셋별로 구한 추정치($\overline{Q}$)와 표준오차($\sqrt{T}$)를 결합하는 과정은 다음과 같다. 추정치의 결합은 각 데이터셋으로부터 구한 추정치의 평균으로 정의된다. $\overline{Q}$의 분산 T는 대체 내 분산(within- imputation variance) W와 대체 간 분산(between-imputation variance) B의 결합값으로 정의된다. SAS에서는 여러 개의 다중대체된 데이터셋의 결과를 결합할 때, 'PROC MIANALYZE' 프로시저를 사용한다.

$$\overline{Q} = \frac{1}{m}\sum_{i=1}^{m}\hat{Q}_i$$

$$\overline{W} = \frac{1}{m}\sum_{i=1}^{m}\hat{W}_i,\ B = \frac{1}{m-1}\sum_{i=1}^{m}(\hat{Q}_i - \overline{Q})^2,\ T = \overline{W} + (1+\frac{1}{m})B$$

14 본 연구에서는 MCMC와 FCS를 모두 사용하여 분석을 하였으나, 두 방법 간 분석결과의 차이가 거의 없어 분포가정이 없는 FCS를 중심으로 결과를 제시하였다.

MCMC 방법은 먼저 변수의 평균, 분산, 공분산 값을 먼저 적당히 가정한다. 그리고 동일한 변수들을 갖는 여러 개의 하위 표본(subsample)으로 원자료를 나눈다. 그다음 원래 처음에 가정했던 평균, 분산, 공분산 정보를 이용해서 선형회귀모형을 만들어 낸 후 이 선형회귀모형을 이용하여 결측값을 대체한다. 이렇게 결측값이 대체된 자료를 이용하여 다시 평균, 분산, 공분산 행렬 값을 얻는다. 이 과정을 반복해나가면서 최종적인 다중대체 결과를 얻을 수 있다. SAS에서는 MI 프로시저를 이용하여 다중대체를 수행할 수 있다. MI 프로시저에서는 MCMC 방법을 기본 방법으로 사용한다.

[표 7-12] 다중대체를 이용한 분석

```
PROC MI DATA=MISSING NIMPUTE=20 SEED=1234 OUT=IMP;/*④*/
  VAR X1-X3 Y1-Y3;
RUN;
PROC CALIS DATA=IMP OUTMODEL=EST(rename=(_name_=parm _SDEST_
   =estimate _SDSE_=stderr)) noprint;/*⑤*/
   BY _IMPUTATION_;
   PATH X1-X3<===VERBAL, Y1-Y3 <===MATH;
   PVAR VERBAL=1. , MATH=1.;
RUN;
PROC MIANALYZE parms=Est;/*⑥*/
   MODELEFFECTS  _parm1 _parm2 _parm3 _parm4 _parm5 _parm6;
RUN;
```

[표 7-12]의 프로그램 코드에서 ④는 PROC MI 프로시저를 이용하여 결측값을 다중대체하는 단계이다. 다중대체 방법은 결측치의 패턴에 따라 다양한 접근이 가능하기 때문에 적절한 방법을 선택하면 된다. 예제에서는 NIMPUTE=20으로 지정하여 20개의 다중대체 자료를 형성하도록 하고 있다. ⑤는 결측치를 대체한 후 형성된 자료를 이용하여 구조방정식 분석을 수행하도록 하고 있다. BY _IMPUTATION_ 명령문은 구조방정식 분석을 다중대체별로 수행을 하도록 하고 있으며 OUTMODEL=EST는 추정된 주요 모수값을 EST라는 데이터셋의 형태로 저장하고 있다. 이때 MIANALYZE 프로시저에서 모수 데이터를 읽을 때 지정된 변수의 이름으로 추정된 모수값을 저장하기 위해 RENAME 옵션을 사용하였다. EST에는 원자료를 이용한 구조방정식 계수의 추정결과와 표준화된 자료를 이용한 구조방정식 계수의 결과가 모두 저장되는데 표준화된 계수를 이용하는 것이 바람직하므로 _SDEST_와 _SDSE_를 각각 ESTIMATE와 STDERR 변수로 저장하였다. /*⑥*/은

개별 다중대체 데이터셋별로 분석을 한 결과를 종합하여 최종 분석결과를 얻도록 하는 단계이다.

[표 7-13]의 결과를 보면 _PARM1부터 _PARM6까지 모수가 있는데 이 모수들은 각각 X1-X3, Y1-Y3의 경로 계수이다. 이 경로 계수의 값을 보면 CALIS 프로시저에서 FIML 방법을 이용해서 추정한 값과 유사함을 알 수 있다.

[표 7-13] 다중대체법을 이용해 추정한 결과

Parameter Estimates(20 Imputations)										
Parameter	Estimate	Std Error	95% Confidence Limits		DF	Minimum	Maximum	Theta0	t for H0: Parameter=Theta0	Pr > |t|
_parm1	0.835344	0.079446	0.679160	0.991527	399.75	0.789623	0.886291	0	10.51	<.0001
_parm2	0.861276	0.082045	0.699125	1.023428	145.68	0.754312	0.963753	0	10.50	<.0001
_parm3	0.884674	0.073198	0.740367	1.028982	207.45	0.792385	0.958249	0	12.09	<.0001
_parm4	0.953082	0.032150	0.889930	1.016235	551.56	0.928171	0.975015	0	29.64	<.0001
_parm5	0.971726	0.030631	0.911444	1.032009	294.75	0.943537	1.001894	0	31.72	<.0001
_parm6	0.818746	0.067672	0.685965	0.951526	1106.6	0.767465	0.852697	0	12.10	<.0001

위와 같이 관찰된 변수가 아닌 잠재변수 간의 관계도 구조방정식을 이용해서 나타낼 수 있으며, 이 잠재변수 간의 매개효과, 조절효과의 측정도 관찰된 변수의 경우와 동일하게 진행할 수 있다. 특히 결측치가 있는 경우에는 CALIS 프로시저에서 제공하는 FIML 방식을 이용한 추정을 하면 결측치를 대체한 결과를 얻을 수 있다.

제8장

결 론

매개효과와 조절효과라는 용어는 사회학 또는 심리학 분야에서는 널리 사용되어 왔으며, 사회과학 전반적으로도 활용이 늘어나고 있다. 하지만 이 책에서 살펴본 바와 같이 매개효과나 조절효과를 분석하기 위해서는 단순히 회귀식의 계수를 추정하는 단계를 넘어서 자료의 형태와 가정에 따라 다양한 접근 방법을 취하는 것이 필요함을 알 수 있었다. 특히 회귀계수 추정 자체보다도 다른 공변량의 변화에 따라 매개효과의 크기가 변화하는 정도를 추적하거나, 조절변수의 변화에 따라 관심 있는 독립변수가 종속변수에 미치는 영향을 살펴보는 것이 중요하다는 점도 지적하였다. SAS의 경우에는 CALIS와 CAUSALMED라는 강력한 프로시저가 매개효과나 조절효과 모형을 추정하는 데 유용하게 사용될 수 있음도 확인할 수 있었다.

저자가 아쉽게 생각하는 것은 사회과학 연구에서 매개효과와 조절효과 모형을 너무 손쉽게 인과관계를 검정하는 모형으로 사용하려 한다는 점이다. 구조방정식 모형을 보면 변수 간의 경로가 마치 변수 간의 인과관계처럼 인식될 위험이 있어 유의할 필요가 있다. 변수 간의 경로는 기존의 이론이나 연구자의 논리적 설명을 바탕으로 제시되는데, 이 이론이나 설명들은 대부분 변수 간의 상관관계에 대한 것들이 많기 때문이다. 이 책의 앞부분에서도 제시하였듯이 인과관계를 계량모형으로 증명하기 위해서는 아직도 넘어야 할 산이 많다. 사회과학에서 방법론 연구를 게을리해서는 안 되는 이유다.

이 책에서 한 가지 아쉬운 것은 예측 타당도에 대한 논의를 깊게 제시하지 못했다는 점이다. 구조방정식 모형은 추정해야 하는 모수가 많기 때문에 데이터가 갖고 있는 정보를 지나치게 많이 이용해서 모수가 과대적합되는 문제가 발생할 위험이 크다. 구조방정식을 이용해 본 독자라면 변수 간의 관계나 가정을 조금만 바꾸더라도 추정된 회귀계수가 상당히 많이 변하는 것을 경험해보았을 것이다. 이러한 상황이라면 새로운 데이터에 추정된 모형을 이용하여 결과를 예측한다면 그 예측력이 현저히 떨어질 수 있다. 따라서 모형의 모수를 추정하는 데 사용하는 데이터셋(training dataset)과 모형의 예측타당성을 검정하기 위해 사용하는 데이터셋(test dataset)을 구분하는 기계학습의 기본 접근 방식을 향후 구조방정식 모델에서는 적용할 필요가 있을 것이다. 최근 기계학습 기반의 다양한 예측 알고리듬이 개발되고 있는 추세를 본다면 주어진 자료에 대한 설명력이 높은 모형뿐만 아니라 예측력이 높은 매개효과 및 조절효과 모형의 추정이 앞으로 보편화될 것이다.

계량분석 방법론은 변수 간의 관계가 통계적으로 유의미한지 여부의 판단에 초점을 맞추다가, 점차 변수들이 어떤 과정을 통해 관계가 발생하는지를 엄밀하게 식별(indentification)하는 데 관심을 더 기울이고 있다. 정책분석과 평가 이론에서도 정책 개입이 어떤 경로를 통해 원하는 목표변수에 영향을 주는지를 엄밀하게 분석하여 정책의 직접경로와 간접경로, 그리고 조절변수 수준을 조절하는 다양한 방식을 통해 정책목표를 달성하고자 하고 있다. 이 책에서 제시한 것처럼 매개효과와 조절효과 문제는 전통적인 회귀분석의 관점, 경로분석이나 구조방정식의 관점, 그리고 반사실에 기반한 인과효과 관점 등을 통해 이해할 수 있다는 점을 독자들이 기억을 해 둘 필요가 있을 것이다. 향후에는 기계학습의 관점이나 인공지능의 관점에서 매개효과와 조절효과를 이해하는 새로운 이론이 등장할 것으로 기대한다.

학술지명	연도	호	연구자	연구제목	원인변수	결과변수	매개변수	매개변수 선정논리	분석방법
한국 정책학회보	2012	3	신현중	18개 OECD 국가의 아동빈곤율 결정요인에 대한 연구 -거시적 차원에서의 복합적 인과관계 분석을 중심으로-	한모가구의 아동 규모, 여성의 정치적 진출, 노동조합의 크기, 개방화 정도	아동빈곤율	실업률 & 경제성장률(1차 매개), 일인당 국민소득 & 아동현금급여(2차 매개), 아동현물급여(3차 매개)	선행연구	구조방정식
한국 정책학회보	2012	3	유민이, 문상호, 이숙종	사회자본의 정부성과인식에 대한 영향 -시민참여의 매개효과에 대한 집단비교를 중심으로-	사회자본 (기관 신뢰, 지역공동체 신뢰, 네트워크)	정부성과인식 (정보공개, 예산적정성, 참여용이성, 대응성)	시민참여 (교사단체, 이익집단, 행정 참여, 정치참여)	선행연구	구조방정식 (Bootstrap 검증)
한국 정책학회보	2012	4	서인석, 박형준	거래비용관점에서의 정부신뢰와 공직부패와의 관계	사전적 정보비용(제도설계), 사후적 감시비용	정부신뢰	공직부패	선행연구	구조방정식
한국 정책학회보	2013	1	정규진, 서인석, 장희선	사회적 기업의 지속가능성에 대한 탐색적 연구 -자원의존이론의 관점을 중심으로-	제도요인, 조직상황요인, 외부환경요인	사회적기업 지속성	정부의존도	선행연구	구조방정식
한국 정책학회보	2014	1	이용규, 윤호식	정당의 정책 및 후보에 대한 품질 지각이 정당만족, 정당충성도 및 투표의도에 미치는 영향	정당의 산출물 (정당정책품질, 정당후보품질)	유권자의 최종 선택 (향후 투표 의도)	정당 산출물의 품질 인지 후 행태(정당충성도, 정당만족)	선행연구	구조방정식
한국 정책학회보	2014	4	이혜림, 조민효	다문화가정 이주여성의 적응유형과 사회자본이 취업에 미치는 영향에 관한 연구	동화유형 (통합, 동화, 분리, 주변화)	취업	사회자본 (네트워크)	선행연구	이항로짓분석
한국 정책학회보	2015	2	최용선, 김서용	국가경쟁력과 에너지 선택 -VBN(Value-Belief-Norm) 모형의 적용을 통한 에너지 수요–공급정책 수용성 인과구조 분석-	이기주의, 전통주의, 생명존중	에너지 정책의 수용성	신생태주의(1차 매개), 지구온난화(2차 매개), 지구온난화의 책임(3차 매개), 지구온난화 해결을 위한 도덕적 의무(4차 매개)	이론	구조방정식, 회귀분석
한국 정책학회보	2016	1	박통희, 김영아	"정책공감"과 사회경제계층 -2013년 9급 공무원 진입장벽 완화정책에 대한 "인지적 정책공감"을 중심으로-	사회경제계층	정책공감	이념적 가치	이론	구조방정식

학술지명	연도	호	연구자	연구제목	원인변수	결과변수	매개변수	매개변수 선정논리	분석방법
한국 정책학회보	2016	2	박용준, 김현준	병역제도 혁신을 위한 모병–징병 간 행태적 차이에 관한 연구	병역제도	조직몰입	스트레스, 전투역량	선행연구	구조방정식
한국 정책학회보	2016	2	임다희, 이소담, 권기헌	정책결정 과정 인식을 통한 원자력 정책 수용성의 인과구조 -원전 입지 여부에 따른 집단 간 차이 분석을 중심으로-	원자력 정책 결정 공정성, 정보제공 인식, 이해관계자 참여	수용성	정부 신뢰 & 한수원 신뢰(1차 매개), 위험인식 & 편익인식(2차 매개)	선행연구	구조방정식
한국 정책학회보	2016	3	이하영, 이수영	사회계층이 국민의 희망 인식에 미치는 영향에 관한 연구 -계층상승 가능성과 정부신뢰의 매개효과를 중심으로-	사회계층	국가에 대한 희망	계층상승 가능성, 정부 신뢰	선행연구	구조방정식 (Sobel 검증)
한국 정책학회보	2016	3	이주실, 전대성	경로분석을 이용한 전문외국인력의 장기체류 영향 요인들 간 인과관계 연구	이민 동기, 기회구조	장기체류 (국적취득)	기대(삶의 만족도), 이주 의사	이론	구조방정식
한국 정책학회보	2017	1	신승윤, 안선민, 김동욱	연령별 온라인 시민참여에 관한 연구 -인터넷 이용 능력의 영향을 중심으로-	연령	온라인 시민참여	인터넷 이용능력	선행연구	다중회귀분석
한국 정책학회보	2018	1	최미정, 은재호	위험 소통과 정부 신뢰 -빅데이터 감정 분석을 통한 메르스 사례 분석-	위험소통	정부 신뢰	감정	선행연구	감정분석, 시계열분석
한국 정책학회보	2018	1	이경영, 김범석, 정문기	주거환경만족도가 주민참여에 미치는 영향 -지역애착도의 매개효과를 중심으로-	주거환경만족도 (물리적 환경, 자연적 환경, 사회적 환경)	주민참여	지역애착도	선행연구	구조방정식 (Bootstrap 검증)
한국 정책학회보	2018	3	강병준	갈등관리 교육효과성과 조직효과성의 영향 관계 연구	교육효과성 (교육성과, 교육효과, 교육추천)	조직효과성 (조직몰입)	조직효과성 (직무만족)	선행연구	구조방정식 (Sobel 검증)
한국 행정학보	2012	3	강소랑, 문상호	가족관계 사회자본이 중·고령자 삶의 질에 미치는 영향	가족관계망 (관계망 형태, 상호작용 빈도, 상호작용 내용)	삶의 질	성공적 노화 (신체적 기능, 자기 효능감)	선행연구	구조방정식
한국 행정학보	2012	4	이상철	공공기관의 조직문화, 학습조직, 조직효과성의 관계에 관한 연구	조직문화 (발전문화, 합리문화, 집단문화, 위계문화)	조직효과성 (조직몰입, 직무만족)	학습조직	선행연구	위계적 회귀분석
한국 행정학보	2012	4	김동철, 김대건	긍정조직행태 주요 요인 간 관계에 관한 연구	진성리더십	심리적 주인의식	심리적 자본	선행연구	구조방정식 (Bootstrap 검증)

학술지명	연도	호	연구자	연구제목	원인변수	결과변수	매개변수	매개변수 선정논리	분석방법
한국 행정학보	2012	4	오창택	사회복지종사자의 감정노동수행전략이 이직의도와 고객지향성에 미치는 영향	표면행위, 긍정적 감정조화행위	이직의도, 고객지향성	감정고갈	이론	구조방정식 (Sobel 검증과 Bootstrap 검증)
한국 행정학보	2012	4	최성욱	행정 서비스 조직에서 감정노동의 문화적 정향	감정노동 구성 차원	감정노동자의 조직 문화적 정향	감정노동의 결과 (긍정적, 부정적)	선행연구	구조방정식
한국 행정학보	2013	1	신준섭, 안형기	사회복지조직의 혁신성 효과 분석 연구	조직혁신성	조직성과	조직헌신, 직무만족	선행연구	구조방정식
한국 행정학보	2013	1	제갈돈	지방정부 공공 서비스에 대한 시민들의 기대, 성과 및 만족도의 관계	기대, 성과	만족도	기대불일치	이론	구조방정식
한국 행정학보	2013	2	고명철	공공 서비스 만족도, 정부성과, 그리고 삶의 질 간 영향관계 분석	공공 서비스 만족도 (도로유지 서비스, 여가 서비스, 공공안전 서비스, 사회복지 서비스)	삶의 질	정부성과에 대한 인식	이론	구조방정식
한국 행정학보	2013	2	김호균, 김정인	미국 NPO 조직에서의 조직공정성, 조직몰입, 조직시민행동 간 관계 고찰	조직공정성 (분배공정성, 절차공정성)	조직시민행동 (이타 주의, 양심, 시민의식)	정서적 조직몰입	선행연구	구조방정식
한국 행정학보	2013	3	신황용, 이희선	조직공정성과 조직몰입 및 혁신적 업무행동 간의 구조적 인과관계 분석	조직공정성(분배공정성, 절차공정성, 상호작용공정성)	혁신적 업무행동	조직몰입	선행연구	구조방정식
한국 행정학보	2013	3	이준호, 이규만	중국 국유기업의 조직공정성, 꽌시작용과 조직시민행동 간의 관계	조직공정성(분배공정성, 절차공정성), 꽌시작용	조직시민행동	성과평가수용성	이론	구조방정식 (Sobel 검증)
한국 행정학보	2013	4	오창택	개인-조직부합은 자기효능감과 소명의식을 통해 직무열의를 제고시키는가	개인－조직부합	직무열의 (활력, 헌신, 몰두)	자기효능감, 소명의식	선행연구	구조방정식 (Sobel 검증)
한국 행정학보	2014	1	박윤, 문상호	인지 및 정서 차원의 심리적 계약 위반이 이직의도와 조직헌신에 미치는 영향	인지 차원의 심리적 계약 위반	이직의도, 조직헌신	정서 차원의 심리적 계약 위반	선행연구	구조방정식
한국 행정학보	2014	2	강제상, 고대유	공공조직의 문화가 조직침묵에 미치는 영향	조직문화 (발전문화, 합리문화, 집단문화, 위계문화)	조직침묵 (체념적 침묵, 방어적 침묵)	조직정치지각	선행연구	구조방정식 (Sobel 검증)

학술지명	연도	호	연구자	연구제목	원인변수	결과변수	매개변수	매개변수 선정논리	분석방법
한국 행정학보	2014	2	박영민	농촌지역 사회자본 형성과 정부정책의 영향	정보화마을사업 정책	정보화마을성과	사회자본	이론	구조방정식
한국 행정학보	2014	4	신중환	상사의 감성지능이 사회복지사의 혁신행동과 조직시민행동에 미치는 영향	상사의 감성지능	사회복지사의 혁신행동, 조직시민행동	사회복지사의 감성노동(표면행위, 내면행위)	선행연구	구조방정식
한국 행정학보	2015	1	고대유, 강제상, 김광구	공공조직의 침묵현상이 이직의도에 미치는 영향	조직침묵	이직의도	조직냉소주의	선행연구	다중회귀분석
한국 행정학보	2015	2	현영란	공공웹포털 지식정보공유의 활성화가 정부와 비영리조직 간 협력적 계약관계에 미치는 영향	포털지식 정보공유	정부와 비영리 공공서비스 계약관계 (재정지원 관계, 인력지원 관계, 행정규제 관계)	정부신뢰, 포털보상 분배요인	선행연구	구조방정식, 설문조사, 심층면접
한국 행정학보	2015	3	최정열	재정분권이 경제성장에 미치는 영향	세입분권지수, 세출분권지수	경제성장률	생산효율성	선행연구	다중회귀분석
한국 행정학보	2015	4	김병섭, 최성주, 최은미	국민행복, 삶의 질, 그리고 공공서비스의 관계 연구	공공 서비스 만족도 (생활환경 만족도, 교육문화 만족도, 편의시설 만족도)	행복	삶의 질	이론	구조방정식
한국 행정학보	2016	2	신상준, 이숙종	정부에 대한 공정성 인식이 정부신뢰에 미치는 영향	정부에 대한 공정성 인식 (절차공정성, 분배공정성, 상호작용공정성)	정부신뢰	정부성과만족도	선행연구	구조방정식
한국 행정학보	2016	4	이중길, 조윤직	소방조직 내 조직시민행동의 결정요인으로서 조직커뮤니케이션의 영향	조직커뮤니케이션(수직적, 수평적)	조직시민행동	신뢰(상사신뢰, 조직신뢰, 동료신뢰)(1차 매개), 조직몰입(2차 매개)	선행연구	구조방정식
한국 행정학보	2017	1	이태준	숙의적 원자력 커뮤니케이션 활동과 정책이해관계자의 심리적 거버넌스 변화에 관한 현장 실험 연구	이견노출 및 교환	정책 수용성	성찰수준(1차 매개), 의견조정 & 의견공고화(2차 매개)	이론	구조방정식
한국 행정학보	2017	2	이혜윤	공기업과 준정부기관 종사자들의 공공봉사동기(PSM)와 직무동기요인	공공봉사동기(PSM)	직무만족	공정성 인식	선행연구	구조방정식

학술지명	연도	호	연구자	연구제목	원인변수	결과변수	매개변수	매개변수 선정논리	분석방법
한국 행정학보	2017	2	이하영	인적자원관리가 공무원의 조직몰입에 미치는 영향에 관한 연구	인적자원관리	조직몰입	자기효능감	이론	구조방정식 (Sobel 검증)
한국 행정학보	2017	3	이제항, 박대식	공공기관 성과관리의 인과구조 분석	리더십 역량, 경영 시스템 품질	경영평가결과	경영성과, 정책이행성과	이론	구조방정식 (Bootstrap 검증)
한국 행정학보	2017	3	김선희, 심동철, 박현희	섬김의 리더십, 집합적 공공봉사동기, 윤리적 풍토가 집합적 조직시민행동에 미치는 영향	섬김의 리더십	집합적 조직시민행동	집합적 공공봉사동기	선행연구	다중회귀분석
한국 행정학보	2017	4	박천희, 홍은영	위험 커뮤니케이션과 원자력 위험회피 행동의 관계에 관한 연구	심리 패러다임, 위험 커뮤니케이션	후쿠시마 원전사고 이후의 위험회피 행동	정부 신뢰	선행연구	다중회귀분석 (Bootstrap 검증)
한국 행정학보	2018	4	김영은, 심동철, 김상묵	공공기관의 조직가치가 공공봉사동기와 업무열의에 미치는 영향	공공기관의 조직가치	업무열의	공공봉사동기	선행연구	다중회귀분석
한국 행정학보	2018	4	장학명, 김주찬	군인들의 공공봉사동기와 직무태도에 대한 실증적 연구	공공봉사동기 (공공봉사호감도, 공공가치몰입, 자기희생)	직무태도 (조직몰입, 조직시민 행동)	개인-조직 가치 적합성	선행연구	다중회귀분석
한국 행정학보	2018	4	문승민, 최선미	전자정부의 만족도가 정부 신뢰에 미치는 영향에 관한 연구	전자정부의 만족도	정부신뢰	정부능력, 공직윤리, 운영과정	선행연구	다중회귀분석

참고문헌

국내문헌

고길곤. (2018). 범주형 자료분석, 문우사.

김병섭. (2010). 편견과 오류 줄이기: 조사연구의 논리와 기법(제2판), 법문사.

김수비 · 김수영. (2018). 이분형 종속변수를 포함하는 모형의 매개효과 검정. 한국심리학회지: 일반, 37(3): 441-470.

남궁근. (2017). 행정조사방법론(제5판), 법문사.

노화준. (2015). 정책평가론(제5판), 법문사.

이상균. (2007). 사회복지연구에서의 매개효과 검증: 예방프로그램의 효과성검증을 중심으로. 사회복지리뷰, 12: 19-36.

이준호 · 이규만. (2013). 중국 국유기업의 조직공정성, 꽌시작용(guanxi practice)과 조직시민행동 간의 관계: 성과평가수용성의 매개효과를 중심으로. 한국행정학보, 47(3): 235-259.

이형권. (2018). M-Plus를 이용한 매개효과와 조절효과 및 조절된 매개효과 분석, 신영사.

이희연 · 노승철. (2013). 고급통계분석론: 이론과 실습(제2판), 문우사.

해외문헌

Aiken, L. S., West, S. G. and Reno, R. R. (1991). *Multiple regression: Testing and interpreting interactions,* Sage Publications.

Ajzen, I. and Fishbein, M. (1975). A Bayesian analysis of attribution processes. *Psychological bulletin*, 82(2): 261-277.

Allison, P. D. (2002). *Missing data*, Sage publications.

Allison, P. D. (2012). Handling missing data by maximum likelihood. In *SAS global forum*, 312: 1038-1059.

Baraldi, A. N. and Enders, C. K. (2010). An introduction to modern missing data analyses. *Journal of school psychology*, 48(1): 5-37.

Baron, R. M. and Kenny, D. A. (1986). The moderator–mediator variable distinction in social psychological research: Conceptual, strategic, and statistical considerations. *Journal of personality and social psychology*, 51(6): 1173-1182.

Bryk, A. S. and Raudenbush, S. W. (1992). *Hierarchical linear models: Applications and data analysis methods*, Sage Publications.

Cohen, S. and Wills, T. A. (1985). Stress, social support, and the buffering hypothesis. *Psychological bulletin*, 98(2): 310-357.

Cole, D. A. and Maxwell, S. E. (2003). Testing mediational models with longitudinal data: questions and tips in the use of structural equation modeling. *Journal of abnormal psychology*, 112(4): 558-577.

Danner, D., Hagemann, D. and Fiedler, K. (2015). Mediation analysis with structural equation models: Combining theory, design, and statistics. *European Journal of Social Psychology*, 45(4): 460-481.

de Leeuw, J. and Meijer, E. (2007). *Introduction to multilevel models. Handbook of Multilevel Analysis*, Springer.

Ding, C. G. and Jane, T. D. (2012). Using SAS PROC CALIS to fit Level-1 error covariance structures of latent growth models. *Behavior research methods*, 44(3): 765-787.

Efron, B. and Tibshirani, R. (1993). *An introduction to the Bootstrap*, Chapman & Hall.

Enders, C. K. (2010). *Applied missing data analysis*, Guilford press.

Graham, J. W. (2012). *Missing data: Analysis and design*, Springer Science & Business Media.

Harris, M. J. and Rosenthal, R. (1985). Mediation of interpersonal expectancy effects: 31 meta-analyses. *Psychological bulletin*, 97(3): 363-386.

Hayes, A. F. (2013). *Introduction to mediation, moderation, and conditional process analysis: A regression-based approach*, Guilford Press.

Hayes, A. F. (2017). *Introduction to mediation, moderation, and conditional process analysis: A regression-based approach*, Guilford publications.

Holland, P. W. (1986). Statistics and causal inference. *Journal of the American statistical Association*, 81(396): 945-960.

Hox, J. (2010). *Multilevel analysis: Techniques and applications*, Taylor & Francis Group.

Irwin, J. R. and McClelland, G. H. (2001). Misleading Heuristics and Moderated

Multiple Regression Models. *Journal of Marketing Research*, 100-109.

Keeping, L. M. and Levy, P. E. (2000). Performance appraisal reactions: Measurement, modeling, and method bias. *Journal of applied psychology*, 85(5): 708-723.

Kline, R. B. (2010). *Promise and pitfalls of structural equation modeling in gifted research*. In B. Thompson & R. F.

Kraemer, H. C., Stice, E., Kazdin, A., Offord, D. and Kupfer, D. (2001). How do risk factors work together? Mediators, moderators, and independent, overlapping, and proxy risk factors. *American journal of psychiatry*, 158(6): 848-856.

Little, R. J. and Rubin, D. B. (2002). *Statistical Analysis with Missing Data. 2nd edition*, John Wiley.

Little, R. J. and Rubin, D. B. (2014). *Incomplete data*, Wiley StatsRef: Statistics Reference Online.

MacKinnon, D. P. (2008). *Introduction to statistical mediation analysis*, Routledge.

MacKinnon, D. P. and Dwyer, J. H. (1993). Estimating mediated effects in prevention studies. *Evaluation review*, 17(2): 144-158.

MacKinnon, D. P., Fairchild, A. J. and Fritz, M. S. (2007). Mediation analysis. *Annual Review Psychology*, 58: 593-614.

MacKinnon, D. P., Lockwood, C. M., Brown, C. H., Wang, W. and Hoffman, J. M. (2007). The intermediate endpoint effect in logistic and probit regression. *Clinical Trials*, 4(5): 499-513.

Maxwell, S. E. and Cole, D. A. (2007). Bias in cross-sectional analyses of longitudinal mediation. *Psychological methods*, 12(1): 23-44.

McClelland, G. H., Irwin, J. R., Disatnik, D. and Sivan, L. (2017). Multicollinearity is a red herring in the search for moderator variables: A guide to interpreting moderated multiple regression models and a critique of Iacobucci, Schneider, Popovich, and Bakamitsos (2016). *Behavior research methods*, 49(1): 394-402.

McKnight, P. E., McKnight, K. M., Sidani, S. and Figueredo, A. J. (2007). *Missing data: A gentle introduction*, Guilford Press.

Morgan, S. L. and Winship, C. (2007). *Counterfactuals and causal inference: Methods and principles for social research*, Cambridge University Press.

Neyman, J. (1923). Sur les applications de la theorie des probabilites aux experiences agricoles: Essai des principes. Master's Thesis. *Excerpts reprinted in English, Statistical Science*, 5: 463–472. (D. M. Dabrowska and T. P. Speed, Translators.)

O'Rourke, N. and Hatcher, L. (2013). *A step-by-step approach to using SAS for factor analysis and structural equation modeling*, Sas Institute.

Pearl, J. (1995). Causal diagrams for empirical research. *Biometrika*, 82(4): 669-688.

Pearl, J. (2000). *Causality: Models, reasoning, and inference*, Cambridge University Press.

Pearl, J. (2001). Direct and indirect effects. *In Proceedings of the Seventeenth conference on Uncertainty in artificial intelligence*, 411-420.

Pearl, J. (2012). The Mediation Formula: A Guide to the Assessment of Causal Pathways in Nonlinear Models. *Causality: Statistical Perspectives and Applications*, 151-179.

Pirlott, A. G. and MacKinnon, D. P. (2016). Design approaches to experimental mediation. *Journal of Experimental Social Psychology*, 66: 29-38.

Preacher, K. J. and Hayes, A. F. (2004). SPSS and SAS procedures for estimating indirect effects in simple mediation models. *Behavior research methods, instruments, & computers*, 36(4): 717-731.

Preacher, K. J., Wichman, A. L., MacCallum, R. C. and Briggs, N. E. (2008). *Latent growth curve modeling (No. 157).* Sage.

Prentice, R. L. (1989). Surrogate endpoints in clinical trials: definition and operational criteria. *Statistics in medicine*, 8(4): 431-440.

Robins, J. (1986). A new approach to causal inference in mortality studies with a sustained exposure period—application to control of the healthy worker survivor effect. *Mathematical modelling*, 7(9-12): 1393-1512.

Rubin, D. B. (1974). Estimating Causal Effects of Treatments in Randomized and Nonrandomized Studies. *Journal of Educational Psychology*, 66(5): 688-701.

Russell, C. A., Russell, D. W., Boland, W. A. and Grube, J. W. (2014). Television's cultivation of American adolescents' beliefs about alcohol and the moderating role of trait reactance. *Journal of children and media*, 8(1): 5-22.

Schafer, J. L. and Graham, J. W. (2002). Missing Data: Our View of the State of the

Art. *Psychological Methods*, 7(2): 147-177.

Schafer, J. L. and Olsen, M. K. (1998). Multiple imputation for multivariate missing-data problems: A data analyst's perspective. *Multivariate behavioral research*, 33(4): 545-571.

Sheets, V. L. and Braver, S. L. (1999). Organizational status and perceived sexual harassment: Detecting the mediators of a null effect. *Personality and Social Psychology Bulletin*, 25(9): 1159-1171.

Singer, J. D. (1998). Using SAS PROC MIXED to fit multilevel models, hierarchical models, and individual growth models. *Journal of educational and behavioral statistics*, 23(4): 323-355.

Singer, J. D., Willett, J. B. and Willett, J. B. (2003). *Applied longitudinal data analysis: Modeling change and event occurrence*, Oxford university press.

Stull, D. E. (2008). Analyzing growth and change: latent variable growth curve modeling with an application to clinical trials. *Quality of Life Research*, 17(1): 47-59.

Tal-Or, N., Cohen, J., Tsfati, Y. and Gunther, A. C. (2010). Testing causal direction in the influence of presumed media influence. *Communication Research*, 37(6): 801-824.

Valente, M. J. and MacKinnon, D. P. (2017). Comparing models of change to estimate the mediated effect in the pretest–posttest control group design. *Structural equation modeling: a multidisciplinary journal*, 24(3): 428-450.

Valente, M. J. and MacKinnon, D. P. (2017). SAS® Macros for Computing the Mediated Effect in the Pretest-Posttest Control Group Design. *In SAS global forum (Vol. 2017)*, NIH Public Access.

Valeri, L. and VanderWeele, T. (2013). Mediation Analysis Allowing for Exposure–Mediator Interactions and Causal Interpretation: Theoretical Assumptions and Implementation With SAS and SPSS Macros. *Psychological Methods*, 18(2): 137-150.

VanderWeele, T. J. (2013). A three-way decomposition of a total effect into direct, indirect, and interactive effects. *Epidemiology (Cambridge, Mass.)*, 24(2): 224-232.

VanderWeele, T. J. (2013). Policy-Relevant Proportions for Direct Effects. *Epidemiology*, 24(1): 175-176.

VanderWeele, T. J. (2014). A unification of mediation and interaction: a four-way decomposition. *Epidemiology (Cambridge, Mass.)*, 25(5): 749-761.

VanderWeele, T. J. (2015). *Explanation in causal inference: methods for mediation and interaction*, Oxford University Press.

VanderWeele, T. J. and Vansteelandt, S. (2009). Conceptual issues concerning mediation, interventions and composition. *Statistics and its Interface*, 2(4): 457-468.

VanderWeele, T. J. and Vansteelandt, S. (2010). Odds ratios for mediation analysis for a dichotomous outcome. *American journal of epidemiology*, 172(12): 1339-1348.

Winship, C. and Mare, R. D. (1983). Structural equations and path analysis for discrete data. *American Journal of Sociology*, 89(1): 54-110.

Yung, Y. F. and Zhang, W. (2011). Making use of incomplete observations in the analysis of structural equation models: The CALIS procedure's full information maximum likelihood method *in SAS/STAT® 9.3. In SAS Global Forum*, 333: 1-20.

찾아보기

지은이 소개

고길곤 교수는 연세대학교 응용통계학과, 서울대학교 행정대학원 석사를 거쳐 미국 피츠버그대학교 정책학 박사 학위를 받았다. 싱가포르 국립대학 정치학과 조교수를 거쳐 현재 서울대학교 행정대학원 교수로 근무하고 있다. *Asian Journal of Political Science* 편집장, *International Review of Administrative Sciences* 편집위원이며 서울대학교 아시아연구소 Asia Regional Information Center의 센터장으로 활동하고 있다. 『통계학의 이해와 활용』(문우사), 『범주형 자료 분석』(문우사), 『데이터 시각화와 자료 분석』(박영사), 『효율성 분석 이론』(문우사) 등 다양한 계량방법론 책들을 출판했으며 정책분석 및 평가, 행정학 분야에 다수의 연구논문이 있다.

매개효과와 조절효과

초판 인쇄 2021년 2월 23일
초판 발행 2021년 3월 2일

지은이 고길곤
펴낸이 김영훈
편집인 김병성
펴낸곳 도서출판 문우사
주소 경기도 고양시 일산서구 킨텍스로 255,
일산디엠시티스카이뷰 오피스동 1304호
전화 031) 901-6542, 070) 4200-6542 **팩스** 031) 906-6542
홈페이지 www.munu.co.kr **대표메일** moonwoosa@hanmail.net
출판신고번호 제396-2013-000113호

ISBN 979-11-85994-82-6 93310

값 21,000원